Con el conocimiento que da la propia _____ ___ de la Palabra, Melissa Kruger nos ayuda a ver más allá de nuestro descontento y expone la codicia de nuestro corazón a la luz sanadora de la Palabra de Dios. Un estudio saturado de la Biblia aplica hábilmente el evangelio a un área que muchas de nosotras nunca lo hemos invitado a trabajar.

Nancy Guthrie, maestra de la Biblia;
autora de *Santos y sinvergüenzas en la historia de Jesús*

La envidia de Eva es un libro maravilloso, con una perspectiva profundamente bíblica del corazón humano pecador y una guía práctica para una vida de piedad y santidad. ¡Subrayé casi todo el manuscrito mientras lo leía! En su libro, Melissa Kruger revela las maquinaciones más intrincadas del corazón humano, y muestra cómo la codicia, la lujuria y la ambición son puertas que nos tientan a apartarnos del camino de la piedad. Basada en verdades y ejemplos bíblicos, Kruger nos abre los ojos al alcance y la profundidad de la codicia en nuestras vidas, al tiempo que nos lleva al camino de la santidad y a una vida que honra y glorifica a Dios. Las preguntas al final de cada capítulo hacen de este libro la herramienta perfecta para un estudio bíblico tanto personal como grupal.

Diana Lynn Severance, autora de *Feminine Threads*
e historiadora, Spring, Texas

Leer *La envidia de Eva* es mirarse en un espejo que refleja la codicia latente en el corazón humano. Con maestría y conocimiento, Melissa Kruger expone las fallas que, como mujeres cristianas, sabemos que existen, pero que casi siempre nos da vergüenza admitir. Sin embargo, no nos deja con un sentimiento de impotencia y desesperación. A través de ejemplos bíblicos y consejos prácticos, nos muestra una y otra vez el poder liberador del Señor Jesucristo.

Faith Cook, autora de *Troubled Journey,*
Derbyshire, Inglaterra

Vivimos en una época cuando los gobiernos zozobran debido a la actitud pecaminosa y egocéntrica con que las masas reclaman sus derechos. Además, vivimos en una época en que los individuos, en particular en Occidente, se comparan constantemente con los demás, y hay una búsqueda incesante del materialismo que, como sabemos, jamás podrá traer verdadero contentamiento. En medio de este verdadero caldero de lujuria y deseos pecaminosos, es necesario volver a la simple comprensión de lo que las Escrituras llaman "codicia". Estoy agradecido por este nuevo libro de mi amiga Melissa Kruger, que no solo nos ayuda a aceptar esta enfermedad del alma; sino que, en un gesto de compasión, también nos ofrece un remedio. Las ideas de Kruger se basan en las Escrituras, las confesiones de la Reforma y su propio y sabio diagnóstico, sus reflexiones y un tratamiento propicio de los terribles problemas de nuestra época. Recomiendo este excelente nuevo libro de Melissa con la oración de que todos leamos y sigamos su consejo bíblico para comprender a cabalidad en qué condición nos encontramos y corramos rápidamente hacia el Único que puede satisfacer nuestros anhelos más profundos y nuestros verdaderos deseos.

Michael A. Milton, ministro presbiteriano, autor,
educador y cantautor, Carolina del Norte

En una época y cultura en que todos tendemos a tener una actitud pretenciosa demasiado desarrollada, este libro ofrece un brillante diagnóstico que va directo a la clave del problema. Combina un enfoque analítico bien estructurado, digno de los mejores escritores puritanos, con una comprensión fresca y bien ilustrada de la forma de pensar de las mujeres contemporáneas. Las aplicaciones prácticas de la verdad bíblica son absolutamente audaces y acertadas.

Ann Benton, esposa de John Benton, gerente editorial
de *Evangelicals Now,* Guildford, Inglaterra

La envidia de Eva llega a la raíz de nuestra lucha por el contentamiento. No son nuestras circunstancias las que deben cambiar, sino nuestros corazones. Con empatía y conocimiento bíblico fundamentado, Melissa Kruger nos muestra el camino hacia el gozo constante en medio de las diversas "vicisitudes" de la vida.

Lydia Brownback, autora de *Contentment,* Wheaton, Illinois

LA ENVIDIA DE
EVA

Libros de Melissa Kruger publicados por Portavoz:

Creciendo juntas: Una guía para profundizar las conversaciones entre mentoras y discípulas

La envidia de Eva: Cómo hallar satisfacción en un mundo de ambición

LA ENVIDIA DE

EVA

CÓMO HALLAR SATISFACCIÓN EN UN MUNDO DE AMBICIÓN

MELISSA B. KRUGER

EDITORIAL
PORTAVOZ

La misión de *Editorial Portavoz* consiste en proporcionar productos de calidad —con integridad y excelencia—, desde una perspectiva bíblica y confiable, que animen a las personas a conocer y servir a Jesucristo.

EDITORIAL PORTAVOZ
2450 Oak Industrial Drive NE
Grand Rapids, Michigan 49505 USA
Visítenos en: www.portavoz.com

ISBN 978-0-8254-5986-3 (rústica)
ISBN 978-0-8254-6946-6 (Kindle)
ISBN 978-0-8254-7795-9 (epub)

1 2 3 4 5 edición / año 31 30 29 28 27 26 25 24 23 22

Impreso en los Estados Unidos de América
Printed in the United States of America

A Mike

Estoy muy agradecida de compartir este viaje contigo.

"A dondequiera que tú fueres, iré yo,
y dondequiera que vivieres, viviré" (Rut 1:16).

Contenido

La felicidad no radica en la abundancia, sino en la adaptación de nuestra mente a nuestra situación (Lucas 12:15). Hay una doble guerra en el hombre: la guerra entre el hombre y su conciencia, que engendra problemas en la mente, y la guerra entre sus afectos y su condición, que engendra murmuraciones y quejas envidiosas. Por lo tanto, pide también contentamiento cuando ores: "El pan nuestro de cada día, dánoslo hoy".

THOMAS MANTON

Voices From the Past, ed. Richard Rushing
(Edimburgo: Banner of Truth Trust, 2009), p. 124.

Introducción

Cuando miro hacia atrás y pienso en el año que pasó, no sé cómo hice para escribir este libro. El hecho de que esté en tus manos me asombra más que a nadie. Mientras escribía, cumplía mis obligaciones como madre de tres hijos de dos a ocho años. Comencé un nuevo trabajo de medio tiempo en el ministerio de mujeres de nuestra iglesia. Embalamos toda nuestra casa para una mudanza internacional y nos trasladamos a Cambridge, Inglaterra, durante cuatro meses y medio para el año sabático de mi esposo. Las circunstancias de mi vida no eran favorables para emprender un nuevo proyecto. Sin embargo, quedó claro a través de diferentes oportunidades que el Señor quería que escribiera sobre las lecciones que me había estado enseñando durante los últimos quince años de vida y ministerio con mi esposo.

La mayor parte del contenido que encontrarás en este libro proviene de años de oración diaria y estudio de la Biblia, que comenzó en mi adolescencia. Durante todo este tiempo, los momentos más importantes de mi vida los he pasado con la Biblia abierta y mi diario de oración frente a mí. En esos momentos, el Señor ha traído renovación a mi vida y gozo a mi corazón. A lo largo del camino, también me ha dado la oportunidad de estudiar la Biblia con otras mujeres. Hace algunos años, dirigí un estudio bíblico sobre el libro de Josué. Fue durante ese estudio que leí por primera vez la historia de Acán y la consecuencia de su comportamiento codicioso. Al otoño siguiente, tuve la oportunidad de hablar en el retiro de mujeres de nuestra iglesia, donde abordé el tema de la codicia y cómo nos roba el gozo y el contentamiento. Estas oportunidades sentaron las bases para un mayor estudio y consideración sobre cómo encontrar gozo en medio de las vicisitudes inesperadas de la vida.

Además, lo que estaba estudiando en la Biblia durante esos años se contraponía a las circunstancias de mi vida. Poco a poco, me di cuenta del hecho de que, en varios sentidos, estaba viviendo el tradicional "sueño americano". Conocí y me casé con mi novio de la universidad. Después de muchos años de estudio, él estaba ejerciendo como profesor de Nuevo Testamento en el Reformed Theological Seminary. Era un trabajo y una ciudad con la que ambos habíamos soñado durante años. Para ese tiempo, ya teníamos dos hijos sanos: una niña y un niño (el tercero llegó un par de años después). Compramos nuestra primera casa e hicimos muchas amistades cercanas. A juzgar por las apariencias, todo en mi vida se veía bien.

En realidad, enfrentaba luchas y dificultades como cualquier persona. Las heridas y el dolor llegaron a mi vida a través de problemas relacionales, luchas con el pecado, dolencias físicas y expectativas truncadas. Además, cada vez que lograba algo —marido, hijos, trabajo, hogar y amigos— experimentaba la realidad de que lograr más cosas no necesariamente me satisfacía ni me traía contentamiento. Con frecuencia, la vida que había esperado vivir resultó ser más difícil de lo que había imaginado.

Cuando conocí a otras mujeres, me di cuenta de que no era la única que vivía esta experiencia. Nuestra iglesia está llena de mujeres relativamente ricas, educadas y atractivas, que parecen tener todo lo que el mundo ofrece. Sin embargo, al conocer a un gran número de mujeres, sin máscara alguna, con frecuencia he visto una realidad muy distinta debajo de su imagen externa de perfección. En cada corazón hay un anhelo profundo. Algunas mujeres anhelan más posesiones, otras anhelan relaciones saludables, mientras que otras anhelan una etapa diferente en la vida. La mayoría anhela cosas buenas y, en el fondo de su corazón, se preguntan: "¿Se ha olvidado Dios de mí?". Cuando vemos la vida aparentemente satisfecha de los demás, podría parecer que les va mejor que a nosotras y, poco a poco, la incredulidad acerca de la bondad de Dios se infiltra en nuestro corazón.

Una vez que esta semilla de incredulidad echa raíces, brota la mala hierba de la codicia. A medida que esta crece, el fruto del espíritu —amor, gozo, paz, paciencia, benignidad, bondad, fe, mansedumbre, templanza (Gálatas 5:22-23)— a menudo se ahoga. La codicia deja poco espacio para que crezca y florezca algo bueno en una vida de descontento. Si bien se ha escrito mucho sobre los diversos ídolos que adoramos, se ha escrito muy poco sobre los deseos codiciosos que nos llevan a la idolatría. Las buenas dádivas de Dios pueden convertirse en ídolos cuando nuestro deseo por ellos es excesivo. Con este libro espero exponer el pecado de la codicia y mostrar la verdad de Proverbios 14:30: "El corazón apacible es vida de la carne; mas la envidia es carcoma de los huesos".

La primera sección del libro —capítulos 1 al 4— nos ayudará a entender el pecado de la codicia. Veremos qué es la codicia (y qué no es), examinaremos las razones por las que codiciamos, observaremos un patrón distintivo en las historias de Eva y Acán y, finalmente, buscaremos en Cristo un nuevo patrón para adoptar en nuestro corazón a fin de que, con su poder, podamos luchar contra nuestras tendencias codiciosas. En la segunda sección del libro —capítulos 5–9—, veremos cinco áreas particulares donde a menudo tendemos a luchar con los deseos codiciosos. Examinaremos nuestro deseo de dinero y posesiones, relaciones amorosas, amistades y relaciones familiares, etapas de la vida y circunstancias, así como dones y habilidades. En cada una de estas áreas, estudiaremos un personaje bíblico que luchó con ese deseo codicioso en particular. Espero que, al estudiar sus ejemplos negativos, comprendamos la sabiduría de la advertencia de Pablo a la iglesia de Corinto: "Mas estas cosas sucedieron como ejemplos para nosotros, para que no codiciemos cosas malas, como ellos codiciaron... Y estas cosas les acontecieron como ejemplo, y están escritas para amonestarnos a nosotros, a quienes han alcanzado los fines de los siglos. Así que, el que piensa estar firme, mire que no caiga" (1 Corintios 10:6-12).

Al final de cada capítulo se incluyen preguntas que pueden usarse para el estudio y la reflexión individual o grupal. Muchas veces, profundizar en nuestros deseos expone las diversas formas en que intentamos vivir sin permanecer en Cristo. Mientras observas y reflexionas sobre estos temas, te animo a buscar a otras personas con quienes orar y conversar al respecto. El objetivo es exponer los resultados dañinos de este patrón de pecado en nuestras vidas. Al traer luz y ver los efectos de este pecado en nuestro corazón, una vez más nos damos cuenta de nuestra abrumadora necesidad de Cristo. No podremos dejar de lado el afecto por los bienes del mundo hasta que crezcamos en nuestro afecto por Cristo. El Salmo 119 nos ofrece una excelente oración para comenzar:

Inclina mi corazón a tus testimonios,
Y no a la avaricia [codicia].
Aparta mis ojos, que no vean la vanidad;
Avívame en tu camino (Salmos 119:36-37).

1

El grito de la codicia

¡Cuidaos, mi señor, de los celos!
Es un monstruo de ojos verdes,
que se burla de la carne de la que se alimenta.

WILLIAM SHAKESPEARE

Otelo, Acto 3, Escena 3.

1

El grito de la codicia

"La vida no es justa"

"¡No es justo!". A menudo me pregunto cuántas veces salieron de mi boca esas palabras durante mi infancia. Crecí con un hermano, Rob, y como suelen hacer los niños, pasamos gran parte de nuestra infancia haciendo comparaciones. Si a uno le compraban un juguete nuevo, el otro esperaba que le compraran un juguete nuevo también. Si uno iba a la casa de un vecino a jugar, el otro quería que un amigo viniera a nuestra casa a jugar. Si a él le permitían saltar sobre la nueva cama elástica del vecino, entonces me parecía justo que yo también pudiera hacerlo. Rob era tres años mayor que yo, por lo que, en virtud de su edad, naturalmente tenía más libertad. Sin embargo, a veces me permitían hacer cosas a una edad más temprana, porque él estaba conmigo (y, como suele ocurrir, estoy segura de que mis padres estaban más relajados con el segundo hijo). Mi hermano podía decir que era injusto que me permitieran ver cierta película a los once años, porque él la había visto por primera vez cuando tenía doce. Yo podía decir que era injusto que él pasara la noche en casa de un amigo y olvidarme de que Rob era tres años mayor que yo, y que lo más probable era que mis padres me ofrecieran el mismo privilegio cuando yo fuera mayor. Incluso recuerdo haber comparado las tareas que teníamos que hacer en la casa. Estaba convencida de

que pasar la aspiradora (por supuesto, era tarea de Rob) era mucho más interesante y divertido que quitar el polvo. Me parecía más emocionante que él pudiera usar algo que tenía que enchufarse a la pared y que hacía tanto ruido.

Mientras nos comparábamos, muchos días nuestra respuesta de descontento se convirtió en el grito: "¡No es justo!". Sé que lo decíamos con bastante frecuencia, porque recuerdo haber escuchado muchas veces la respuesta sucinta y acertada de mi madre: "La vida no es justa". Con una simple frase, supo enseñarnos que las circunstancias y situaciones de cada persona son diferentes. La vida podría no ser siempre justa y la búsqueda de la igualdad probablemente sería un camino de creciente descontento.

Incluso como adultas, todas hemos sentido tentaciones similares. Tal vez hayamos estado andando por la vida bastante contentas con nuestra ropa, nuestro auto o nuestra situación hasta que, de repente, vemos que alguien tiene más que nosotras. La bendición de nuestro nivel de ingresos puede convertirse en amargura apenas escuchamos que otra amiga trabaja menos y gana más. La casa que parecía tan maravillosa hace dos años comienza a palidecer en comparación con la nueva ampliación de nuestro vecino. Escuchamos que el esposo de una amiga le envió flores "solo porque sí", y de repente tenemos la imperiosa necesidad de que nuestro esposo nos envíe flores. Mientras caminamos por la tienda de comestibles, vemos a una mujer bien vestida con la figura que nos encantaría tener y en seguida brota el descontento con nuestra propia figura y talla.

*La naturaleza sutil del pecado a menudo puede
ocultar sus dolorosas consecuencias.*

La trampa de la comparación puede aparecer cuando menos la esperamos: en la residencia estudiantil, el lugar de trabajo, el patio de recreo, la guardería de la iglesia, la tienda de comestibles e incluso la sala de espera del hospital. Dondequiera que miremos, somos bombardeadas con la necesidad de tener más. Este sutil juego de la comparación, si lo dejamos fermentar en nuestra alma, puede comenzar a echar raíces y florecer hasta convertirse en una vida de descontento y dolor. La raíz del problema es el pecado de la codicia, un pecado que puede parecer intrascendente en comparación con el resto de los Diez Mandamientos. Sin embargo, es como la gota de agua que se puede filtrar en la pequeña grieta de una roca. Una vez que se congela, puede causar una fisura que dañe la roca y la parta en dos. La naturaleza sutil del pecado a menudo puede ocultar sus dolorosas consecuencias.

Codicia, envidia, celos: estas palabras tocan la fibra más íntima de nuestro ser, porque traspasan las acciones externas de nuestra vida y llegan a los afectos internos de nuestro corazón. El objetivo de este capítulo es llegar a una comprensión más profunda de la codicia. Para comprender la codicia en profundidad, estudiaremos el concepto de tres maneras. Para comenzar, buscaremos obtener una definición bíblica y completa de la codicia. A continuación, observaremos tres características acerca de la codicia, que la convierten en un pecado muy peligroso si le permitimos infectar nuestro corazón. Finalmente, exploraremos cuatro diferencias claras entre los deseos correctos y los deseos codiciosos para que podamos entender el tipo de deseo que reside en nuestro propio corazón. Nuestro objetivo no es poner un punto final a nuestros anhelos, sino depurar nuestros deseos y alinearlos con la voluntad del Señor para nuestra vida.

Una definición de codicia

Para entender qué es algo, a veces debemos comenzar primero por lo que *no es*. Codiciar *no es* solo tener deseos. Las Escrituras están llenas de personas que anhelaban cosas buenas. Los salmistas expresaban sus numerosos deseos mientras clamaban al Señor. Anhelaban la Palabra de Dios (Salmos 119:40), hacer su voluntad (Salmos 40:8), su salvación (Salmos 119:174), la verdad y la sabiduría (Salmos 51:6; Proverbios 3:13-15). Año tras año, Ana oraba y pedía al Señor un hijo (1 Samuel 1:7). Los escritores del Nuevo Testamento también expresaron sus deseos. Pablo anhelaba la comunión con otros creyentes (Filipenses 1:8; 1 Tesalonicenses 2:17; 2 Timoteo 1:4), la gloria del cielo (2 Corintios 5:2; Filipenses 1:23), el crecimiento espiritual de la iglesia (Romanos 1:11) y la salvación de los israelitas (Romanos 10:1), y animaba a sus lectores a desear ávidamente los dones espirituales (1 Corintios 12:31). Jesús vinculó nuestra felicidad con el hecho de tener deseos buenos cuando proclamó: "Bienaventurados los que tienen hambre y sed de justicia, porque ellos serán saciados" (Mateo 5:6). Desear mucho no se opone al contentamiento. De hecho, Pablo había aprendido a contentarse en todas y cada una de sus circunstancias (Filipenses 4:11-12), pero seguía teniendo anhelos.

Además, Moisés habla de *Dios* y sus deseos correctos. Cuando ordena a los israelitas a no adorar a otros dioses, Moisés les advierte que "Jehová, cuyo nombre es Celoso, Dios celoso es" (Éxodo 34:14). Este concepto de celos legítimos es difícil de entender en este mundo, que muchas veces está lleno de celos centrados en el beneficio personal. Sin embargo, en contraste con nuestra idea tradicional de los celos, el deseo del Señor de procurar el afecto de su pueblo es un anhelo legítimo y bueno. Es el deseo de un esposo fiel y amoroso hacia su esposa, la Iglesia. Él quiere el afecto de su esposa, porque ha puesto su amor en ella, hizo un pacto con ella y compró su redención con su propia sangre. Él sabe que su pueblo no encontrará satisfacción ni contentamiento fuera de una relación fiel a Él. El celo de Dios por su pueblo es una demostración de sus mejores deseos para los suyos. Quiere que nuestro corazón esté lleno del tipo de deseo más inspirador, que se resume en las palabras de Asaf: "¿A quién tengo yo en los cielos sino a ti? Y fuera de ti nada deseo en la tierra. Mi carne y mi corazón desfallecen; mas la roca de mi corazón y mi porción es Dios para siempre" (Salmos 73:25-26). Al comenzar a estudiar este tema, debemos comprender que nuestra codicia no es solo un problema de tener deseos. Es un problema de no tener los deseos correctos de la manera correcta.

Para entender a cabalidad qué es la codicia, debemos tomarnos un momento para observar las palabras bíblicas que describen este tipo de deseo. La palabra hebrea para "desear", *kjamád*, se usa en las Escrituras para describir los deseos correctos, así como los deseos inapropiados o codiciosos. En el sentido positivo, la palabra *kjamád* se traduce "desear, deleitarse en o deseable".[1] Por ejemplo, en el Salmo 19, *kjamád* se usa para describir las ordenanzas y preceptos de Dios al afirmar: "Deseables son más que el oro, y más que mucho oro afinado" (v. 10). Es correcto desear los preceptos de Dios y anhelar conocer su Palabra. De manera similar, la palabra griega para "deseo", *epithuméo*, se usa de manera tanto positiva como negativa en las Escrituras. *Epithuméo* se traduce como "desear mucho hacer o poseer algo; ansiar, desear fervientemente".[2] El mismo Jesús usó este término al dirigirse a sus discípulos: "¡Cuánto he deseado comer con vosotros esta pascua antes que padezca!" (Lucas 22:15).

Si bien hay usos positivos para cada una de estas palabras hebreas y griegas, en la mayoría de los casos se usan para describir un deseo de poseer negativo, descontrolado, idólatra y egoísta.[3] La palabra más utilizada para traducir este concepto de envidia y celos indebidos es "codicia". Si bien a veces se describe a Dios como celoso, nunca se lo describe como codicioso. Por tal razón, al referirme a estos conceptos de deseos o afectos indebidos, por lo general usaré el término "codiciar". Cada uso bíblico de la palabra "codiciar" describe un deseo idólatra o excesivo de poseer. Así pues, podemos definir la codicia como: *el deseo desmedido o culpable de poseer, por lo general, lo que pertenece a otro.* El término "desmedido" habla de desear algo bueno de una manera incorrecta o idólatra, mientras que el término "culpable" habla de desear algo incorrecto, claramente prohibido en las Escrituras.

Tipos específicos de codicia

Al final de este capítulo, veremos cómo distinguir entre un deseo desmedido y un deseo correcto. Por ahora, usaré el término "deseo codicioso" para describir un deseo pecaminoso que se ha arraigado en nuestro corazón. Sin embargo, codiciar no es el único término

---

1. R. Laird Harris, ed., *Theological Wordbook of the Old Testament* (Chicago: Moody, 1980), p. 673.

2. Johannes P. Louw y Eugene A. Nida, eds., *Greek-English Lexicon of the New Testament* (Nueva York: United Bible Societies, 1988).

3. Francis F. Brown, ed., *The Brown-Driver-Briggs Hebrew and English Lexicon* (Peabody, MA: Hendrickson, 1996).

que se utiliza para explicar nuestros deseos inapropiados. La codicia es un patrón de pecado tan conflictivo que la Biblia usa otras palabras para ayudar a aclarar los tipos de deseos incorrectos. Bajo el gran paraguas de la codicia hay tres subconjuntos específicos de codicia: envidia, lujuria y ambición. La envidia describe el deseo del bien que le pertenece a otros. La lujuria describe la codicia que, por lo general, es de naturaleza sexual. La ambición describe la codicia que se centra principalmente en la adquisición de dinero y posesiones. Cada uno de estos tipos específicos de codicia son aspectos de una actitud más amplia que, si no se controla, puede consumir nuestro corazón y llevarnos a una vida de descontento indeterminada. Un corazón codicioso languidece, nunca está satisfecho y siempre quiere más.

Un corazón codicioso languidece, nunca
está satisfecho y siempre quiere más.

En este momento, vivo en un mundo que está lleno de deseos desmedidos: tengo una niña de dos años. Como la mayoría de las niñas de dos años, tiene muchos deseos y se llena de resentimiento cuando alguien posee lo que ella ha decidido que necesita. Cuando juega con sus otras amiguitas de dos años, muchas veces se da cuenta de que una amiga está jugando con uno de sus juguetes favoritos. Cuando eso sucede, en lugar de compartir su juguete y empezar a jugar con su amiga, es más probable que se lo arrebate y le diga, en tono desafiante: "es mío". Su corazón, corrompido por la caída en el Edén, está lleno de este deseo de poseer de una manera desmedida. Sería fácil considerar este ejemplo infantil y sonreír al pensar en cuánto tiempo ha pasado desde que nos arrebatamos juguetes unas a otras. Sin embargo, cuando observo la forma en que nuestro mundo parece funcionar y seguir el principio de siempre desear más y hacer cualquier cosa para obtener lo que deseamos, me pregunto si el mercado se ve muy diferente al patio de recreo. Si bien es posible que hayamos madurado en nuestra capacidad de ocultar nuestro desagrado, a menudo nuestro corazón todavía se llena de resentimiento por lo que otro tiene y hemos decidido que lo necesitamos.

Tres características de la codicia

Para obtener una mayor claridad sobre este tema, quiero que examinemos tres características de la codicia que la convierten en un pecado muy peligroso si le permitimos contaminar nuestro corazón. Espero que, al estudiar estas verdades, lleguemos a comprender que la codicia actúa como un parásito en nuestro corazón, que nos deja desnutridas y despojadas de los nutrientes que necesitamos.

La codicia es un patrón de pecado, no una circunstancia

Para comprender lo que implica la codicia, es importante reconocer que se trata de un patrón de pecado en nuestro corazón, no del conjunto de circunstancias que enfrentamos. La codicia puede cegar tanto nuestra mente, que llegamos a creer que, si tan solo pudiéramos lograr el objeto deseado (un trabajo, un bebé, un cónyuge, la sanidad), entonces podríamos estar contentas en la vida. Sin embargo, nuestros deseos desmedidos nunca se resuelven al obtenerlos. Hoy podemos codiciar un objeto, pero, una vez que lo obtenemos, pronto comenzaremos a desear otra cosa.

De hecho, en lugar de apagar el fuego de la codicia, a menudo obtener algo nos provoca mayores deseos de poseer más. Cuanto más tenemos, más queremos. Una vez, un periodista le preguntó a Nelson Rockefeller: "¿Cuánto dinero se necesita para ser feliz?". Y él respondió: "Solo un poco más". El pecado de codiciar devora nuestro corazón y su apetito es insaciable. Nuestro mayor problema no son nuestras circunstancias, sino la ceguera y la dureza que se apodera de nuestro corazón. Perdemos tiempo, recursos y energías en un intento por ganar más, y luego, una vez que logramos aquello que deseamos, pronto empezamos a perseguir el siguiente deseo de una manera inapropiada. Es un patrón que funciona en nuestro corazón y siempre nos deja con un vacío.

Salomón, el rey más rico y sabio de la historia de Israel, miró hacia atrás en su vida y se lamentó: "No negué a mis ojos ninguna cosa que desearan, ni aparté mi corazón de placer alguno, porque mi corazón gozó de todo mi trabajo; y esta fue mi parte de toda mi faena. Miré yo luego todas las obras que habían hecho mis manos, y el trabajo que tomé para hacerlas; y he aquí, todo era vanidad y aflicción de espíritu, y sin provecho debajo del sol" (Eclesiastés 2:10-11). Salomón se dio cuenta de que lograr todos los placeres y riquezas de este mundo no satisfacía su alma.

Por el contrario, Dios nos invita a venir a su mesa y nos dice: "¿Por qué gastáis el dinero en lo que no es pan, y vuestro trabajo en lo que no sacia? Oídme atentamente, y comed del bien, y se deleitará vuestra alma con grosura" (Isaías 55:2). Nuestras circunstancias difíciles y nuestros anhelos no son motivo para codiciar, sino una invitación de Dios a venir y hallar vida solo en Él. Si queremos evitar la contrición de Salomón, debemos aceptar que nuestros deseos codiciosos surgen a causa de nuestros pecados, no de nuestras circunstancias. Obtener todo lo que el mundo tiene para ofrecer no tiene sentido si nuestro corazón no encuentra satisfacción en el Señor.

Nuestro mayor problema no son nuestras circunstancias, sino la ceguera y la dureza que se apodera de nuestro corazón.

Experimenté la realidad de este problema del corazón cuando mi esposo y yo vivimos en el extranjero, en Edimburgo, Escocia, durante un par de años mientras él cursaba su doctorado. Nuestra primera mudanza fue difícil para mí. En nuestro primer piso (y muy pequeño), vivíamos sin algunas de nuestras comodidades americanas.

Nuestra lavadora y secadora estaban ubicadas tres pisos más abajo en un espacio compartido. Nuestro único medio de transporte era el autobús o nuestros pies, ya que no teníamos coche. Nuestro diminuto refrigerador requería varios viajes de compras por semana, y la falta de un lavaplatos hacía mucho más larga la limpieza después de la cena. Más importante aún, a menudo me sentía sola y extrañaba a mis seres queridos y amistades. Era doloroso pensar que todavía compartían la vida juntos, mientras yo estaba sola en un lugar nuevo. Pasé muchos de los primeros días codiciando cosas que con el tiempo se habían convertido en expectativas en mi corazón. En voz baja, me decía a mí misma: "Bueno, sería mucho más feliz si no estuviera tan cansada de caminar a todas partes". O me quejaba para mis adentros: "Lavar la ropa no sería tan difícil si no tuviera que cargarla mientras bajo todas estas escaleras y luego tener que esperar para ponerla en la secadora". Sola, por las noches, me sentaba y me preguntaba qué estaban haciendo mis amigos y creía que todos debían estar divirtiéndose mucho por el solo hecho de estar juntos.

Ahora que he vuelto a vivir a los Estados Unidos, conduzco a todas partes en lugar de caminar. Muchas veces me canso de estar en el coche mientras llevo a mis hijos de un lado a otro. Actualmente tengo mi propia lavadora y secadora. De hecho, tengo un cuarto de lavado. Nuestra vida está llena de amigos, familiares y actividades sociales. ¿Estos cambios favorables de circunstancias me han hecho una persona más alegre y contenta? No, estas circunstancias favorables no me han producido una satisfacción personal. Los cambios de circunstancias pueden producir un deleite temporal, pero, sin la gracia de Dios, mi deseo de tener mi propia lavadora y secadora puede convertirse rápidamente en un nuevo pensamiento codicioso: "¿No sería bueno si tuviera una criada que lavara toda esta ropa por mí?". Mi problema nunca tuvo que ver con el lugar donde estaban ubicadas mi lavadora y secadora o con el hecho de si teníamos o no un automóvil. Mi problema era aceptar la voluntad del Señor para mi vida, que implicaba estas cosas triviales de las que me quejaba y murmuraba en mi corazón. Puedo decir que, en su gracia, Dios está cambiando mi corazón para que pueda confiar y regocijarme en Él, independientemente de mis circunstancias. Así y todo, mi corazón es lo que necesita cambiar, no mis circunstancias. Si mi corazón no es libre de este patrón de pecado, pasaré de la codicia inicial a más codicia, y lograr lo que deseo solo me dará una felicidad temporal.

Sé que el ejemplo que estoy dando tiene que ver con aspectos relativamente triviales de la vida. Muchas de ustedes están lidiando con anhelos mucho más profundos y sinceros. Algunas de las cosas que anhelan parecen ser la puerta de entrada a todos sus otros anhelos. Sin embargo, la codicia a menudo se apodera de estos aspectos cotidianos de nuestras vidas. Las desilusiones se enconan en nuestro corazón, y las quejas y murmuraciones se convierten en nuestro hábito. A medida que disminuye nuestro agradecimiento, estamos cada vez más descontentas, sea cual sea la envergadura de nuestra lucha. Cualquier tipo de deseo codicioso, desde el más insignificante hasta el más complejo, es una ofensa para Dios. Por lo tanto, al analizar la codicia, lo primero que debemos comprender es que es un patrón de pecado interno, no una circunstancia externa.

La codicia se caracteriza por la comparación y el sentimiento de tener derecho a algo

La segunda particularidad que debemos comprender acerca de la codicia es que se caracteriza por la comparación y el sentimiento de que tenemos derecho a poseer lo mismo que nuestro prójimo. Si te preguntas en qué área de tu propia vida estás codiciando, considera en qué comparas más tu vida con la de los demás. La codicia tiene que ver con mirar la vida de otra persona y desear lo que esa persona tiene mientras comparamos su situación con nuestra propia situación. No es solo una observación neutral: "¡Qué casa espectacular!". En cambio, es un deseo que profiere una acusación y se siente con derecho a poseer una casa así: "¡Qué casa espectacular! Debería tener una casa así. ¿Por qué Dios no me da una casa así? ¿Por qué Dios siempre parece bendecir a todos menos a mí?".

El décimo mandamiento nos advierte contra este tipo de comparación y sentimiento de tener derecho a algo. Deuteronomio 5:21 señala: "No codiciarás la mujer de tu prójimo, ni desearás la casa de tu prójimo, ni su tierra, ni su siervo, ni su sierva, ni su buey, ni su asno, ni cosa alguna de tu prójimo". Es más fácil codiciar lo que está más cerca de nosotras, porque ahí es donde comenzamos con el juego de la comparación. Cuando jugamos este peligroso juego, estamos determinando exactamente qué clase de vida sería mejor.

Nos gustaría tener el hogar perfecto de una vecina, el matrimonio amoroso de otra, el nivel de ingresos de otra y los parientes políticos serviciales de otra, que siempre parecen estar allí en el momento en que lo necesitan. Comenzamos a pensar en cuánto más fácil o mejor sería nuestra vida si tuviéramos esas cosas y, poco a poco, crece en nuestro corazón la sensación de que tenemos derecho a esas cosas.

El deseo codicioso dice la siguiente mentira: "Si Dios bendice de alguna manera a cualquier otra mujer, entonces yo también tengo derecho a esa bendición". Exigir lo que otra persona tiene es una especie de ceguera. Quizás nuestra vecina tenga una casa espectacular, pero su matrimonio se está desmoronando. Quizás los ingresos de una amiga sean a costa de trabajar muchas horas y pasar mucho tiempo lejos de la familia y los amigos. En cada vida hay bendiciones y dificultades. La codicia nos ciega a las dificultades de nuestro prójimo y, en cambio, se concentra en la forma como el Señor la está bendiciendo con aquello que deseamos. Sus dificultades parecerán poca cosa a tus ojos: ¿Qué grave problema puede tener cuando posee lo único que tú deseas? La codicia es la antítesis del mandamiento de Cristo: "amarás a tu prójimo como a ti mismo" (Marcos 12:31), porque nuestro prójimo se convierte en nuestro enemigo por el solo hecho de poseer lo que deseamos. No podemos amar bien a aquellos cuyas vidas o posesiones codiciamos.

Para comprender mejor que la codicia se caracteriza por la comparación y el sentimiento de tener derecho a algo, es de ayuda estudiar los escritos de los líderes de la iglesia a través de los años y obtener sabiduría de su conocimiento. Los Estándares de Westminster son un conjunto de documentos establecidos en 1649 por hombres designados por el Parlamento Británico para estudiar las Escrituras. El Catecismo de Westminster es una sección de los Estándares y un documento maravilloso, que usa un formato de preguntas y respuestas para abordar diversas verdades de la fe. Profundiza en cada uno de los Diez Mandamientos con dos preguntas: "¿Cuáles son los pecados prohibidos en este mandamiento?" y "¿Cuáles son los deberes exigidos en este mandamiento?". La respuesta del Catecismo de Westminster a la pregunta de los pecados prohibidos en el mandamiento, "No codiciarás", es la siguiente:

Pregunta 148: ¿Cuáles son los pecados que se prohíben en el décimo mandamiento?

Respuesta: Los pecados que se prohíben en el décimo mandamiento son: el descontento por nuestra propia condición; la envidia y el pesar por el bien de nuestro prójimo, junto con motivaciones y deseos desmedidos por cualquier cosa que pertenece a nuestro prójimo.

El Catecismo de Westminster describe tres formas principales en que se manifiesta la codicia en nuestro corazón. El primer indicio de codicia es el descontento con nuestros propios bienes. Nuestra insatisfacción puede crecer porque comparamos nuestra vida con la de los que nos rodean, o porque nuestra realidad actual es muy diferente de nuestras esperanzas, sueños y expectativas personales de la vida. Cualquiera que sea la causa, el descontento es una señal segura de que nuestro corazón está codiciando algo de manera desmedida.

En segundo lugar, el Catecismo señala que, si envidias o te dueles del bien ajeno, estás codiciando. Si te enteras de una buena circunstancia que está experimentando tu prójimo: un puntaje excelente en un examen, una experiencia divertida, un diagnóstico médico positivo, un nuevo trabajo, una nueva posesión, una propuesta de matrimonio, un embarazo, un éxito ministerial, una respuesta a la oración largamente esperada, y tu respuesta es envidia o pesar por su circunstancia positiva, puedes estar segura de que estás luchando con el décimo mandamiento. En verdad, nuestra envidia o pesar por el bien ajeno muestra la fealdad de este pecado en nuestro corazón. Nuestra capacidad de "gozarnos con los que se gozan" se consume por nuestra propia insatisfacción con la vida. Pensamos que la bondad de Dios para con los demás es motivo de dolor, porque creemos erróneamente que Dios no ha sido bueno con nosotras. En esta gran falta de confianza en Dios, robamos tanto al prójimo como a nosotras mismas el placer de compartir el gozo.

Por último, el Catecismo habla de tener motivaciones y afectos desmedidos hacia todo lo que pertenece al prójimo. Si pones tus deseos o afectos en lo que pertenece a tu prójimo, nunca podrás amar bien a esa persona. Pensarás en ella solo en términos de lo que posee en lugar de quién es. Es importante aclarar en este punto que estos afectos no son solo hacia las posesiones físicas. El Catecismo señala acertadamente que nos equivocamos al poner nuestro afecto en *cualquier cosa* que pertenece a nuestro prójimo. Esto incluye sus posesiones físicas, pero no se limita a ellas. Cuando estaba pasando tantas noches largas con un recién nacido, en realidad, lo que codiciaba era el sueño. Veía a amigas que dormían toda la noche, cada día de la semana, y me preguntaba cómo podían quejarse de algo cuando todas las noches tenían la bendición de disfrutar de la maravillosa posesión del sueño. Anhelamos cosas diferentes en diferentes momentos de nuestra vida. Codiciamos experiencias, posesiones, recursos emocionales, niveles educativos, hijos obedientes, matrimonios, etapas de la vida, talentos, habilidades intelectuales y una miríada de cosas, mucho más que el bonito abrigo nuevo de nuestra vecina. Limitarlo a las posesiones físicas minimiza en gran medida el décimo mandamiento y no llega al fondo de nuestra situación.

Si pones tus deseos o afectos en lo que pertenece a tu prójimo, nunca podrás amar bien a esa persona.

Dios quiere contentamiento en todas las cosas relacionadas con nuestra propia situación, porque Él es el Señor de todas nuestras circunstancias. De ese profundo contentamiento fluirá el recto deseo de, y gozo por, el bien de nuestro prójimo. En contraste, nuestra codicia se caracteriza por una comparación legítima que conduce a un resentimiento hacia Dios y al alejamiento de la verdadera comunión con los demás.

La codicia es un pecado que engendra más pecado
La última característica que nos ayuda a comprender la seriedad de la codicia es la noción de que es un pecado que engendra más

pecado. Thomas Watson llamó a la codicia "pecado madre", porque nos lleva a incumplir cada uno de los Diez Mandamientos.[4] Explica que la codicia nos hace violar el primer mandamiento porque el objeto de nuestro deseo se convierte en otro dios al que adoramos y amamos. Incumplimos el cuarto mandamiento de guardar el día de reposo, porque nuestros deseos codiciosos nos llevan a dedicar nuestro tiempo a nuestros propios placeres en lugar de adorar a Dios. El adulterio comienza primero con un deseo codicioso de lujuria. Robar comienza con la envidia de lo que pertenece a otra persona. Nuestros deseos codiciosos no permanecen solo dentro de los confines de nuestro corazón. Santiago señala: "cada uno es tentado, cuando de su propia concupiscencia es atraído y seducido. Entonces la concupiscencia, después que ha concebido, da a luz el pecado; y el pecado, siendo consumado, da a luz la muerte" (Santiago 1:14-15). Al contemplar estos malos deseos y poner nuestro corazón en ellos, darán a luz pecados externos que, con el tiempo, conducirán a la muerte. Necesitamos tomarnos en serio el efecto que estos deseos internos tienen en nuestra vida física, emocional y espiritual. Si no los controlamos, con el tiempo, causarán un gran dolor y consecuencias en nuestra propia vida y en la vida de quienes nos rodean.

Dedicaremos la segunda mitad de este libro a analizar las distintas formas en que la codicia nos lleva a hacer daño a los demás, y el patrón que normalmente sigue en nuestra vida. Sin embargo, aquí, para comenzar, me gustaría dar algunos ejemplos de cómo nuestros deseos pueden llenarse de resentimiento y llevarnos a actuar de manera culpable hacia los demás. Mientras lees, observa la naturaleza sutil del pecado y el daño que puede provocar cuando los deseos internos engendran acciones externas.

Ejemplos de codicia

Imagínate a dos niñas de diez años conversando sobre sus planes de verano. Emma describe con alegría el mes de campamento

---

4. Thomas Watson, *The Ten Commandments* (Edimburgo: The Banner of Truth Trust, 1965), p. 177. Edición en español *Los Diez Mandamientos*, publicado por Banner of Truth, 2014.

donde tendrá natación, equitación, fútbol, esquí acuático y deporte de vela. Mientras María escucha a Emma, sus planes de ir a la biblioteca y leer libros, y una sola semana de campamento en la ciudad comienzan a parecer cada vez más aburridos. María empieza a sentir conmiseración de sí misma y, en un intento por ocultar sus sentimientos, le dice a Emma que detestaría asistir a un campamento de verano durante todo un mes: "¿No hay insectos? ¿No pasas calor al sol todos los días? Estoy agradecida de que mis padres no me obliguen a ir al campamento durante todo un mes". Los comentarios de María apagan el entusiasmo de Emma, que se va desanimada y nerviosa por ir al campamento.

Dos compañeras de cuarto de la universidad asisten a la misma clase. Jennifer asimila rápidamente la información de las clases teóricas y completa fácilmente las tareas de lectura. Susana se esfuerza por prestar atención, pero se distrae cada vez que intenta leer los materiales de lectura. El día antes del examen, Jennifer estudia durante una o dos horas y luego se reúne con algunos amigos para cenar y pasar una noche divertida. Le pide a Susana que se una a ellos, pero Susana se niega porque sabe que necesita estudiar. Cuando les devuelven los exámenes, Susana está contenta de haber obtenido una B hasta que se entera de que Jennifer obtuvo una A. Cuando Jennifer la invita a cenar para celebrar que ya terminaron los exámenes, Susana rechaza la oferta por despecho. En cambio, llama a una amiga para desahogar su amargura. A lo largo de la charla, hace comentarios desagradables sobre Jennifer de manera sutil, que la dejan con un sentimiento de vacío y culpa.

Dos amigas se conocen desde la secundaria. Sandra se casó hace unos años, mientras que Ana todavía está en el grupo de solteras de la iglesia esperando conocer a alguien. Solían hablar todo el tiempo, prestarse la ropa, salir a correr, pero ahora ha crecido una frialdad entre ellas. Sandra teme tener que decirle a Ana que está embarazada (aunque está agradecida de esperar un bebé después de dos años difíciles de intentos). Sabe que lo más probable es que su felicidad haga daño a Ana, que se siente atrapada en una misma etapa de la vida. Ana siente que la vida de todas las demás continúa y progresa, mientras que la de ella consiste en tener que asistir a agasajo tras agasajo para celebrar la alegría de otras personas.

Dos mujeres son vecinas y miembros de la misma iglesia. Ambas tienen niños pequeños en casa. El marido de Elizabeth llega a casa todas las noches para cenar con los niños. El esposo de Margarita trabaja hasta tarde casi todas las noches y llega a casa justo a tiempo para ayudar a acostar a los niños. Un día habitual para Margarita es más difícil cuando sus dos hijos contraen un virus del estómago y su esposo la llama para avisarle que llegará más tarde de lo habitual esa noche. Cuando finalmente llega a casa, exhausto después de un largo día de trabajo, Margarita lo recibe con frialdad y enojo. En lugar de descansar juntos después de un largo día para ambos, se vuelven el uno contra el otro y usan la energía que les queda para discutir. Margarita dice para sus adentros: "¡Mi matrimonio sería tan diferente si mi esposo pudiera volver a casa antes como el de Elizabeth!".

A medida que pasan los años, Catalina lamenta el hecho de que su cuerpo siga mostrando signos del envejecimiento. La ropa le queda más ajustada, tiene arrugas en la piel y su cabello ha cambiado tanto de color como de textura. Mira a mujeres más jóvenes que ella y quiere volver a sentirse bella. En realidad, estaría encantada de parecerse un poco más a cómo era antes. Con cada año que pasa, pierde una cantidad creciente de tiempo y dinero para encontrar nuevos atuendos, cremas, ejercicios y cirugías y así alimentar su deseo de belleza. Si bien su deseo es correcto, la profundidad de su deseo se manifiesta en creciente descontento y comparación con otras mujeres. Su continua búsqueda de la belleza exterior la deja vacía e insatisfecha por dentro.

La codicia engendra un pecado externo que afecta tanto el bien de nuestro prójimo como el nuestro.

Dos mujeres viven en el mismo hogar de ancianos. Todos los días, los residentes vienen y comen juntos en la cafetería. Eva tiene familiares que aún viven en la ciudad y a menudo van a buscarla para llevarla al médico, sentarse con ella y hablar o invitarla a cenar. Juana anhela ver a sus nietos, pero todos viven lejos y rara vez se toman el tiempo de escribirle. Eva invita a Juana a unirse a su familia para la cena de Acción de Gracias, pero Juana se niega. En lugar de intentar conocer a alguien en esta etapa de la vida, decide que sería mejor estar sola.

En todos estos ejemplos, las mujeres pusieron su afecto en lo que pertenecía a otra persona. Desde nuestros primeros años hasta nuestros años dorados, codiciamos experiencias, inteligencia, talentos, tiempo, ayuda, recursos económicos, relaciones, etapas de la vida y salud física. Cada una de estas mujeres comparó su suerte con la de otra y se sintieron inferiores. Una vez que compararon lo que tenían con otras mujeres, su descontento personal las llevó a tomar decisiones perjudiciales. La codicia engendra un pecado externo que afecta tanto el bien de nuestro prójimo como el nuestro. En nuestro deseo de poseer, llegamos a estar esclavizadas por un patrón que nos impide experimentar gozo y contentamiento.

Cómo distinguir entre los deseos

En este momento, puede que te estés haciendo una buena pregunta: "¿Cómo puedo distinguir entre los deseos correctos y los deseos desmedidos o culpables en mi propia vida?". Para cerrar este capítulo, veremos cuatro distinciones claras entre los buenos deseos y la codicia. Espero que el contraste entre las dos cosas te ayude a resumir y aclarar lo que hemos visto hasta ahora. Al comenzar, permíteme decirte que esta pregunta cala hondo en el corazón y no se responde fácilmente. Algunos días, tenemos buenos deseos y confiamos en el Señor en la espera. Otros días, nos quejamos, rezongamos y estamos llenas de un espíritu codicioso. Vivimos en un mundo caído y pecaminoso. Fuimos creadas para el Edén y una parte de nosotras siempre anhelará que todo salga bien. La realidad de la vida es que cada una de nosotras enfrentaremos desilusiones que nos llevarán a preguntarnos: "¿Por qué?". ¿Por qué el Señor no me da un esposo? ¿Por qué tengo que vivir en esta ciudad? ¿Por qué no puedo quedar embarazada? ¿Por qué mi esposo todavía no puede encontrar trabajo? ¿Por qué el Señor no sanó a mi madre?

¿Por qué mis hijos no obedecen? ¿Por qué nadie parece acordarse de que existo o preocuparse por mí? Mientras esperamos un mundo nuevo y redimido, confiar nuestras circunstancias al Señor evita que la amargura endurezca nuestro corazón. La forma en que manejamos los decepcionantes "por qué" de nuestra vida nos permite comprender mejor qué tan sanos son nuestros anhelos. Los siguientes cuatro chequeos de nuestro corazón nos ayudan a saber si nuestro deseo por algo se ha vuelto desmedido o culpable:

1. El objeto de nuestro deseo es incorrecto.
2. Los medios para conseguir nuestro deseo son incorrectos.
3. La motivación de nuestro deseo es incorrecta.
4. La actitud mientras esperamos por nuestro deseo es incorrecta.

El objeto es incorrecto

El primer chequeo del corazón para distinguir entre un deseo correcto y un deseo desmedido es determinar si el objeto de nuestro deseo es incorrecto. Si lo que anhelamos va en contra de la voluntad del Señor como se revela en las Escrituras, entonces podemos saber con certeza que estamos codiciando. Por ejemplo, si deseas al cónyuge de otra persona, claramente lo estás codiciando, porque la Biblia señala que el adulterio está mal. Si anhelas hacer mal a alguien que te ha lastimado, ese anhelo es incorrecto, porque Cristo manda: "Amad a vuestros enemigos, haced bien a los que os aborrecen" (Lucas 6:27). Si el objeto de nuestros deseos está fuera de la voluntad de Dios, debemos dejar de lado esos deseos o estaremos codiciando en nuestro corazón.

Un claro ejemplo bíblico de este deseo culpable por un objeto incorrecto es el de nuestra primera madre, Eva. Si bien estudiaremos su ejemplo y el patrón de su pecado con mayor detalle en otros capítulos, creo que es útil notar que el primero de todos los pecados comenzó con un deseo codicioso. Eva vio que el fruto era deseable e ignoró el mandamiento del Señor de no comer del árbol del bien y del mal. Puso su corazón en lo que claramente estaba fuera de la voluntad de Dios para su vida. Por lo tanto, su deseo era claramente culpable, porque el objeto de su anhelo estaba en contra del buen mandato del Señor. Mostró desconfianza en la bondad de Dios, y tomó el fruto y comió de él. Por lo tanto, el primer pecado de desobediencia comenzó con la codicia y condujo a todos los pecados que existen. La codicia, el pecado que parece tan interno e inofensivo, llevó a Eva por un camino de muerte y destrucción, mientras todo el tiempo prometía el don de la vida. Un deseo equivocado por cualquier objeto que esté fuera de la voluntad revelada de Dios es claramente de naturaleza codiciosa.

Si el objeto de nuestros deseos está fuera de la voluntad de Dios, debemos dejar de lado esos deseos.

Los medios son incorrectos

El segundo chequeo del corazón para distinguir entre nuestros deseos tiene que ver con los medios que estamos dispuestas a utilizar para obtener lo que queremos. Si estamos dispuestas a utilizar medios inapropiados para obtener lo que queremos, entonces nuestro deseo se ha vuelto desmedido. En este caso, el objeto de nuestros deseos puede ser correcto, pero la disposición a poner en entredicho la Palabra de Dios y usar medios incorrectos para obtener lo que deseamos muestra nuestro corazón codicioso. Por ejemplo, si una mujer anhela tener un hogar acogedor y hospitalario, tal fin es bueno y correcto. Sin embargo, si se endeuda mucho para obtener todos los muebles que cree que necesita para que su hogar sea hospitalario, en realidad lo está codiciando. Ha utilizado un buen fin (un hogar acogedor) para justificar un medio incorrecto (incurrir en deudas innecesarias). Otro ejemplo de este principio sería el correcto deseo de una mujer soltera de tener un marido. Es bueno desear un compañero para formar pareja. Sin embargo, si está dispuesta a usar ropa llamativa o pasar tiempo de manera imprudente para atraer a una pareja, entonces sus medios están fuera de la voluntad de Dios y muestra un corazón codicioso.

Un ejemplo bíblico de este segundo principio se encuentra al observar el caso de Sara en Génesis 16. Un capítulo antes, Dios se reunió con Abram para hacer un pacto con él y prometerle que sus descendientes serían tantos como las estrellas del cielo. Sara tenía un deseo bueno y correcto de tener un hijo. De hecho, incluso tenía la promesa de que Dios daría a Abram numerosos descendientes. Su fin era claramente uno que Dios había prometido y que llevaría a cabo. Sin embargo, en lugar de esperar con paciencia a que Dios cumpliera lo que había prometido, Sara tomó el asunto en sus manos y usó un medio incorrecto para lograr su deseo de tener una familia. Tomó a su sierva Agar y se la dio a Abram para que tuviera un hijo con ella. Agar concibió, y eso la llevó a odiar a Sara y, finalmente, a que Sara maltratara a Agar. La disposición de Sara a utilizar medios incorrectos para lograr un buen fin muestra su corazón codicioso. Un corazón con buenos deseos puede esperar a que Dios cumpla sus promesas. Es una espera llena de confianza que no se apoya en su propio entendimiento. En contraste, un corazón codicioso planea y trama con el uso de la sabiduría humana para lograr los objetivos y resultados deseados.

La motivación es incorrecta

El tercer chequeo del corazón tiene que ver, en primer lugar, con las razones por las que tenemos un deseo en particular. Si nuestra motivación para querer algo se ha originado o desencadenado por la comparación con otras personas, entonces podemos dar por hecho que lo estamos codiciando. Por lo general, este tercer chequeo del corazón es lo que más saca a la luz nuestra codicia. Considera por qué quieres la ropa, la casa, el matrimonio, el trabajo o las vacaciones que deseas. A menudo, nuestros propios deseos surgen porque descubrimos que otra pareja hizo un hermoso viaje al Caribe o encontró una gran casa en un vecindario en particular. Quizás todos nuestros amigos estén intentando que sus hijos vayan a la escuela adecuada o que comiencen a trabajar en la misma empresa. Si usamos a otras personas para determinar lo que deseamos en la vida, entonces no estamos escuchando la dirección y el plan de Dios para nuestra propia vida. En lugar de seguir a Dios, nos comportamos como nuestro antiguo yo de la escuela secundaria y seguimos lo que hace la mayoría. En este camino de anhelos prestados nos sentiremos siempre vacías e inferiores. Incluso cuando obtenemos esas cosas, nos damos cuenta de que no satisfacen nuestra vida, porque no son verdaderos anhelos de nuestro propio corazón, sino simplemente cosas que llegamos a creer que deberíamos tener porque nuestro prójimo las tiene.

Un ejemplo bíblico de este principio se puede ver en la respuesta de los israelitas a Samuel al final de su vida. Los israelitas decidieron que querían un rey que los gobernara, no porque fuera la voluntad o el tiempo de Dios, sino porque le dijeron a Samuel: "Constitúyenos ahora un rey que nos juzgue, como tienen todas las naciones" (1 Samuel 8:5). Su deseo de tener un rey era porque las naciones que los rodeaban tenían un rey. Samuel les dice que un rey tomará a sus hijos e hijas a su servicio, tomará los mejores frutos de sus campos y viñedos, y tomará lo mejor de su ganado, asnos y criados para su propio uso. Con el tiempo, les advierte Samuel, clamarán por tener alivio del rey que eligieron para ellos. A pesar de todo lo que perderán, los israelitas se aferran a su codicioso deseo de tener un rey, porque creen que los hará grandes como todas las demás naciones. Cuando nuestros deseos comienzan por comparar nuestra vida con la de los que nos rodean, y no por la obra de Dios en nuestra vida, podemos estar seguras de que estamos codiciando cosas que solo nos llevarán a clamar por alivio de eso mismo que hemos deseado.

Nuestra actitud es incorrecta

El último chequeo del corazón para distinguir entre nuestros deseos tiene lugar cuando observamos nuestra actitud mientras esperamos que Dios haga realidad lo que deseamos. Si nuestra actitud mientras esperamos está llena de quejas, amargura, enojo o ingratitud, estamos codiciando. Deseamos correctamente cuando podemos esperar que Dios cumpla los anhelos de nuestro corazón con gozo y agradecimiento por lo que ya nos ha dado. Pablo alentó esta respuesta cuando escribió: "Estad siempre gozosos. Orad sin cesar. Dad gracias en todo, porque esta es la voluntad de Dios para con vosotros en Cristo Jesús" (1 Tesalonicenses 5:16-18).

Un día, hace unos años, unas amigas y yo estábamos en el parque con nuestros hijos. Por lo general, nos reunimos para jugar en un parque cercado que tiene toboganes, columpios y un divertido arenero para que los niños jueguen y disfruten. Justo al lado del patio de recreo hay un campo donde a veces dejamos que los niños mayores corran y jueguen. Sin embargo, está al lado de una carretera y, dado que a menudo hay niños pequeños entre ellos, muchas veces tenemos que limitar nuestro juego a las áreas cercadas. Un día, los niños mayores pidieron que les permitiéramos jugar fuera de la cerca. Todas las mamás estuvimos de acuerdo en que no era una buena idea, así que les dijimos: "No, hoy solo vamos a jugar en el área de juegos". En lugar de jugar y disfrutar de todo lo que tenían a su alcance: toboganes, columpios y un arenero grande, cada uno de los niños se paró en la cerca a mirar el campo. Se perdieron todo lo que tenían a su alcance, porque estaban muy ocupados anhelando lo que se les había negado. Eligieron quejarse y sentirse desdichados por lo que no se les permitía hacer, en lugar de disfrutar de un parque lleno de juegos diseñados específicamente para su diversión. Muy a menudo, en nuestras temporadas de espera, nos perdemos todo lo que el Señor nos ha dado porque estamos obsesionadas codiciando el objeto o la situación que creemos que necesitamos.

El deambular y esperar de los israelitas en el desierto nos ofrece un ejemplo similar de este principio. Apenas dos meses después de experimentar una redención milagrosa de la esclavitud, los israelitas refunfuñaron y se quejaron contra Aarón y Moisés: "Ojalá hubiéramos muerto por mano de Jehová en la tierra de Egipto, cuando nos sentábamos a las ollas de carne, cuando comíamos pan hasta saciarnos; pues nos habéis sacado a este desierto para matar de hambre a toda esta multitud" (Éxodo 16:3). El maná del Señor no era suficiente para los israelitas. Lo único en que pensaban era en la carne que solían disfrutar en Egipto. Estaban dispuestos a regresar a la tierra de su esclavitud, y no que se les negara lo que creían que necesitaban. Su falta de disposición en estar agradecidos por la provisión diaria de Dios demostraba claramente su enorme desconfianza en el Señor. La ingratitud y queja de sus corazones era evidencia de sus deseos envidiosos y desmedidos. Por el contrario, un corazón contento puede esperar con paciencia lo que carece y dar fruto en cada etapa de la vida.

El apóstol Pablo señala que el fruto del Espíritu de Dios es "amor, gozo, paz, paciencia, benignidad, bondad, fe, mansedumbre, templanza" (Gálatas 5:22-23). La persona que ha aprendido a confiar en la bondad del Padre puede dar fruto en cualquier circunstancia.

La persona que ha aprendido a confiar en la bondad del Padre puede dar fruto en cualquier circunstancia.

Al concluir este capítulo, podemos observar que las áreas en las que no tenemos gozo y gratitud o en las que estamos enojadas y quejumbrosas son probablemente las áreas donde estamos codiciando. Sería fácil intentar cambiar de actitud y pensar: "Voy a quejarme y refunfuñar menos para no caer en la codicia". Sin embargo, nuestra actitud no es más que el fruto de la realidad que estamos viviendo dentro de nuestro corazón. No alcanza con cambiar nuestra conducta externa; necesitamos que nuestro corazón cambie. Un corazón lleno de ansiedad y falta de confianza no se corregirá fácilmente con el simple hecho de quejarnos menos o dar un giro positivo a nuestras luchas. En el próximo capítulo, veremos en detalle las causas fundamentales de la codicia y analizaremos la incredulidad que nos lleva a tener deseos desmedidos. Ahondaremos en el carácter de Dios y descubriremos que nuestra comprensión de quién es Él afecta en gran medida nuestra capacidad para llevar una vida de contentamiento y gozo. Nuestro problema central al codiciar no es nuestra actitud o nuestras circunstancias; nuestro problema central es nuestra incredulidad en alguna de las características de Dios. Espero que al ver en detalle todo lo que Cristo ha hecho, nuestra fe en Dios crezca y nos lleve tener nuevos deseos. Todas las demás posesiones y relaciones que prometen vida no son más que cisternas rotas que, con el tiempo, se secarán. La vida abundante se encuentra solo en Cristo.

Preguntas para la reflexión personal y grupal

Lidiar con el pecado de la codicia comienza con identificarla en nuestras vidas. Si bien los capítulos posteriores darán más detalles sobre formas de abordar este pecado, un primer paso importante es reflexionar sobre cómo este patrón se manifiesta en nuestro día a día. Estas preguntas están diseñadas para ayudarte a pensar específicamente en la naturaleza y la presencia de la codicia.

1. Cuando miramos el mundo que nos rodea, ¿cómo despierta nuestros deseos y búsqueda de más cosas? ¿Qué anuncios, programas de televisión o personas conocidas parecen personificar la noción de que más es mejor?

2. La definición dada para codicia fue: "el deseo desmedido o culpable de poseer, por lo general, lo que pertenece a otro". ¿Qué se entiende por el término "desmedido"? ¿Qué se entiende por "culpable"? ¿Cuáles son algunos ejemplos de deseos desmedidos? ¿Deseos culpables?

3. ¿Cuáles son algunos ejemplos de cosas buenas que deberíamos desear? Pensando tanto en el capítulo como en tu propio conocimiento de la Biblia, ¿cuáles son algunas de las cosas que Dios desea?

4. Lee Eclesiastés 2:10-11. ¿Cuál fue la experiencia de Salomón en la vida? ¿Por qué crees que al final de su vida experimentó un gran vacío? ¿Cómo se compara esto con la invitación de Dios en Isaías 55:1-3?

5. ¿Has experimentado la realidad de que la codicia es "un patrón de pecado y no una circunstancia"? ¿De qué manera has visto que los deseos codiciosos persisten a pesar de que las circunstancias cambien? Piensa en lo que deseabas cuando eras niña, estudiante universitaria, en tus veintitantos años, en tus treinta y tantos años, etc. ¿Cómo has luchado con estos deseos en cada etapa de la vida?

6. Lee Deuteronomio 5:21. ¿Cómo nos impide la codicia amar a nuestro prójimo?

7. El Catecismo de Westminster pregunta:

   Pregunta 148: ¿Cuáles son los pecados que se prohíben en el décimo mandamiento?

   Respuesta: Los pecados que se prohíben en el décimo mandamiento son: el descontento por nuestra propia condición; la envidia y el pesar por el bien de nuestro prójimo, junto con motivaciones y deseos desmedidos por cualquier cosa que pertenece a nuestro prójimo.

   ¿Cómo ayuda esta respuesta a una mejor comprensión de la codicia? ¿Qué parte de esta respuesta te parece más convincente?

8. Lee Santiago 1:14-15. Piensa en tu vida, el mundo que te rodea y los ejemplos de la Biblia. ¿Cómo has visto la realidad de que la codicia "engendra más pecado"? ¿Cómo tiende el pecado a progresar y dar a luz a más pecado?

9. En el capítulo, había una descripción de niños pequeños que miraban por encima de la cerca hacia un campo de hierba y se quejaban porque no se les permitía jugar allí. Mientras tanto, se perdían de jugar en todo el patio de recreo construido para que disfruten. ¿En qué ocasiones de tu vida te perdiste de disfrutar porque estabas muy preocupada por lo que deseabas?

10. Al final del capítulo, se realizaron cuatro chequeos del corazón para ayudarnos a comprender si nuestros deseos se han vuelto desmedidos o culpables. ¿Puedes pensar en algunos ejemplos cuando...

    a. ...el objeto de tu deseo era incorrecto?

    b. ...usaste medios incorrectos para obtener tu deseo?

    c. ...la motivación de tu deseo era incorrecta?

    d. ...tu actitud durante la espera era incorrecta?

11. ¿Cuál de estos "chequeos del corazón" expone lo que estás codiciando actualmente? ¿Qué cosa anhelas de manera desmedida o culpable hoy?

12. Lee Tito 3:3-8. Al considerar estos versículos, ¿qué estímulo encuentras en ellos con respecto al amor y la bondad de Cristo? ¿Cómo te anima su misericordia y su gracia al considerar el pecado de la codicia?

La raíz de
la codicia

Ahora podemos ver que el perdón del pecado, el interés en Cristo, el sentido del amor de Dios y la seguridad de la gloria son las únicas cosas indispensables. Solo Cristo es lo único imprescindible, y todo lo demás es, en el mejor de los casos, "probable". Todo lo que tiene el mundo es pérdida y estiércol en comparación con la excelencia del conocimiento de nuestro Señor Jesucristo. Sin Él, el alma está incompleta por toda la eternidad.

THOMAS CASE

Voices From the Past, p. 173.

2

La raíz de la codicia

La incredulidad

Es más fácil entender la definición de un patrón de pecado como la codicia, que entender por qué caemos en los mismos patrones una y otra vez. A menudo experimentamos nuestra propia decepción, así como el impacto negativo en los demás, e internamente decidimos esforzarnos más en la lucha contra nuestros deseos codiciosos. Queremos librarnos de nuestra tendencia a la envidia, la lujuria y la ambición, pero tan pronto como cortamos la mala hierba de la codicia, otra parece brotar en una nueva área de nuestro corazón. Nuestra incapacidad para luchar con eficacia y vencer este pecado está relacionada con nuestro intento de tratar solo los síntomas externos de un problema interno que es mucho más profundo. El objetivo de este capítulo es llegar a la raíz de nuestra codicia. Hemos visto qué es; ahora veremos por qué volvemos al mismo patrón de conducta frustrante. Si nuestra búsqueda de logros terrenales nos produce un vacío, ¿por qué seguimos corriendo tras esos placeres temporales? Nuestro problema central no es el fruto externo de nuestro pecado, sino nuestra incredulidad interna. En esencia, toda codicia (y, en tal sentido, todo pecado) tiene sus raíces en la incredulidad.

En este capítulo nos centraremos en tres áreas particulares de incredulidad que nos llevan a caer en patrones de codicia. Dedicaremos la mayor parte del tiempo a contemplar lo que la

Biblia revela acerca de Dios y de qué manera el no creer y confiar en su carácter constituye la raíz de nuestra codicia. Nuestra falta de contentamiento proviene principalmente de la incredulidad en la soberanía y la bondad de Dios en nuestras vidas. En segundo lugar, examinaremos el verdadero llamado del cristiano y cómo nuestra codicia es tanto un rechazo a ese llamado como una rebelión contra nuestro verdadero propósito. Por último, analizaremos el llamado de la Biblia acerca de nuestras relaciones con el prójimo y cómo nuestro entendimiento incorrecto de nuestro prójimo conduce a la desunión y la discordia dentro del cuerpo de Cristo. Este triunvirato de la incredulidad —hacia Dios, nuestro propósito y nuestro prójimo— es responsable de nuestros deseos codiciosos. Al quitar de nuestra vida la incredulidad, debemos revestirnos de la verdad para proteger nuestra mente en Cristo.

La gran ofensa: Incredulidad hacia el carácter de Dios

Al comenzar este capítulo, podría ser fácil cuestionar la necesidad de estudiar el carácter de Dios. ¿Cómo se relaciona exactamente el entendimiento de su carácter con nuestro descontento? Permíteme comenzar con un ejemplo. Imagina que una niña pequeña pide una golosina a la hora del refrigerio. La madre, en su sabiduría, sabe que demasiadas golosinas no son saludables para su hija. Entonces le dice que no y, en su lugar, le ofrece una manzana. La niña no comprende que las acciones de su madre hacia ella son para su propio bien. En cambio, hace un berrinche y la madre la manda a su habitación hasta que se calme. La codicia de la niña surge de la falta de entendimiento y fe en la bondad de su madre hacia ella. También es el resultado de la falta de entendimiento en cómo funciona mejor su propio cuerpo. Ella cree que lo que es sabroso al paladar la hará feliz. La madre, que tiene un entendimiento correcto, sabe que demasiadas golosinas en realidad evitarán que su cuerpo funcione bien y, al final, provocará mayor descontento. A medida que la niña madura y llega a ser adulta, su comprensión la llevará a tener gratitud por el cuidado y la disciplina de su madre.

Asimismo, es importante para nosotras comprender el carácter de Dios de una manera nueva y más profunda si queremos vivir con gratitud y contentamiento. Al conocer a Dios y su buen propósito para nuestra vida, podemos luchar contra la tentación de pensar que sabemos cuál es el mejor plan para nuestra vida. Así como una niña madura puede sentarse a la mesa y recibir con gratitud cualquier alimento que le dé su amada madre, de igual manera una cristiana madura puede recibir las circunstancias y los planes que su soberano y amoroso Padre ha determinado para cada día. Sin embargo, nuestra capacidad para estar agradecidas y contentas en todas las circunstancias está directamente relacionada con nuestro entendimiento del carácter de Dios. Necesitamos conocer el alcance de su bondad y su soberanía para poder regocijarnos en su provisión diaria para nuestra vida.

Nuestra falta de contentamiento proviene principalmente de la incredulidad en la soberanía y la bondad de Dios en nuestras vidas.

También debemos comprender que nuestra codicia no es solo un pecado interior y silencioso, que nos roba el contentamiento y el gozo. En realidad, es un ataque de incredulidad que ofende gravemente el nombre y el carácter de Dios. De hecho, en Colosenses 3:5, Pablo equipara la codicia con la idolatría. En un sermón sobre este pasaje, John Piper pregunta reflexivamente: "¿Alguna vez has considerado que los Diez Mandamientos comienzan y terminan casi con el mismo mandato? 'No tendrás dioses ajenos delante de mí' (Éxodo 20:3) y 'No codiciarás' (Éxodo 20:17) son mandatos casi equivalentes. Codiciar es desear cualquier otra cosa que no sea Dios de tal manera que deja traslucir una falta de contentamiento y satisfacción en Él. La codicia es un corazón dividido entre dos dioses. Por eso Pablo lo llama idolatría".[1]

---

1. Por John Piper. © Desiring God. Sitio web: desiringGod.org, 30 de octubre de 1988.

Un corazón codicioso revela que nuestros afectos han pasado del único Dios verdadero a los ídolos vanos y falsos que adoramos. En esencia, nuestra incredulidad engendra nuestra codicia, y nuestra codicia da origen a nuestra idolatría. No amamos al Señor ni lo glorificamos con nuestras vidas porque creemos que la vida se encuentra en el objeto de nuestro deseo y no en el Dador de toda dádiva buena y perfecta. A fin de cuentas, nuestra idolatría surge de una profunda incredulidad en dos componentes principales del carácter de Dios. Nuestra codicia y descontento emanan principalmente de la desconfianza en la *soberanía* y la *bondad* de Dios. Estudiar estas dos características en detalle nos ayudará a escapar de nuestra incredulidad y acrecentar nuestra adoración solo a Dios. Para ello, estudiaremos el alcance de la soberanía y la bondad de Dios como se describe en la Biblia, así como la sabiduría transmitida a lo largo de la historia de la iglesia a través de credos y confesiones reveladoras.

La soberanía de Dios

Comprender la magnitud de la soberanía de Dios es un buen punto por donde comenzar. Permíteme aclarar que este concepto es multifacético y se han escrito numerosos libros que hablan en defensa de la soberanía de Dios con mucho más detalle que en este capítulo. Para nuestros propósitos, solo veremos algunos pasajes bíblicos que destacan el señorío de Dios sobre nuestra vida. Su soberanía se extiende sobre la vida, la muerte, la enfermedad, la salvación, la creación, el sufrimiento, el pecado y toda circunstancia que llega a nuestra vida. Dios no solo conoce la cantidad de cabellos de nuestra cabeza, sino que ordenó exactamente cuántos cabellos tendría nuestra cabeza.

Señor de todos nuestros días

En el Salmo 139, David habla con asombro de la magnitud de la providencia de Dios cuando dice: "Tú has conocido mi sentarme y mi levantarme; has entendido desde lejos mis pensamientos. Has escudriñado mi andar y mi reposo, y todos mis caminos te son conocidos. Pues aún no está la palabra en mi lengua, y he aquí, oh Jehová, tú la sabes toda. Detrás y delante me rodeaste, y sobre mí pusiste tu mano" (vv. 2-5). Después expresa la profundidad del dominio de Dios al proclamar: "Y en tu libro estaban escritas todas aquellas cosas que fueron luego formadas, sin faltar una de ellas" (v. 16). David se regocija en un Dios que reina desde lo alto de tal manera que es Señor tanto de la vida como de la muerte, así como de los pequeños detalles del trajín diario de una persona. También admite que este conocimiento de Dios es demasiado maravilloso para él, demasiado alto para alcanzarlo. La noción de que en su libro están escritas todas las cosas es un poco compleja. Nuestros cerebros finitos solo pueden comprender en parte a un ser infinito, tan diferente a nosotros en su naturaleza.

Señor sobre nuestra salvación

La soberanía de Dios continúa sobre otra área de suma importancia en nuestras vidas: nuestra salvación. En Efesios 1:3-6, Pablo expresa con regocijo: "Bendito sea el Dios y Padre de nuestro Señor Jesucristo, que nos bendijo con toda bendición espiritual en los lugares celestiales en Cristo, según nos escogió en él antes de la fundación del mundo, para que fuésemos santos y sin mancha delante de él, en amor habiéndonos predestinado para ser adoptados hijos suyos por medio de Jesucristo, según el puro afecto de su voluntad, para alabanza de la gloria de su gracia, con la cual nos hizo aceptos en el Amado". Afirma una verdad similar a los romanos cuando recuerda las palabras de Dios a Moisés: "Tendré misericordia del que yo tenga misericordia, y me compadeceré del que yo me compadezca" (Romanos 9:15). Nuestra salvación no depende de nuestro propio deseo o esfuerzo, sino que descansa por completo en la misericordia de Dios. En nuestro estado pecaminoso, estábamos tan perdidas que no teníamos la capacidad de creer en Dios, a menos que su Espíritu despertara nuestros corazones a las buenas nuevas del evangelio. Un corazón ablandado por el Espíritu puede responder a la predicación de la Palabra. Sin embargo, un corazón endurecido por el engaño del pecado solo se endurecerá aún más al escuchar las nuevas de Dios. Solo el Espíritu Santo puede despertar un corazón para que crea en el mensaje del pecado y la redención. Las Escrituras afirman claramente que Dios planeó la salvación de su pueblo antes de la creación del mundo. Su soberanía se extiende sobre todos los que llegarán a creer en su nombre.

Señor sobre el sufrimiento y el pecado

La soberanía de Dios también abarca el sufrimiento y el pecado que entra o sale de nuestras vidas. La historia de José en el libro de Génesis ilustra la soberanía de Dios sobre las decisiones pecaminosas del hombre, al tiempo que mantiene la responsabilidad del hombre por las decisiones que toma. Los hermanos de José estaban celosos porque José era el favorito de su padre. Sus malos deseos los llevaron a vender a su hermano como esclavo e informar a su padre, Jacob, que los animales salvajes lo habían matado. José experimenta muchas dificultades en la tierra de Egipto, a menudo como resultado de los comportamientos pecaminosos de otras personas. Al final de la historia, los hermanos de José van a Egipto para escapar de la hambruna que ha devastado su tierra. José los invita a regresar con su padre Jacob y vivir con los egipcios. Después de la muerte de Jacob, los hermanos temen que ahora José se quiera vengar. En cambio, José consuela a sus hermanos con estas palabras: "No temáis; ¿acaso estoy yo en lugar de Dios? Vosotros pensasteis mal contra mí, mas Dios lo encaminó a bien, para hacer lo que vemos hoy, para mantener en vida a mucho pueblo" (Génesis 50:19-20). Observa que José afirma dos verdades que parecen incompatibles: sus hermanos tenían la intención de hacer el mal, pero Dios tenía la intención de hacer el bien. Esta declaración muestra en esencia el misterio de la soberanía de Dios. Dios gobierna por completo incluso sobre las malas intenciones de los hombres, pero cada hombre es plenamente responsable de los actos malvados que comete. El gobierno de Dios sobre las decisiones del hombre no niega el hecho de que el hombre tome decisiones pecaminosas y se rebele contra el llamado de Dios. La Confesión Belga explica este misterio de la siguiente manera:

Creemos que ese buen Dios, después que hubo creado todas las cosas, no las ha abandonado ni las ha entregado al acaso o al azar, sino que las dirige y gobierna según su santa voluntad de tal manera que nada acontece en este mundo sin su ordenación; con todo eso, sin embargo, Dios no es autor ni tiene culpa del pecado que sucede. Puesto que su poder y bondad son tan grandes e incomprensibles, Él muy bien y con justicia dispone y ejecuta su obra, incluso cuando los demonios y los inicuos obran injustamente. Y referente a lo que Él hace fuera del alcance de la inteligencia humana, eso mismo no lo queremos investigar con más curiosidad de lo que nuestra razón pueda soportar; sino que aceptamos con toda humildad y reverencia los justos juicios de Dios, los cuales nos están ocultos; teniéndonos por satisfechos con que somos discípulos de Cristo para aprender únicamente lo que Él nos indica en su Palabra, sin traspasar esos límites. Esta enseñanza nos da un consuelo inexpresable, cuando por ella aprendemos que nada nos puede acontecer por casualidad, sino por la disposición de nuestro misericordioso Padre celestial que vela por nosotros con cuidado paternal, sujetando a todas las criaturas bajo su dominio, de tal manera que ni un solo cabello de nuestra cabeza (pues están todos contados), ni un solo pajarillo puede caer sobre la tierra si no es la voluntad de nuestro Padre. De lo cual nos fiamos, sabiendo que Él reprime a los demonios y a todos nuestros enemigos, los cuales no nos pueden perjudicar sin su permiso y voluntad.[2]

Todas las circunstancias que suceden en nuestra vida están planeadas y ordenadas por el Señor.

Por lo tanto, todas las circunstancias que llegan a nuestras vidas fluyen de su providencia. Es posible que esta descripción de la soberanía de Dios no responda a todas nuestras preguntas, pero sí declara el maravilloso consuelo que se encuentra en esta doctrina.

---

2. Confesión Belga, artículo 13: La doctrina de la providencia de Dios.

Todas las circunstancias que suceden en nuestra vida están planeadas y ordenadas por el Señor. Su providencia se extiende desde la familia donde nacimos hasta el tráfico que enfrentamos de camino al trabajo esta mañana. Sin embargo, la doctrina de la soberanía de Dios solo nos da consuelo si está unida a un segundo rasgo de su carácter: su bondad.

La bondad de Dios

Por la bondad del Señor, me refiero al amor, la benevolencia, la misericordia, la gracia, la rectitud, la justicia y la santidad de Dios. La noción de que Dios gobierna de manera providencial sobre todos los acontecimientos de la vida solo trae consuelo si está unido al hecho de que Él gobierna todas las cosas con amor y justicia. En Romanos 8, Pablo recuerda a sus lectores: "Y sabemos que a los que aman a Dios, todas las cosas les ayudan a bien, esto es, a los que conforme a su propósito son llamados" (Romanos 8:28). En todas las cosas, desde los principales acontecimientos de tu vida hasta lo que parece insignificante: Dios está obrando para tu bien. Esta es una declaración verdaderamente asombrosa y demuestra la activa providencia y bondad de Dios hacia sus hijos. Además, en el Antiguo Testamento, los Salmos proclaman con regocijo: "Alabad a Jehová, porque él es bueno; porque para siempre es su misericordia" (Salmos 118:1). La acción de gracias del salmista fluye en respuesta a la bondad y el amor de Dios. Cuando Dios se apareció a Moisés en el monte Sinaí, se proclamó a sí mismo: "¡Jehová! ¡Jehová! fuerte, misericordioso y piadoso; tardo para la ira, y grande en misericordia y verdad que guarda misericordia a millares, que perdona la iniquidad, la rebelión y el pecado" (Éxodo 34:6). En esencia, Dios se declara a sí mismo (y a todas sus acciones) como un Dios bueno.

La bondad y la soberanía de Dios se muestran con todo detalle en la cruz de Cristo. No vemos mayor demostración de su justicia, bondad, misericordia, amor y soberanía, que en la cruz. Al predicar en Pentecostés, Pedro declara: "A este, entregado por el determinado consejo y anticipado conocimiento de Dios, prendisteis y matasteis por manos de inicuos, crucificándole" (Hechos 2:23). La cruz de Cristo no fue un acto de violencia al azar que Dios dispuso para nuestro bien. Pablo afirma que fue un hecho que Dios planeó de manera providencial y ordenó según su propósito establecido y que dispuso para nuestro bien. El hecho más cruel que haya ocurrido en la historia de la humanidad ocurrió conforme al propósito que Dios estableció. Sin embargo, observa también que fue la iniquidad del hombre la que dio muerte a Cristo en la cruz. Aquí vemos nuevamente el misterio del propósito de Dios que dispone todo lo que sucede para nuestro bien, pero la responsabilidad es del hombre por los actos malvados que comete.

Dios no solo ordenó la cruz, sino que también la planeó específicamente para nuestro bien por amor a nosotros. Romanos 5:6-8 nos dice: "Porque Cristo, cuando aún éramos débiles, a su tiempo murió por los impíos. Ciertamente, apenas morirá alguno por un justo; con todo, pudiera ser que alguno osara morir por el bueno. Mas Dios muestra su amor para con nosotros, en que siendo aún pecadores, Cristo murió por nosotros". En su gran amor por nosotras, Dios nos salvó de la única manera que le permitiría ser justo y misericordioso. La sangre de Cristo redimió nuestras almas al satisfacer la justa ira de Dios. Hoy día, a menudo no nos gusta hablar de la ira y el juicio de Dios. Sin embargo, si no comprendemos la ira y la destrucción que nos merecíamos por nuestro pecado, nunca comprenderemos la amorosa misericordia derramada por nosotras en la cruz. En cierto sentido, la cruz actúa como una esponja que absorbe la ira de Dios por nosotras. Cristo cargó sobre sí la muerte que nosotras merecíamos, para poder reconciliar nuestra relación con Dios el Padre. La santidad de Dios encuentra su máxima satisfacción en la cruz, y su amor queda magníficamente ejemplificado para su pueblo. Jesús anunció este amor al hablar con sus discípulos: "Nadie tiene mayor amor que este, que uno ponga su vida por sus amigos" (Juan 15:13).

Si alguna vez dudamos de la bondad de Dios o de su soberanía, debemos volver siempre a la cruz. Su bondad ordenó que tu sentencia de muerte fuera transferida a otro que aceptó el castigo en tu lugar. Con el amor más grande que podamos imaginar, te ha traído a Él. Mientras meditas en la cruz, permite que la realidad de esta dádiva para ti se asiente en lo profundo de tu corazón. Piensa en la declaración de Pablo: "El que no escatimó ni a su propio Hijo, sino que lo entregó por todos nosotros, ¿cómo no nos dará también con él todas las cosas?" (Romanos 8:32).

A la luz de la cruz, ¿puedes imaginar cuán ofensivos deben ser para Dios nuestra codicia y descontento? Cristo enfrentó la realidad y la humillación de la cruz y rescató nuestras almas de la muerte. Dios demostró, de la manera más sacrificial posible, que Él dispone todas las cosas para nuestro bien; sin embargo, aún no confiamos en su provisión. ¿Cómo podemos rezongar y quejarnos del tamaño de nuestra casa o de la marca de automóvil que conducimos cuando Cristo dio su sangre por nosotras? ¿Puede algún anhelo terrenal compararse con lo que nos pertenece en Cristo? Coloca cualquier joya terrenal junto al tesoro que se encuentra en Cristo y parecerá polvo. Nuestra codicia pone en evidencia que hemos puesto nuestro corazón en los logros terrenales. Cuanto más buscamos nuestro tesoro fuera de Cristo, más creemos falsamente que Dios no es bueno con nosotras. Básicamente, nuestra codicia acusa a Dios de no haber gobernado sobre los sucesos de nuestra vida.

Nuestra codicia pone en evidencia que hemos puesto nuestro corazón en los logros terrenales.

El hecho de no hacer una debida reflexión ni recordar y regocijarnos de que Dios ha dado a su propio Hijo por nosotras nos conduce a la ingratitud y el descontento. Por el contrario, cuando cada día meditamos en la bondad de Dios con nosotras en Cristo, nuestra vida toma una nueva actitud y dirección. Mientras que el grito de los codiciosos es "la vida no es justa", el grito del cristiano contento es "la vida no es justa… a mi favor". La mujer cristiana contenta es totalmente consciente de que Cristo enfrentó injustamente el sufrimiento y la muerte para que ella pudiera vivir. La vida ha sido injusta, ¡pero a *su* favor! La muerte y el juicio que merecía por sus obras han recaído sobre Cristo. Esta redención la llena de tanta gratitud y acción de gracias que se desbordan en cada área de su vida. En su misericordia, Dios atribuye a cada cristiano la perfecta justicia de Jesús, basada en nada que hayamos hecho. Puesto que Dios nos ha dado su bien más preciado, debemos tener paciencia y confiar en Él cuando nos prive de algo. Incluso debemos ver nuestro sufrimiento y nuestras luchas a la luz de la cruz. No importa las dificultades que Dios permita en tu vida, Él te ha dado lo único que nunca te podrán quitar: la salvación de tu alma de la muerte.

Fue este pensamiento el que le permitió a Horatio Spafford afrontar la horrible muerte de sus cuatro hijas. En 1873, su esposa Anna y sus cuatro hijas abordaron un transatlántico para navegar hacia Europa. Horatio se retrasó debido a negocios y decidió ir después. El barco que transportaba a su familia fue embestido por un barco británico y se hundió en cuestión de minutos. A Anna la rescataron con vida, pero las cuatro hijas se ahogaron. Anna le envió un telegrama que decía: "Sobreviví sola. ¿Qué debo hacer?". Inmediatamente, fue a reunirse con ella en Europa y, durante la travesía, el capitán le mostró el lugar donde habían perecido sus cuatro hijas. Así fue como escribió acerca de la única seguridad que le trajo consuelo en el himno "Estoy bien con mi Dios". La segunda estrofa dice: "Ya venga la prueba o me tiente Satán, no amengua mi fe ni mi amor; pues Cristo comprende mis luchas, mi afán, y su sangre obrará en mi favor". La realidad de la misericordia de Dios en la cruz no nos libra de las dificultades de la vida en un mundo caído. Cada una de nosotras experimentará aquí dificultades y luchas que tal vez no se alivien de este lado de la eternidad. Sin duda, el dolor y la tristeza de los Spafford continuaron hasta que se unieron a sus hijas en el cielo. Sin embargo, en medio de esa terrible lucha, Spafford poseía una alegría interior que le permitió declarar en el día más difícil: "Estoy bien con mi Dios". Su reconciliación con el Padre le trajo paz y consuelo para resistir incluso la más dolorosa de las pruebas.

De manera similar, al recordar y meditar en la bondad y soberanía de Dios podemos encontrar contentamiento cuando enfrentamos circunstancias imprevistas o no deseadas. Creer que todos nuestros días están ordenados en el plan amoroso y providencial de Dios es un arma poderosa en nuestra batalla contra el descontento y la codicia. El hecho de que Dios nos haya elegido y adoptado en su familia llena de significado y propósito nuestra vida. Nada de lo que nos sucede es por casualidad, sino que todo pasa a través del amoroso plan del Padre para nuestra vida. Él nunca se olvida de nosotras, solo que se abstiene de darnos algunas cosas por amor. Cada temporada de dificultades, anhelos y espera está llena de significado y propósito en su plan para nuestras vidas. Ninguna de estas temporadas se desperdicia en la economía de Dios. Es muy fácil quedar atrapadas en la trampa de la comparación y pasar nuestra vida pensando en cómo tener más. Cuando hacemos eso, comenzamos a equiparar la bondad de Dios con la frecuencia con que nos da lo que queremos. Este entendimiento incorrecto nos llevará a una vida de anhelos en la que nunca estaremos contentas. En contraste, creer que Dios nos dará todo lo que necesitamos para la vida y la piedad nos conduce a una vida de gozo y paz. A medida que depositemos más nuestra confianza en que Él dispone de todas las cosas para nuestro bien, comenzaremos a desear lo que Dios nos depare en pacífica aceptación, así como con gozosa anticipación. Sin embargo, esto requiere que comprendamos cuál es nuestro verdadero propósito y qué significa exactamente que Dios dispone todas las cosas para nuestro bien.

La gran rebelión: Incredulidad en nuestro propósito

Nuestro segundo problema que nos lleva a codiciar es la incredulidad con respecto a nuestro propósito en esta vida. Si tenemos una visión temporal de la vida, entonces, naturalmente, codiciaremos todo lo que este mundo tiene para ofrecer. La búsqueda de la vida perfecta aquí tiene sus raíces en la falsa creencia de que este mundo es todo lo que nos espera. En cambio, la Biblia presenta una visión muy diferente de nuestro propósito y el plan de Dios para nuestro mayor bien.

Creados para tener relación con Dios
Desde Génesis hasta Apocalipsis, la Biblia habla del deseo y búsqueda de Dios de tener una relación con su pueblo. La relación original y perfecta entre Dios y el hombre que existía en el huerto

del Edén se echó a perder por el pecado de Adán. A partir de ese momento, toda la historia de la humanidad se desarrolla entre Dios que busca a su pueblo y el pueblo que se rebela contra Él debido al pecado heredado de Adán. Perdidas por el pecado, no podíamos elegir a Dios, ni Él podía estar en relación con nosotras, porque nuestro pecado nos separaba de su santidad.

A pesar del pecado del hombre, Dios habló a su pueblo Israel a través de los profetas y les declaró una y otra vez su deseo de que su pueblo estuviera apartado para Él. En Jeremías, Dios habla de un nuevo pacto que hará:

> Daré mi ley en su mente, y la escribiré en su corazón; y yo seré a ellos por Dios, y ellos me serán por pueblo. Y no enseñará más ninguno a su prójimo, ni ninguno a su hermano, diciendo: Conoce a Jehová; porque todos me conocerán, desde el más pequeño de ellos hasta el más grande, dice Jehová; porque perdonaré la maldad de ellos, y no me acordaré más de su pecado (Jeremías 31:33-34).

Dios habló del perdón y la gracia que vendrían en la cruz y que nos permitirían ser adoptadas como hijas de Dios. No solo nos perdona por nuestros pecados pasados, sino que también nos atribuye toda la justicia de Cristo. En la justicia de Cristo, podemos relacionarnos con el Padre y experimentar una vida abundante. Nuestro mayor bien en esta vida no es conseguir una casa, un marido, hijos o un trabajo extraordinario. Nuestra vida adquiere plenitud y significado cuando nos relacionamos con el Padre.

El profeta Isaías también llamó al pueblo de Israel a hallar contentamiento en una relación con el Padre:

> A todos los sedientos: Venid a las aguas; y los que no tienen dinero, venid, comprad y comed. Venid, comprad sin dinero y sin precio, vino y leche. ¿Por qué gastáis el dinero en lo que no es pan, y vuestro trabajo en lo que no sacia? Oídme atentamente, y comed del bien, y se deleitará vuestra alma con grosura. Inclinad vuestro oído, y venid a mí; oíd, y vivirá vuestra alma (Isaías 55:1-3).

Isaías llama al pueblo a dejar la vida de placeres temporales que no satisfacen para tener una relación con el Padre. Los llama a venir, para que su alma viva y se deleiten con una buena comida. De manera similar, David exhorta: "Gustad, y ved que es bueno Jehová; dichoso el hombre que confía en él" (Salmos 34:8). Asaf pregunta con acierto: "¿A quién tengo yo en los cielos sino a ti? Y fuera de ti nada deseo en la tierra. Mi carne y mi corazón desfallecen; mas la roca de mi corazón y mi porción es Dios para siempre" (Salmos 73:25-26). Cada uno de estos hombres habla de una satisfacción que experimentó al entablar una relación con el Padre. Ninguna otra fuente puede saciar la sed, que se apaga cuando llegamos a conocer a nuestro Creador. Nuestra relación con el Señor llena nuestra vida y trae contentamiento. Nuestra codicia es una señal de que estamos tratando de encontrar refrigerio en los logros terrenales que nunca nos satisfarán. En esencia, la codicia revela nuestra incredulidad de que Dios es suficiente para saciarnos. Nos rebelamos contra una relación con Él en nuestra búsqueda de obtener logros en esta vida. Esta incredulidad puede llevar a años de búsqueda de significado en las posesiones materiales, las relaciones terrenales y los placeres mundanos, que nunca nos traerán la verdadera satisfacción que anhelamos. Creer que nuestra relación con el Padre es nuestro verdadero propósito nos libera de estas búsquedas vanas. Él es fiel para cultivar nuestra relación con Él a través de todos los medios y circunstancias que Él trae a nuestras vidas.

Nuestra codicia es una señal de que estamos tratando de encontrar refrigerio en los logros terrenales que nunca nos satisfarán.

El Catecismo Menor de Westminster explica nuestro propósito de manera similar al declarar: "El fin principal del hombre es glorificar a Dios y disfrutarlo para siempre". Fuimos creados para disfrutar del Padre al tener relación con Él. Cuando lo conocemos y nuestro afecto por Él crece, lo glorificamos. John Piper explica la naturaleza simbiótica de estos dos propósitos de la siguiente manera: "La búsqueda de Dios de ser glorificado, y la nuestra de estar satisfechos, alcanzan su objetivo en esta única experiencia: cuando nos deleitamos en Dios y eso se desborda en alabanza".[3] Por lo tanto, disfrutar de Dios nos conduce a nuestro objetivo principal: glorificarlo en todas las cosas.

Elegidos para glorificar a Dios

Nuestro propósito es conocer y disfrutar de Dios, lo que nos lleva a glorificarlo. Cuando entras a la familia de Dios, te conviertes en parte de un pueblo que pertenece a Dios, "para que anunciéis las virtudes de aquel que os llamó de las tinieblas a su luz admirable" (1 Pedro 2:9). Glorificamos más a Dios cuando adoramos y disfrutamos de Él. También lo glorificamos a medida que nuestras vidas se transforman cada vez más a la imagen de Cristo. En Efesios leemos que Él nos eligió "para que fuésemos sant[as] y sin mancha delante de él" (Efesios 1:4). Pedro señala que fuimos elegidas "para obedecer y ser rociad[as] con la sangre de Jesucristo" (1 Pedro 1:2). No somos elegidas solo para pasar la eternidad con Dios en cielo; somos elegidas para transformarnos a su imagen aquí en la tierra.

Espero que encuentres en estos versículos el importante papel que tienes en la historia de la humanidad. El Dios del universo entero te apartó, antes de la creación del mundo, para ser adoptada como su hija a través de Cristo. Eres una persona elegida, parte de un sacerdocio real y una nación santa, una persona que pertenece a Dios (1 Pedro 2:9). En cada experiencia que atraviesas, Dios obra en tu vida. Si bien puede parecerte que estás estancada y olvidada mientras esperas, la Palabra de Dios declara que eres parte de la historia más grande jamás contada. En todo momento, Dios obra para tu bien.

Nuestro problema es que pensamos que sabemos lo que es bueno para nosotras. Estamos convencidas de que la bondad de Dios vendrá a nuestra vida en la forma de nuestra elección: sanidad,

---

3. John Piper, *Desiring God* (Sisters, OR: Multnomah Press, 1986), p. 53. Edición en español: *Sed de Dios*, publicado por Publicaciones Andamio, 2015.

descanso, mejores amistades, un cónyuge, un hijo o un trabajo mejor. Sin embargo, nuestra idea sobre lo que es bueno no siempre es la misma que la de Dios. Para entender el bien que Dios quiere para nuestra vida, debemos mirar el contexto más amplio de Romanos 8:28. El versículo comienza: "Y sabemos que a los que aman a Dios, todas las cosas les ayudan a bien, esto es, a los que conforme a su propósito son llamados". El pasaje continúa: "Porque a los que antes conoció, también los predestinó para que fuesen hechos conformes a la imagen de su Hijo, para que él sea el primogénito entre muchos hermanos". En todo momento, Dios está obrando para conformarnos a la semejanza de Cristo. Por lo tanto, cualquier cosa que nos falte, es para hacer que nos asemejemos más a Cristo. Cualquier cosa que nos dé, es para hacer que nos asemejemos más a Cristo. Tanto nuestras bendiciones como nuestras pruebas son para nuestro mayor bien. C. S. Lewis describe este proceso de la siguiente manera:

> Imagínense como una casa viviente. Dios entra a reconstruir esa casa. Al comienzo quizás puedan entender lo que hace. Está arreglando las cañerías y las goteras del techo y todas esas cosas: ustedes sabían que había que hacer esos trabajos, así es que no se sorprenden; pero luego comienza a golpear la casa por todos lados de un modo que duele abominablemente y no parece tener sentido. ¿Qué rayos pretende? La explicación es que está construyendo una casa completamente distinta de la que ustedes pensaban; está haciendo una nueva ala aquí, poniendo un piso adicional allá, levantando torres, abriendo patios. Pensaron que los iba a transformar en una casita decente, pero Él está construyendo un palacio donde pretende ir a vivir.[4]

Dios no promete que nuestra vida aquí en la tierra será fácil o cómoda. Él promete transformar nuestro cuerpo terrenal en un cuerpo glorificado como el de Él. Si queremos luchar contra

---

4. C. S. Lewis, *Mere Christianity* (Nueva York: Macmillan Pub. Co., 1984), p. 174. Edición en español, *Mero cristianismo,* publicado por HarperOne, 2014.

nuestros deseos desmedidos, debemos darnos cuenta y creer que nuestros deseos son mucho menores de lo que Dios desea para nosotras. También debemos darnos cuenta de que nuestros deseos y anhelos muestran que en realidad estamos hechas para mucho más.

Dios no promete que nuestra vida aquí
en la tierra será fácil o cómoda.

Nos ha concedido una nueva ciudadanía

Por último, la codicia revela nuestra incredulidad acerca de nuestra ciudadanía. Nuestro deseo persistente de obtener más logros en esta vida y adquirir todo lo que este mundo tiene para ofrecer revela nuestra creencia de que esta vida es el destino, en lugar de un viaje a nuestro hogar final. Las Escrituras nos describen como extranjeras y advenedizas, con nuestra ciudadanía en el cielo. Esa verdad debería cambiar drásticamente la forma en que vemos y vivimos la vida aquí en la tierra.

Experimenté la sensación de ser ciudadana de un país, pero residir en otro, cuando vivíamos en Escocia. El hecho de que supiéramos que solo estaríamos allí unos años hizo que viviéramos de manera muy distinta. Nos mudamos allí con solo cuatro maletas. Alquilamos un piso amueblado en lugar de comprar muebles nuevos. Compraba menos cosas porque sabía que la mayoría de los artículos que comprara allí permanecerían allí cuando nos mudáramos. Básicamente, viajamos livianos durante nuestro tiempo en ese país y experimentamos una gran libertad de la responsabilidad que proviene de ser propietarios. También experimentamos la sensación de ser diferentes a los que nos rodean. Usaba palabras como "grifo" y "bote de desperdicios" en lugar de "llave" y "bote de basura". Mi hija usaba *pampers,* mientras que todas sus amiguitas usaban "pañales". A veces, anhelábamos las comodidades del hogar y los queridos amigos que parecían tan lejanos. Sin embargo, también vivíamos y participábamos plenamente de la vida allí en esa parte del mundo. Hicimos nuevos amigos, trabajamos y tuvimos nuestro primer hijo. Saber que no estábamos en casa cambió nuestra manera de vivir, pero no nos impidió vivir.

Cada una de nosotras debería tener una expectativa similar mientras residimos aquí en la tierra al saber que nuestra ciudadanía está en el cielo. Si queremos luchar contra la codicia, tendremos que apartar los ojos de este mundo presente y tener una visión de nuestro hogar celestial. Debemos ver esta experiencia terrenal como un viaje, no como el destino en sí. Cuando viajamos lejos de casa, es de esperar que en ocasiones nos sintamos solas. Es de esperar que no todo salga siempre según lo planeado. Es de esperar que los seres queridos a veces estén fuera de nuestro alcance. Todo es parte del viaje. Aun así podemos hacer amistades profundas, disfrutar de momentos maravillosos y experimentar una vida abundante en el trayecto. Vivimos, incluso mientras viajamos. Sin embargo, cambiamos nuestra expectativa de cómo planeamos vivir, porque sabemos que en el cielo nos esperan todas las comodidades del hogar. El libro de Apocalipsis habla de esta gloriosa esperanza cuando Juan oye una voz que dice: "He aquí el tabernáculo de Dios con los hombres, y él morará con ellos; y ellos serán su pueblo, y Dios mismo estará con ellos como su Dios. Enjugará Dios toda lágrima de los ojos de ellos; y ya no habrá muerte, ni habrá más llanto, ni clamor, ni dolor; porque las primeras cosas pasaron" (Apocalipsis 21:3-4). Al final, estaremos en casa y moraremos con Dios. Todo saldrá bien y todos nuestros anhelos estarán plenamente satisfechos con el propio Señor. Debemos afianzar nuestra creencia de que tenemos un hogar celestial que nos espera para poder experimentar una vida abundante en el presente.

La gran falta: Incredulidad
en nuestras relaciones

Hasta ahora hemos visto que la codicia es la incredulidad en el carácter de Dios, así como la rebelión contra el verdadero propósito de Dios para nuestras vidas aquí en la tierra. Por último, quiero que veamos brevemente otra razón por la que codiciamos. A menudo la codicia resulta de la incredulidad en cómo debemos relacionarnos con nuestro prójimo. Nuestras respuestas codiciosas muestran que vemos a nuestro prójimo como una vara de medir del amor de Dios. Si tienen algo que nosotras no tenemos, entonces Dios no está siendo bueno con nosotras. Si tenemos algo que nuestro prójimo no tiene, entonces nos sentimos bendecidas y especiales. Determinar el amor de Dios por nosotras (o la falta de amor) basado en la vida de nuestro prójimo nos separa de los que nos rodean. También presupone que la justicia es la mejor manera en que Dios puede bendecir a sus hijos.

En cambio, Dios sabe que cada uno de sus hijos ha sido formado y hecho de manera única. Él nos creó a cada una de nosotras de una manera particular y trae a nuestras vidas justo lo que necesitamos para conformarnos a su imagen. Una persona puede estar bien preparada para vivir con riquezas y no caer en la tentación. Otra persona puede estar mejor con menos ingresos porque el Señor sabe que las riquezas serían una trampa para su alma. Una persona puede casarse apenas termina la universidad y el Señor usa su matrimonio para santificarla y transformarla. Otra mujer puede permanecer soltera y el Señor usa esa experiencia para santificarla y transformarla.

Para ilustrar este punto, imagina que un alfarero hace un juego de porcelana para su alacena. Hace dos piezas, una taza de té y un plato. La taza de té piensa: "¡Ojalá fuera un plato! El plato tiene muchos más usos que yo. El plato sale de la alacena todos los días y es mucho más práctico que yo. ¡Su superficie plana se puede utilizar para contener tantos alimentos maravillosos! Yo solo soy buena para contener el té. ¿Por qué me creó de esta forma?". El plato, por otro lado, mira a la taza de té y piensa: "¡Qué bueno sería si yo fuera una taza de té! El alfarero se tomó mucho tiempo para dar forma a las suaves curvas de la taza de té y solo la usa en ocasiones especiales. Yo, en cambio, soy común y corriente. Estoy más astillado y gastado. Además, tuve que pasar por un fuego mucho más fuerte en el horno, porque no soy una pieza tan delicada. ¡Ojalá pudiera tener la vida de una taza de té!". ¿Te imaginas una conversación tan extraña? Ambas piezas se crean para los propósitos del alfarero. Cada una de ellas, de diferentes formas, es útil para el alfarero y muestra la gloria del alfarero. El alfarero sabe exactamente qué tipo de arcilla se necesitaba, qué tan caliente debía estar el horno y para qué sirve la porcelana de su alacena. Su comparación solo conduce al descontento con el alfarero, así como al descontento con su propio diseño.

De la misma manera, nuestro Señor conoce íntimamente tu estructura. Te entretejió en el vientre de tu madre. Dispuso todos tus días antes que llegara uno de ellos. Conoce tu estructura y sabe cómo cuidarte y moldearte más de lo que tú misma te conoces. Por supuesto, el Señor no usa las mismas herramientas en cada uno de sus hijos. Él sabe exactamente qué luchas y bendiciones necesita cada persona para que se parezca más a Cristo. Su plan no es hacer que tu vida sea como la de los demás, sino hacer que cada individuo haga brillar su gloria al usar nuestras diferencias para mostrar la belleza del cuerpo de Cristo. Nuestro juego de comparaciones nos impide disfrutar de otras personas y nos priva de disfrutar de la obra que Cristo está haciendo en nuestra propia vida.

Debemos reemplazar nuestra incredulidad por una creencia correcta sobre el carácter de Dios.

En cambio, las Escrituras nos llaman a amar a nuestro prójimo como a nosotras mismas. Debemos buscar su bien y regocijarnos en sus bendiciones. Cuando ellos sufren, debemos sufrir con ellos. Si no son cristianos, debemos predicarles el evangelio con la esperanza de que vengan a Cristo. Si son cristianos, debemos edificarlos en la fe, pues sabemos que al hacerlo estamos edificando nuestro propio cuerpo. No competimos con los que nos rodean. Estamos en el mismo viaje con ellos.

Al cerrar este capítulo, espero que te des cuenta de que nuestros deseos codiciosos no son el resultado de la privación a nivel físico. Nuestros deseos codiciosos son la consecuencia de una privación espiritual: la incredulidad. La codicia no es el resultado de no *tener* algo. Codiciamos porque no creemos en algo. La incredulidad en Dios, nuestro propósito y nuestro prójimo nos lleva a deseos desmedidos. La codicia nos lleva a incumplir lo que Jesús llamó el más grande mandamiento: "Amarás al Señor tu Dios con todo tu corazón, y con toda tu alma, y con toda tu mente" (Mateo 22:37). Cuando codiciamos, apartamos nuestros afectos de Dios y los dirigimos hacia el objeto de nuestro deseo. La codicia también nos hace quebrantar el segundo mayor mandamiento: "Amarás a tu prójimo como a ti mismo" (Mateo 22:39). Cuando codiciamos, vemos a nuestro prójimo como una vara de medir del amor de Dios por nosotros. Para librar esta batalla y erradicar este pecado, debemos reemplazar nuestra incredulidad por una creencia correcta sobre el carácter de Dios, el propósito de Dios para nuestra vida y el verdadero valor de nuestro prójimo. No se trata de una afirmación puramente intelectual de la creencia correcta, sino que es parte del proceso continuo de llegar a conocer a Dios y aprender de su Palabra. En el próximo capítulo, comenzaremos a desglosar el patrón que adopta la codicia al ver los ejemplos de dos codiciadores: Eva en el huerto del Edén y Acán en la tierra de Canaán.

Preguntas para la reflexión personal y grupal

1. ¿Cómo afecta lo que creemos acerca de alguien a nuestra capacidad para confiar en esa persona? ¿Cómo afecta nuestra creencia a nuestros deseos?

2. ¿En qué se parece la codicia a la idolatría? ¿En qué se diferencia?

3. ¿Cómo es que la codicia delata la falta de fe en Dios? Al considerar tu vida, ¿estás segura de haber llegado a la fe únicamente en Cristo?

4. Lee Salmos 139:1-16. ¿Cuáles son las diversas formas en que David declara que Dios gobierna los acontecimientos de su vida?

5. ¿Cómo vemos el señorío de Dios sobre los actos pecaminosos del hombre y la responsabilidad del hombre por su

propio pecado en Génesis 50:19-20? ¿Cómo vemos esta verdad en Hechos 2:23?

6. ¿Cómo afecta nuestra creencia de que Dios es bueno y soberano a nuestra capacidad de esperar con paciencia cuando nuestros anhelos presentes no se cumplen?

7. Lee Romanos 8:28-30. ¿Qué promesas encuentras en estos versículos? ¿Qué no se nos promete? De estos versículos, ¿cuál dirías que es la mayor esperanza de Dios para tu vida? ¿Cuál es su plan para ti, independientemente de tus circunstancias?

8. ¿Cómo cambia tu manera de ver las dificultades, las luchas y los deseos insatisfechos que enfrentas actualmente entender que Dios dispone todas las cosas para tu bien?

9. Lee Romanos 8:31-32. ¿Cómo nos ayuda recordar y reflexionar sobre el amor sacrificial de Cristo en la cruz a confiar en Él y esperar con paciencia que nuestros anhelos sean cumplidos? ¿Por qué nuestra codicia sería tan ofensiva para Dios a la luz de la cruz?

10. El Catecismo Menor de Westminster declara: "El fin principal del hombre es glorificar a Dios y disfrutarlo para siempre". ¿Cómo se compara esto con el fin principal de los codiciosos? ¿Cuál dirías que es el "fin principal" de la mayoría de la gente? ¿Cómo cambiaría tu vida empezar a vivir con este propósito?

11. Lee 1 Pedro 2:11. ¿Cómo se describe al cristiano? ¿Qué le anima a hacer? ¿Cómo sería vivir como un extranjero o peregrino?

12. Lee Filipenses 3:18-21. ¿Cómo nos ayuda el creer que nuestra ciudadanía está en el cielo a combatir nuestros deseos codiciosos?

13. C. S. Lewis señala lo siguiente: "Apunta al cielo y tendrás la tierra por añadidura. Apunta a la tierra y no tendrás

ninguna de las dos cosas". ¿Cómo has visto funcionar este principio en tu propia vida? ¿Qué se siente al vivir y participar plenamente en este mundo presente, mientras pones tu esperanza en el venidero?

14. Lee Mateo 22:36-40. ¿Cómo nos llevan nuestros deseos codiciosos a quebrantar tanto el mandamiento de amar a Dios como el mandamiento de amar a nuestro prójimo?

15. Lee la siguiente cita de David Macintyre:

A menudo, mucho, muchísimo tiene que suceder en nosotros antes de ser aptos para emplear dignamente los dones que anhelamos. Y, mayormente, Dios efectúa esta preparación del corazón al demorar su respuesta inmediata a lo que pedimos y al mantenernos de tal manera en la verdad de su presencia hasta haber obtenido una comprensión espiritual de la voluntad de Cristo para nosotros en este respecto.[5]

¿Puedes pensar en una situación en la que el tiempo de Dios te proporcionó el crecimiento necesario para que pudieras usar (o disfrutar) mejor aquello que anhelabas? ¿Cómo nos prepara a veces la espera para los dones que Dios nos da?

16. La mejor manera de combatir nuestros deseos incorrectos es desarrollar deseos correctos por Dios. ¿Qué medios te ayudan a amar más profundamente a Dios? ¿Cómo puedes vivir una vida de mayor adoración y gratitud?

---

5. David Macintyre, *The Hidden Life of Prayer* (Fearn, Escocia: Christian Focus, 1993) p. 101. Edición en español, *La vida secreta de oración*, publicado por Chapel Library en 2014.

3

El patrón de la codicia

Se apodera de Eva cuando está cerca del árbol. Cuando el árbol está a la vista, la fuerza de la tentación se duplica. Es mucho más fácil tentar cuando tiene la presencia de un objeto para incitar la lujuria que yace dormida en el corazón. Si el cristiano deja que el objeto de la tentación se acerque, Satanás anticipa que su plan pronto será efectivo. Por lo tanto, si no queremos ceder al pecado, no debemos pasar cerca ni sentarnos a la puerta de la ocasión. No mires con deseo la belleza que te llevaría cautivo. No entretengas tus pensamientos con aquello que no deseas llevar también a tu corazón.

WILIAM GURNALL

Voices From the Past, p. 175

3

El patrón de la codicia

Ver, codiciar, tomar y esconder

Hasta ahora hemos visto la definición de codicia y hemos considerado la razón principal por la que nuestros deseos se descontrolan. En resumen, hemos visto *qué* es la codicia y *por qué* caemos en tal pecado. En este capítulo, comenzaremos a examinar *cómo* progresa la codicia en nuestras vidas. Analizaremos el patrón que adopta la codicia y cómo pasa de ser un pecado interno a causar un daño externo a los demás. Para ello, veremos dos personajes bíblicos: Eva y Acán. A medida que indaguemos en sus vidas, notaremos que sus historias siguen un patrón similar de deseos codiciosos y consecuencias dolorosas. Para concluir el capítulo, veremos cómo suele funcionar este mismo patrón con un efecto similar en nuestros corazones.

La envidia de Eva

Un buen ejemplo para comenzar un estudio profundo sobre la codicia es el primer caso de este pecado registrado en la Biblia. Tristemente para todas nosotras, el primer ejemplo de codicia ocurre casi tan pronto como comienza el relato bíblico. En el tercer capítulo del libro de Génesis, leemos la historia de Adán y Eva y la caída del hombre. Antes de considerar su lucha con el pecado, repasaremos el escenario en el que vivían Adán y Eva.

El paraíso del huerto

El capítulo 1 de Génesis nos presenta un relato detallado de la creación del mundo. Leemos: "En el principio creó Dios los cielos y la tierra" (Génesis 1:1). Dios inicia la acción. Dios actúa. Da comienzo a la historia de la creación del mundo con su sola palabra. Cada día Dios crea, llena nuestro planeta de agua, tierra, plantas y animales, y declara que todo es bueno. El clímax de su creación ocurre en el sexto día cuando Dios forma al hombre y a la mujer a su propia imagen.

Después que Dios crea a Adán y Eva, no los abandona a su propia suerte, sino que les da instrucciones sobre cómo vivir. Les manda que sean fructíferos y se multipliquen, que tengan dominio sobre los animales y que coman de la vegetación de la tierra. En Génesis 2, Dios demuestra su cuidado por Adán y Eva cuando planta un huerto en el Edén, y los coloca allí para que lo labren y cuiden. Hace crecer dos árboles especiales en el huerto: el árbol de la vida y el árbol de la ciencia del bien y del mal. Adán tiene la libertad de comer de todos los árboles del huerto, excepto del árbol de la ciencia del bien y del mal. Dios instruye a Adán a no comer de él y le promete que, si come de él, ciertamente morirá. Dios proporciona a Adán y Eva todo lo que necesitan: compañía, propósito, dominio y abundante sustento. Todo a su alrededor era bueno y Dios estaba complacido con todo lo que había creado.

Esta pacífica calma no duró mucho. Satanás, camuflado en forma de serpiente, viene a tentar a Eva. Comienza su ataque con un comentario malicioso sobre la Palabra de Dios y le pregunta: "¿Conque Dios os ha dicho: No comáis de todo árbol del huerto?" (Génesis 3:1). En respuesta, Eva corrige a la serpiente y le dice que en realidad pueden comer de todos los árboles del huerto, excepto de uno. La respuesta de Eva indica que Adán había instruido debidamente a Eva sobre los mandamientos de Dios, que ella sabía qué árbol evitar y que la consecuencia de comer de él sería la muerte. Al darse cuenta de que Eva sabía lo que Dios había ordenado, Satanás comienza un nuevo ataque y cuestiona el carácter de Dios en dos áreas: su soberanía y su bondad.

El ataque de Satanás a la soberanía de Dios se produce cuando niega la naturaleza absoluta de la Palabra de Dios. La serpiente dice a Eva: "No moriréis" (Génesis 3:4). Con esta afirmación, lleva a Eva a dudar de la certeza de lo que Dios dijo. Pone en duda la autoridad, el poder y la integridad de Dios. ¿Es Dios fiel a su Palabra? ¿Es capaz de hacer todo lo que ha dicho que hará? Estas dudas sobre su soberanía se levantan rápidamente cuando la serpiente cuestiona la bondad de Dios. Continúa diciendo: "sino que sabe Dios que el día que comáis de él, serán abiertos vuestros ojos, y seréis como Dios, sabiendo el bien y el mal" (v. 5). Implícita en esta declaración se encuentra la idea de que Dios está ocultando algo bueno a Adán y Eva. También sugiere que Dios les está ocultando algo, porque lo quiere solo para Él. Juan Calvino comenta: "[La serpiente] censura a Dios por estar movido por los celos, y por haber dado el mandamiento acerca del árbol, con el propósito de mantener al hombre en un rango inferior".[1] La serpiente tienta a Eva a dudar de la Palabra de Dios y de su bondad para con ella. Despierta el descontento en su corazón, así como el deseo de gobernar, en lugar de dejarse gobernar. No pases por alto el hecho de que Eva, incluso en medio de todas las bondades del Edén, desea lo único prohibido. Aun en medio de circunstancias perfectas, puede surgir la incredulidad. Elegimos en qué permitir que nuestros pensamientos se entretengan y consideren. Mientras Eva cavila sobre estas ideas falsas, comienza el patrón de la codicia.

El patrón de la codicia en Eva

Impulsado por la incredulidad, el patrón que adopta la codicia es el siguiente: ver, codiciar, tomar y esconder. Una persona ve algo que no tiene, lo desea pecaminosamente, lo toma y luego, una vez que lo obtiene, intenta esconder lo que ha hecho. A medida que Génesis continúa, Eva se encuentra atrapada en este patrón. Después de escuchar el ataque de la serpiente hacia el carácter de Dios, Génesis 3 dice:

---

1. Juan Calvino, *Calvin's Commentaries*, vol. 1 (Grand Rapids: Baker Book House Company, 1993) p. 150. Edición en español *Comentario bíblico Juan Calvino* (Antiguo Testamento 1), edición Kindle, 14 de febrero de 2021.

Y *vio* la mujer que el árbol era bueno para comer, y que era agradable a los ojos, y árbol *codiciable* para alcanzar la sabiduría; y *tomó* de su fruto, y comió; y dio también a su marido, el cual comió así como ella. Entonces fueron abiertos los ojos de ambos, y conocieron que estaban desnudos; entonces cosieron hojas de higuera, y se hicieron delantales. Y oyeron la voz de Jehová Dios que se paseaba en el huerto, al aire del día; y el hombre y su mujer se *escondieron* de la presencia de Jehová Dios entre los árboles del huerto (vv. 6-8).

Eva vio

En Eva, el patrón comenzó cuando vio el fruto. Seguramente, ya había visto el fruto de ese árbol antes, pero esta mirada de Eva era diferente debido al estado de su corazón. Calvino comenta: "Antes podía contemplar el árbol con tanta ingenuidad, que ningún deseo de comer de él afectaba su mente, porque la fe que tenía en la Palabra de Dios era la mejor guardiana de su corazón y de todos sus sentidos. Sin embargo, ahora, después que el corazón se alejó de la fe y la obediencia a la Palabra, se corrompió tanto a sí misma como a todos sus sentidos, y la corrupción se propagó por todas las partes de su alma y de su cuerpo".[2] El fruto no había cambiado, pero los ojos de Eva vieron el fruto bajo una nueva luz debido a su incredulidad. Era bueno para comer, agradable a los ojos y podía dar sabiduría. Su enfoque se redujo y pasó de ver los placeres del huerto a su alrededor, a concentrarse en lo único que estaba prohibido.

Eva codició

Como mencionamos en el capítulo uno, podemos saber que nuestro deseo se ha convertido en codicia cuando deseamos un objeto que está claramente fuera de la voluntad revelada de Dios para nuestra vida. El fruto de este árbol estaba prohibido, pero el texto señala que Eva lo deseaba para obtener sabiduría. La palabra raíz para "codiciable", *kjamád,* es la misma que se usa para "desear". En cierto sentido, Eva vio que el fruto era deseable o digno de codiciarse. Ella eligió pensar en él, considerarlo y desearlo, a pesar

---

2. Juan Calvino, *Calvin's Commentaries,* vol. 1, p. 151.

de que Dios había indicado que debían evitar ese fruto y les diera una abundancia de frutos para disfrutar. Satanás quiere que creamos que no podemos controlar lo que deseamos o que, si tenemos un deseo, debe ser bueno, a pesar de las instrucciones de Dios. Es una de sus mentiras más dañinas, que nos mantiene esclavizadas durante años en búsquedas vanas. Aunque no siempre podemos elegir lo que vemos, podemos elegir en qué ponemos nuestro corazón. Sin duda, Eva podría haber deseado el fruto del árbol de la vida, que también estaba en el huerto. La elección estaba ante ella: la vida o la muerte. Eva puso su corazón en el fruto prohibido al desear su sabiduría, y eligió afirmar su independencia.

*Aunque no siempre podemos elegir lo que vemos,
podemos elegir en qué ponemos nuestro corazón.*

Eva *tomó*

El corazón codicioso de Eva condujo a la acción externa. Aquí podemos observar claramente la naturaleza del pecado que engendra más pecado. Ella tomó del fruto y comió, y dio también a su marido. Si bien este es el primer caso de rebelión externa, en realidad, la rebelión de la incredulidad podría considerarse el primer pecado que ocurrió en el huerto. De la incredulidad de Eva fluyó la codicia, y del pecado de la codicia fluyó su desobediencia al comer del fruto prohibido. En su propio pecado, llevó a su esposo por el mal camino. La tentada ahora se convirtió en la tentadora. La que fue dada al hombre como compañera y ayuda idónea para compartir todos los placeres del Edén se convierte, en cambio, en una ayuda para su destrucción.

Eva *se escondió*

Con el fruto vino la sabiduría que Eva deseaba, aunque no en la forma que quería. Tanto ella como Adán ahora se dan cuenta, para su vergüenza, de que están desnudos. Para ocultar su desnudez, hacen vestidos con hojas de higuera para tratar de cubrirse. Cuando escuchan el sonido del Señor, Adán y Eva intentan esconderse entre los árboles del huerto, pero es en vano. El Señor, que los creó y los conoce, sin duda sabía de su desobediencia. Aun así, intentan esconderse de su omnisciente Creador. En nuestro estado caído, intentamos ocultar de todos lo que hemos hecho, incluso de nosotras mismas.

Las consecuencias

En este momento del relato, Dios pronuncia varios juicios y consecuencias para la serpiente, Eva y Adán. De un pecado fluye mucho dolor. Eva pensó egoístamente solo en sí misma al codiciar. No consideró los resultados de sus elecciones. Su pecado tuvo efectos perjudiciales en ella, su familia, su comunidad y con su Señor. El cuerpo físico de Eva fue maldecido con la multiplicación de sus dolores de parto. Su estado emocional estaba maldito, como lo estaría su deseo por controlar a su marido, pero él gobernaría sobre ella. Adán, su única familia hasta ese momento, sufrió al dejarse llevar por su ejemplo y cayó en su propio pecado. De su pecado fluyó la maldición sobre la tierra y sobre toda su labor. Adán y Eva fueron desterrados de la comunidad del huerto del Edén, incapaces de comer del fruto del árbol de la vida. Todos los que vendrían después de Adán estarían corrompidos con una naturaleza pecaminosa. Como dice Pablo: "como el pecado entró en el mundo por un hombre, y por el pecado la muerte, así la muerte pasó a todos los hombres, por cuanto todos pecaron" (Romanos 5:12). Adán contaminó con su pecado a todos los que vendrían después de él y, con eso, extendió la muerte a todos. Por último, y lo más importante, la gloria de Dios se vio afectada por las elecciones codiciosas de Eva. Adán y Eva fueron colocados en el huerto con la distinción especial de haber sido hechos a la imagen de Dios. Se les ordenó que fueran fructíferos y se multiplicaran y, de esa manera, llenaran la tierra con la imagen del Creador. Lo glorificaban porque fueron hechos a su imagen. Con su caída en el pecado, la imagen que una vez reflejara perfectamente la gloria de Dios quedó manchada y rota. De un pecado en apariencia intrascendente, surgieron terribles consecuencias. Podría ser fácil creer que estas consecuencias negativas fueron tan grandes solo por la perfección que rodeaba a Adán y Eva, y por el hecho de que eran nuestros primeros padres. ¿Nuestra codicia realmente conduce a consecuencias tan preocupantes, tanto en nuestras vidas como en las de las personas que nos rodean? ¿La gloria de Dios también se ve afectada por este patrón en nuestras vidas? Para comenzar a responder estas preguntas, saldremos del Edén y entraremos a Canaán. Observaremos otro ejemplo, Acán, y cómo su codicia siguió el mismo patrón y un conjunto de consecuencias similares a las de Eva.

El patrón de la codicia en Acán

La historia de Acán tiene lugar en el libro de Josué, después de la batalla de Jericó. Antes de esa batalla, el pueblo de Israel había estado vagando por el desierto cuarenta años. Durante esos años, vivían en tiendas de campaña y se alimentaban de maná del cielo. Vivían sin casas, campos ni cultivos, y solo se les permitía quedarse con las posesiones que podían llevar consigo mientras deambulaban. Tras la muerte de Moisés, Dios encomendó a Josué la tarea de guiar al pueblo hasta la tierra prometida. Milagrosamente, Dios dividió el río Jordán, y el pueblo cruzó al otro lado y llegaron a la tierra de Canaán: la tierra prometida hacía más de cuatrocientos años a su padre Abraham. Poco después de cruzar, el Señor instruye a Josué: "Mira, yo he entregado en tu mano a Jericó" (Josué 6:2). Le ordena hacer marchar al pueblo alrededor de la ciudad durante seis días y, en el séptimo día, debían gritar. Ante ese fuerte grito, los muros se derrumbaron y los israelitas pudieron entrar a la ciudad. Sin embargo, habían recibido la advertencia de destruir todo lo que había en la ciudad: "Pero vosotros guardaos del anatema; ni toquéis, ni toméis alguna cosa del anatema, no sea que hagáis anatema el campamento de Israel, y lo turbéis. Mas toda la plata y el oro, y los utensilios de bronce y de hierro, sean consagrados a Jehová, y entren en el tesoro de Jehová" (Josué 6:18-19).

Los israelitas ganaron la batalla y, al final de este capítulo, vemos que el Señor estaba con Josué y que su fama se extendió por toda la tierra. Todo parece estar progresando bien en la tierra de

Canaán hasta que pasamos al siguiente capítulo y leemos: "Pero los hijos de Israel cometieron una prevaricación en cuanto al anatema; porque Acán hijo de Carmi, hijo de Zabdi, hijo de Zera, de la tribu de Judá, tomó del anatema; y la ira de Jehová se encendió contra los hijos de Israel" (Josué 7:1).

¡El pueblo de Israel finalmente ha llegado a su propia tierra, y ya han pecado contra el Señor! Sin embargo, Josué no se da cuenta de la grieta que se había abierto y envía hombres a atacar la ciudad de Hai. Este ataque sale mal, y treinta y seis hombres pierden la vida, mientras que el resto se ve obligado a huir de la batalla. Toda la nación de Israel, que acababa de tener su primera experiencia de victoria, ahora se descorazonan y se llenan de miedo. Josué clama al Señor para preguntarle qué sucedió y por qué ha permitido que su pueblo pierda esta batalla. Dios ordena a Josué que lleve al pueblo de Israel ante él, tribu por tribu, hasta que se descubra al hombre que ha tomado algunas cosas del botín. De la tribu de Judá, se elige a Acán y confiesa: "Verdaderamente yo he pecado contra Jehová el Dios de Israel, y así y así he hecho. Pues *vi* entre los despojos un manto babilónico muy bueno, y doscientos siclos de plata, y un lingote de oro de peso de cincuenta siclos, lo cual *codicié* y *tomé*; y he aquí que está *escondido* bajo tierra en medio de mi tienda, y el dinero debajo de ello" (Josué 7:20-21). Aquí, nuevamente, vemos el mismo patrón: ver, codiciar, tomar y esconder.

Acán vio

En medio de la batalla de Jericó, Acán vio un hermoso manto, plata y oro. Una vez más, este patrón de codicia comienza con los ojos. Acán, aún en medio de una batalla, se tomó tiempo para mirar los elementos que tenía la orden de destruir. Estoy segura de que muchos de esos elementos deben de haber sido tentadores para los israelitas. Habían estado vagando durante cuarenta años en el desierto, y allí, a su alrededor, había artículos que necesitaban. Había casas, ganado, ropa, así como plata y oro. Esos artículos les proporcionarían la estabilidad y las comodidades que anhelaban después de años de estar errantes. Sin embargo, con los ojos de la fe se puede ver que la verdadera seguridad solo proviene del Señor. Por lo tanto, todos los demás israelitas, por fe, vieron esos elementos y los echaron obedientemente al fuego para quemarlos. Acán, sin embargo, vio esos elementos a través de la lente de su incredulidad. Sus ojos también habían presenciado cuarenta años de provisión del maná en el desierto, la división del río Jordán y, precisamente ese mismo día, los muros de Jericó habían caído milagrosamente al suelo ante sus propios ojos. Acán había visto la bondad y la provisión del Señor, pero decidió dejar que sus ojos se posaran sobre lo que el Señor había prohibido. Aquello sobre lo cual fijamos nuestra mirada es a menudo un reflejo de la idolatría de nuestro corazón.

Acán codició

Mientras que Eva codició sabiduría, Acán codició posesiones materiales. Quizás creía que le proporcionarían bienestar y seguridad. Quizás pensó que le darían estatus y respeto. Por alguna razón, eligió poner su corazón en estos artículos y desearlos de manera desmedida. ¿Estaba mal que Acán deseara posesiones personales? Pues bien, su deseo era bueno. De hecho, en cada batalla después de Jericó, todos los israelitas tuvieron permiso de saquear las ciudades que tomaron. Se les permitió tomar la plata, el oro, la ropa, el ganado y las casas. Esas eran las bendiciones que el Señor quería dar a su pueblo. Sin embargo, ante todo quería su afecto, confianza y obediencia. Matthew Henry comenta sobre esta noción después de la segunda batalla de Hai cuando se les permitió tomar todo el botín:

> Obsérvese cómo Acán, que tomó el botín prohibido, perdió eso, la vida y todo; pero el resto del pueblo que se mantuvo lejos del anatema, fueron rápidamente recompensados por su obediencia. La forma de tener el consuelo de lo que Dios nos permite, es alejarnos de lo que nos prohíbe. Nadie pierde por negarse a sí mismo; cumplamos con Dios primero y luego todo estará limpio y será seguro para nosotros, 1 Reyes 17:13. Dios no los llevó a hermosas ciudades y casas llenas de todas esas cosas buenas, para atormentarlos al ver lo que no podían tocar; sino que, al haber recibido las primicias de Jericó, el botín de

Hai, de todas las ciudades que de allí en adelante llegaran a sus manos, podían hacerse presa para sí mismos.[3]

Acán no tenía puesta toda su confianza en el Señor para abstenerse de lo que estaba prohibido. Esa falta de confianza lo llevó rápidamente a tomar.

Acán tomó

La incredulidad de Acán primero se apoderó de sus afectos al codiciar y rápidamente se manifestó en la acción externa de tomar aquellos artículos. En este caso, podemos observar claramente la naturaleza de la codicia que engendra más pecado. Su codicia concibió y dio a luz el robo del Señor. La plata y el oro se depositarían en el tesoro del Señor. En cambio, Acán tomó estos artículos para sí mismo.

Por mucho que tratemos de ocultar nuestras acciones a los demás, no están ocultas al Señor.

Acán escondió

La ironía de esta historia es que Acán tomó un hermoso manto, plata y oro, y luego se vio obligado a esconderlo debajo de su tienda. No pudo disfrutar de la plata y el oro ni usar el hermoso manto. Ningún botín prohibido o ganancias injustas nos traerán la vida que creemos que nos traerán. Prometen mucho, pero solo ofrecen un doloroso arrepentimiento y terribles consecuencias. Acán debe de haber sentido temor a ser descubierto y, de manera similar a Adán y Eva, trató de ocultar lo que había hecho. Por mucho que tratemos de ocultar nuestras acciones a los demás,

3. Matthew Henry, *Matthew Henry's Commentary on the Whole Bible,* vol. 2 (Peabody, Massachusetts: Hendrickson Publishing, 1991) p. 35. Edición en español *Comentario bíblico de Matthew Henry,* publicado por Editorial Clie, 1999.

no están ocultas al Señor. Las consecuencias tampoco se limitan solo a Acán, sino que se extienden a su familia, su comunidad y la gloria del Señor.

Las consecuencias

El mismo Acán pagó caro por su pecado. El juicio de Dios cayó sobre él, lo expulsaron del campamento y lo apedrearon hasta matarlo. En segundo lugar, apedrearon a la familia de Acán junto con todas sus posesiones y quemaron sus restos hasta reducirlos a cenizas. Sus esperanzas puestas en los lujos de Canaán terminaron en sufrimiento y muerte. La comunidad de Israel también sufrió mucho por el pecado de Acán. Treinta y seis hombres perdieron la vida en la batalla de Hai. Esta batalla se perdió debido al pecado de Acán, y es la única vez en todo el libro de Josué que encontramos que alguno de los israelitas perdió la vida. Treinta y seis familias perdieron maridos, hermanos, padres y tíos. Además, el pasaje dice que todos los israelitas se descorazonaron y estaban asustados por la derrota en Hai (Josué 7:5). Por último, y lo más importante, el grandioso nombre de Dios sufrió una afrenta por el pecado de Acán. Dios decidió adosar su nombre a su pueblo, los israelitas, de modo que cuando ellos fallaban, su nombre no recibía la gloria que merecía. Josué habla de esta noción mientras se lamenta: "¡Ay, Señor! ¿qué diré, ya que Israel ha vuelto la espalda delante de sus enemigos? Porque los cananeos y todos los moradores de la tierra oirán, y nos rodearán, y borrarán nuestro nombre de sobre la tierra; y entonces, ¿qué harás tú a tu grande nombre?" (Josué 7:8-9). La gloria de Dios se ve afectada por las acciones de su pueblo.

El patrón de la codicia en nosotras

Las similitudes en las historias de Eva y Acán ponen al descubierto el patrón de la codicia. Ambas historias comenzaron con una incredulidad que condujo a acciones pecaminosas con trágicas consecuencias para muchos. Para concluir este capítulo, consideraremos cómo aparece este patrón en nuestras propias vidas cuando nuestra incredulidad nos lleva a ver, codiciar, tomar y esconder.

Vemos

Nuestra codicia comienza ante todo con nuestros ojos. Vemos la vida de otra persona y envidiamos la vida que lleva. Si Dios nos priva de algo, comenzamos a verlo por todas partes. Si una mujer anhela un marido o tiene un matrimonio con problemas, parece que no puede ir a ningún lado sin ver parejas felices tomadas de la mano que disfrutan de la vida juntos. Una mujer que anhela un bebé ve mujeres embarazadas por todas partes. Una madre nota que los hijos de otra mujer son obedientes, mientras ella lucha a diario con la desobediencia de sus hijos. Una mujer observa cómo los hijos adultos de su vecina, que vive al final de la calle, la visitan con sus nietos frecuentemente, mientras que los de ella viven lejos y rara vez la visitan.

En otras ocasiones, nuestros anhelos son el resultado de lo que vemos. Una amiga aparece con ropa bonita y, de repente, nos sentimos sencillas y pasadas de moda. Abrimos la última revista del hogar y los muebles de nuestra casa parecen aburridos en comparación. Vemos una comedia romántica y quizás comenzamos a pensar que nuestro marido podría traer más flores, hacernos reír más y estar más atentos a nuestras necesidades. Acán vio el manto, la plata y el oro, y luego comenzó a desear esas posesiones. De manera similar, lo que vemos a veces nos lleva a desear algo que ni siquiera sabíamos que queríamos hasta que lo vimos.

A veces ponemos nuestros ojos en lo que creemos que nos dará más gozo en la vida e ignoramos las bendiciones de Dios que nos rodean.

Sin embargo, quiero enfatizar que la acción de ver en sí no es necesariamente el problema. Es *la acción de ver mezclada con incredulidad* lo que despierta nuestro corazón codicioso. Dos personas pueden ver exactamente lo mismo y tener reacciones muy distintas. Los problemas surgen cuando nos enfocamos en ciertas cosas y creemos falsamente que nos sentiríamos realizadas en la vida si pudiéramos tener esas cosas. Eva se centró en el fruto del árbol del conocimiento del bien y del mal e ignoró a todos los demás árboles del huerto. Ella deseaba solo el fruto prohibido. De manera similar, a veces ponemos nuestros ojos en lo que creemos que nos dará más gozo en la vida e ignoramos las bendiciones de Dios que nos rodean. En muchos casos, no podemos cambiar lo que vemos. Sin embargo, podemos darnos cuenta de nuestra reacción a lo que vemos y de nuestra tendencia a la incredulidad que conduce a la codicia.

Codiciamos

Eva codició sabiduría, mientras que Acán codició posesiones materiales. Codiciamos cosas muy diferentes según la etapa de nuestra vida, la personalidad y las circunstancias. Algunas personas luchan contra la codicia de los bienes materiales. Otras codician el afecto y la aprobación de la gente. Muchas mujeres codician tener el control de las circunstancias de sus vidas. Queremos tener el control de cuándo y con quién nos casaremos, cuándo tendremos hijos y en dónde trabajaremos. Algunas mujeres codician la posición social y la preeminencia, mientras que otras desean adaptarse y ser como todas las demás. A menudo, las familias en las que crecimos y los deseos de nuestros padres dan forma a las cosas que deseamos como mujeres adultas. Sea como sea, cada una de nosotras, en diferentes etapas de la vida, luchará con la tentación de creer que nuestra vida sería mejor o más gratificante si pudiéramos tener _____ (completa el espacio en blanco). Estos deseos codiciosos pueden surgir incluso en las circunstancias más perfectas de nuestra vida (solo mira a Eva) y robarnos el gozo que podríamos experimentar.

Por lo general, codiciamos las áreas en las que más nos comparamos con los demás. Comparamos universidades, novios, bodas, hijos, padres, hogares, trabajos, pruebas, dones, ministerios, nietos, salud y muchas otras cosas. Por lo general, en el centro de esta trampa de comparación yace la creencia errónea de que otra persona obtiene todo lo mejor, mientras que nosotras obtenemos cosas de segunda clase. Nos sentamos a reflexionar sobre lo que otra persona tiene en algún área y nuestro corazón se endurece hacia tal persona, así como hacia Dios. En nuestra incredulidad, pensamos erróneamente que Dios debe amarlos más. A medida que estos deseos codiciosos crezcan en nuestro corazón, con el tiempo llegaremos al punto donde tomaremos erróneamente de otros y de Dios.

Tomamos

A medida que nuestros deseos codiciosos crezcan, con el tiempo tomaremos de los que nos rodean o de Dios. Si bien Acán y Eva tomaron los elementos físicos que deseaban, por lo general, nosotras lo haremos de manera más sutil. Dado que es posible que no podamos lograr el objeto de nuestro deseo, tomamos al no hacer el bien que deberíamos hacer o al dañar a otros como un subproducto de nuestro descontento.

La acción de tomar puede llevarse a cabo de diferentes formas y afectar a diferentes individuos. Cuando gastamos dinero en nuestros propios placeres y no damos el diezmo, tomamos del Señor. Tomamos la reputación de una amiga cuando chismeamos sobre ella o damos información confidencial. Tomamos de los misioneros o los necesitados de nuestra propia comunidad cuando gastamos de manera negligente, mientras ellos tienen grandes necesidades. Tomamos del gozo de otra persona al no regocijarnos con ella, porque creemos que Dios no ha sido bueno con nosotras en algún área de nuestra vida. La amargura por nuestra propia situación toma del gozo de esa persona. Tomamos de la comunidad de una persona solitaria cuando no la invitamos a cenar. Tomamos del gozo y la paz cuando estamos tan ocupadas hasta el punto de sentir estrés y preocupación pecaminosos. Tomamos de los demás cuando no pasamos tiempo a solas con el Señor para poder dedicar tiempo a nuestros propios placeres. El hecho de no conocer al Señor ni encontrar vida en Él afecta el testimonio y la sabiduría para ofrecer a quienes nos rodean. Tomamos de los demás cuando siempre tenemos en cuenta nuestras propias necesidades y no la de otras personas. Tomamos de la compasión de los demás cuando no nos compadecemos por lo que es difícil para ellas porque lo hemos comparado con nuestra propia vida y hemos considerado su sufrimiento "menor" que el nuestro. Tomamos de la gloria de Dios cuando nos jactamos de nuestros propios logros en lugar de darle alabanza por lo que Él ha hecho. Tomamos en una variedad de formas. Una vez que nos damos cuenta de que hemos tomado, en nuestra vergüenza intentamos esconder lo que hemos hecho.

Nos escondemos

Cuando lo que vemos nos ha llevado a codiciar y la codicia nos ha llevado a tomar, a menudo nos escondemos. Nos escondemos porque estamos avergonzadas de lo que hemos hecho o porque todavía queremos aferrarnos a lo que hemos tomado ilegalmente. Observa la ironía tanto para Eva como para Acán. A cada uno, lo que creían que les traería placer solo les trajo ruina y desdicha. Eva creyó que llegaría a ser como Dios y, en cambio, se convirtió en portadora de una imagen desfigurada e intentó esconder su desnudez con hojas de higuera. Acán creía que disfrutaría de la plata, el oro y el manto. Sin embargo, en lugar de disfrutar de esos artículos se vio obligado a esconderlos en su tienda y pagar la pena máxima por su delito.

Así ocurre con lo que tomamos ilegalmente. Ocultamos las aventuras adúlteras. Escondemos nuestro enojo, descontento y falta de gozo cuando intentamos explicar lo difícil que es nuestra situación. Nuestros chismes se esconden bajo la apariencia de peticiones de oración y sinceridad. Culpamos a nuestros limitados recursos de no dar con generosidad. En lugar de acercarnos a Dios y confesar nuestro pecado, optamos por permanecer escondidas e incapaces de disfrutar de los dones que Dios nos ha dado. Nuestro escondite nos separa de la relación con los demás y la cercanía con Dios.

Pagamos las consecuencias

Así como muchas veces seguimos el mismo patrón pecaminoso que Eva y Acán, también sufrimos múltiples repercusiones como ellos. Su pecado tuvo consecuencias negativas en cuatro áreas principales: su propio bienestar, su familia, su comunidad y el Señor. Al final, Eva y Acán padecieron la muerte debido a sus elecciones. Además, sufrieron la pérdida de bendiciones futuras. Eva no pudo disfrutar de la bendición de comer del árbol de la vida. Acán no pudo disfrutar de los frutos de la victoria en todas las otras ciudades que los israelitas derrotaron. Cuando tomamos por la fuerza lo que codiciamos, también sufrimos la muerte y la pérdida de futuras bendiciones. La muerte que experimentamos no siempre será de naturaleza física, pero puede implicar la muerte de un sueño, la pérdida de la esperanza o no poder disfrutar de manera plena una bendición presente.

En la sociedad actual, no es popular hablar de las consecuencias de nuestras elecciones pecaminosas. Preferimos oír hablar de la bondad, la misericordia y el perdón de Cristo. Si bien es cierto que Dios perdona al que se arrepiente de cualquier pecado que haya cometido, también es cierto que nuestras acciones tienen consecuencias. Dios, en su fidelidad, expone los dolorosos resultados de nuestra incredulidad. Nos reprende por nuestras decisiones pecaminosas y nos permite probar consecuencias difíciles para protegernos de una futura incredulidad. Los cristianos sufren de adicciones, enfermedades de transmisión sexual, sentencias de cárcel, divorcios, ruptura en las relaciones, bancarrotas y problemas de salud, a menudo debido a decisiones que comenzaron con la codicia. Todo nuestro sufrimiento no es el resultado de nuestros patrones codiciosos. A veces sufrimos porque vivimos en un mundo caído o por las decisiones pecaminosas de otros. Sin embargo, debemos aceptar que a veces sufrimos como consecuencia de nuestros propios patrones pecaminosos.

Debemos aceptar que a veces sufrimos como consecuencia de nuestros propios patrones pecaminosos.

También debemos aceptar que nuestras elecciones tendrán graves repercusiones en nuestra familia. Toda la familia de Acán participó de su destrucción. Una madre que codicia la posición social, las posesiones o la imagen física de otras personas a menudo influirá en sus hijos y hará que persigan intereses igualmente vanos. Así como los niños que sufren de abuso físico a menudo se convierten en padres abusivos, también transmitimos nuestras tendencias codiciosas a nuestros hijos. Nuestra impaciencia, descontento, enojo y preocupación a menudo también llegarán a ser patrones evidentes en sus vidas. Nuestros hijos nos aman; así que, naturalmente, llegarán a amar lo que amamos.

Nuestra codicia también afectará a nuestra comunidad. El libro de Josué señala que todos "los hijos de Israel cometieron una prevaricación en cuanto al anatema; porque... tomó del anatema" (Josué 7:1). El pecado de Acán no quedó solo en él, sino que causó que todo el campamento de Israel fuera profanado. De manera similar, Pablo compara la comunidad de la iglesia con un cuerpo. Si un miembro sufre, todos se duelen (1 Corintios 12:26). Esto incluye las pruebas que nos sobrevienen, así como el sufrimiento que proviene de nuestro pecado. Piensa en un hombre que decide ser infiel a su cónyuge en una sola ocasión. Ese único momento de debilidad trae sufrimiento no solo a su propio cuerpo y su familia, sino también a su comunidad. Se llamará a pastores y ancianos para que dediquen tiempo personal para atender a este hombre y su familia. Se tomarán horas lejos de sus propias familias para ayudar en el proceso de sanidad de esta familia. Las horas que esta familia dedique a aconsejar y sanar no solo afectarán a las personas que son ministradas, sino también a otras personas que podrían haber sido ministradas durante esos meses. Otros miembros de la iglesia podrían ser tentados más fácilmente a pecar o caer en el error de considerar su propio pecado menos grave cuando se enteren de que esa persona fue infiel. Los no creyentes consideran su situación como una muestra de que la iglesia no es diferente al mundo. Nuestros deseos codiciosos traen consecuencias dolorosas y afectan nuestra capacidad para ministrar a otros como es debido. Al sufrir los efectos de nuestra idolatría, hacemos que nuestra comunidad sufra con nosotros.

Por último, y lo más importante, nuestros deseos codiciosos afectan la gloria de Dios. Nuestra manera de vivir dice mucho sobre el Dios que adoramos. Nuestros incesantes antojos sugieren a los demás que adoramos a un Dios que no puede satisfacer. Un espíritu amargado dice que nuestro Dios no puede suplir nuestras necesidades. Si afirmamos que Dios es nuestro Padre, pero nos quejamos de sus decretos y caminos, presentamos a Dios como un tirano en lugar de un Padre amoroso y compasivo. Nuestro deseo de tener vida aquí en la tierra comunica nuestra creencia de que el cielo es solo una posibilidad en lugar de una realidad invisible. Perseguir nuestros deseos codiciosos muestra al mundo que nos observa que creemos que la vida se encuentra en los placeres temporales y no en el Señor mismo. Vidas que deberían estar llenas de gozo y gratitud a Dios a menudo se sofocan bajo las preocupaciones de este mundo. Así como Eva transmitió a su marido su incredulidad acerca de Dios, nosotros también transmitimos nuestra incredulidad a otros. Dios es glorificado cuando creemos en Él; es el medio de nuestra salvación. Además, así es como le damos la gloria y la honra.

Al leer sobre estas consecuencias, espero que comiences a sentir la gravedad de este patrón de pecado. De hecho, espero que empieces a odiarlo. Si vamos a luchar contra este pecado con atención, debemos llegar a comprender su malignidad y el sufrimiento que trae a muchos. Aquello que falsamente promete vida, en realidad, es un ladrón que nos roba. Debemos desarrollar más aversión y pena por nuestro pecado si queremos probar y ver que el Señor es bueno. Si observas en tus propias acciones este patrón "ver, codiciar, tomar y esconder", no te desesperes. La sangre de Cristo es eficaz para limpiarnos del castigo del pecado pasado, así como del poder que tiene en nuestras vidas hoy. En el próximo capítulo veremos cómo despojarnos de este viejo patrón de incredulidad y adoptar un nuevo patrón de fe para luchar contra nuestros deseos codiciosos. No dejaremos de desear, sino que aprenderemos a desear un manjar mucho mejor.

Preguntas para la reflexión personal y grupal

1. Lee Génesis 3. En este pasaje, ¿cómo ves a la serpiente incitar a Eva a la incredulidad?

2. ¿Qué aspectos particulares del carácter de Dios le ves atacar?

3. Vuelve a leer Génesis 3:6-7. ¿Cómo ves el patrón de "ver, codiciar, tomar y esconder" en este pasaje?

4. ¿Cuáles son las consecuencias para Adán, Eva y la serpiente?

5. ¿Cómo se puede ver tanto el juicio de Dios como su misericordia en este pasaje?

6. Lee Josué 7. ¿Cómo ves el patrón de "ver, codiciar, tomar y esconder" en este pasaje?

7. ¿Cuáles son las diversas consecuencias que resultan del pecado de Acán?

8. ¿Por qué crees que Acán tomó ese hermoso manto, la plata y el oro del botín? ¿Qué creía sobre esas posesiones? ¿Qué creía (o no) acerca de Dios?

9. ¿Qué similitudes ves entre las historias de Eva y Acán? ¿Qué diferencias?

10. La codicia, por lo general, adopta el patrón de "ver, codiciar, tomar y esconder". ¿Cómo ves este patrón en el mundo? ¿La Iglesia? ¿Tu propio corazón?

11. ¿Qué consecuencias negativas has visto como resultado de tu propia codicia o la de otra persona?

12. ¿Cómo destruye la codicia nuestras amistades y comunidad? ¿Alguna vez te ha herido la envidia de otra persona? ¿O alguna vez tu envidia te ha llevado a romper una relación con una amiga?

13. Lee 1 Corintios 10:6-13. ¿Qué advertencias podemos tomar de los ejemplos de Eva y Acán? ¿Qué esperanza podemos tener de las palabras de Pablo a los corintios?

El poder sobre la codicia

La fe puede concluir que el Espíritu producirá este fruto en mí. Lo que Dios ha hecho anteriormente por su pueblo, en efecto, son promesas también. La fe puede llegar a la conclusión de que el Señor obrará de la misma manera en el futuro. Si libró a otros que confiaron en Él, entonces ahora me librará si confío en Él. Él es el mismo ayer y siempre. David conquistó a Goliat en el nombre del Señor y prevaleció. Si actúo de la misma manera contra mis deseos, prevaleceré.

DAVID CLARKSON

Voices From the Past, p. 174.

4

El poder sobre la codicia

La cruz de Cristo

Mi hijo, John, siempre ha sido bastante quisquilloso con la comida. Intenté por todos los medios corregirlo en sus hábitos alimenticios. Preparaba toda su comida para bebés en un intento de darle vegetales frescos y que probara el sabor de la comida real. Comencé con productos como guisantes y zanahorias para desarrollar en él un deseo por alimentos salados antes de empezar con alimentos dulces como puré de manzana y peras. Sin embargo, para mi consternación, rápidamente rechazó mis purés caseros de brócoli y guisantes. A veces los rechazaba solo por su color o textura. Era como si supiera que había algo más tentador y estaba esperando que llegara.

Estábamos celebrando en familia su primer cumpleaños y la tía Dottie le compró un pastelito cubierto de glaseado azul. Pensé que lo rechazaría porque tenía un color azul brillante y una textura diferente a cualquier cosa que hubiera visto antes. En lugar de rechazarlo o incluso probarlo de manera tentativa, John se lo llevó instantáneamente a la boca y comenzó a chupar la cobertura de glaseado. Por fin había encontrado el deseo de su corazón. No necesitaba desarrollar el gusto por los pastelitos; fue muy natural para él. Sin embargo, no puede vivir de pastelitos, por lo que a lo largo de los años ha tenido que aprender a comer vegetales. Tal vez todavía no le gusten, pero cuanto más coma alimentos saludables, más probable es que desarrolle buenos hábitos alimenticios con el paso de los años. Como madre, no puedo dejarlo a expensas de sus antojos naturales. En cambio, debo tratar de ayudarlo a desarrollar un gusto por los alimentos que son buenos para él.

De manera similar, nuestros antojos y deseos de cosas mundanas los obtenemos de forma muy natural. La mayoría de nosotras podríamos abalanzarnos fácilmente encima de una vida llena de respeto, familia, fama, fortuna y amistades, al igual que John se abalanzó instantáneamente encima de su pastelito. Sin embargo, los postres son para degustar y jamás deben confundirse con comida real. Debemos disfrutar de los dones y placeres que el Señor trae a nuestras vidas, pero nunca debemos cometer el error de creer que son el poder que nos sustenta. Como dice acertadamente Thomas à Kempis: "No puedes hallar plena satisfacción en ninguna dádiva temporal, porque no fuiste creado para gozar de lo caduco. Aunque poseyeras todos los bienes creados, no puedes estar feliz y contento; mas en Dios que creó todas las cosas se halla el gozo y la felicidad".[1] Parte del crecimiento espiritual es aprender a deleitarse en Cristo, apreciarlo como nuestra verdadera comida y saborear el tiempo en su presencia. Así como mi hijo John necesitará tiempo para que le gusten los alimentos saludables, cada alma necesita tiempo para crecer en Cristo y aprender a "gusta[r], y ve[r] que es bueno Jehová" (Salmos 34:8).

Este capítulo se centra en un importante objetivo para los cristianos: cultivar el deseo y apetito por el Señor que romperá el patrón negativo de ver, codiciar, tomar y esconder. Es posible escapar del patrón que atrapó a Eva y Acán, pero no podremos escapar solo por un acto de fuerza de voluntad. Si fuera fácil cambiar nuestros deseos, todas estaríamos haciendo ejercicio cinco veces a la semana y consumiendo comidas llenas de frutas y verduras. El cambio no es fácil ni rápido en ningún área. Tomará tiempo apartar nuestros ojos de los placeres temporales de este mundo y

---

1. Thomas à Kempis, *The Imitation of Christ*, Libro 3, capítulo 16 (Londres: Fontana Books, 1963) p. 136. Edición en español *Imitación de Cristo*, publicado por Editorial Vilamala, 1966.

aprender a desear las cosas de Dios. Este cambio no se puede lograr en nuestro propio poder. De hecho, debe obrar un nuevo poder en nuestro corazón si queremos escapar del molde de nuestro yo terrenal y vivir como una nueva criatura. Para poder adueñarnos de esta fortaleza externa, comenzaremos a estudiar la tentación de Cristo y observar su habilidad para romper el patrón de pecado al que Eva y Acán sucumbieron en sus circunstancias. A continuación, buscaremos comprender el alcance de su poder que obra en nuestras vidas como cristianas. Por último, veremos un nuevo patrón de creencias que podemos adoptar para reemplazar el antiguo patrón de infidelidad y pecado.

Cristo: El que rompe todo patrón

En su evangelio, Mateo da cuenta de la tentación de Cristo (Mateo 4:1-11). Se nos informa que el Espíritu condujo a Jesús al desierto con el expreso fin de que el diablo lo tentara. Jesús ayunó durante cuarenta días y cuarenta noches, y luego Satanás se dirigió a Él con tres tentaciones. Al estudiar este relato, veremos las circunstancias que rodearon la tentación de Cristo, la naturaleza de las tentaciones en sí mismas y la estrategia que Cristo usó para combatir los ataques de Satanás. Al ver cada categoría, contrastaremos y compararemos su circunstancia con la de Eva y Acán. Donde ellos fallaron, Cristo tuvo éxito. Nuestro objetivo es comprender su victoria para que podamos emular su estrategia en nuestras propias batallas contra la tentación.

Las circunstancias que rodearon la tentación de Cristo

Satanás vino a Eva cuando estaba rodeada de la perfección del huerto del Edén. Su naturaleza aún no estaba manchada por el pecado, sino envuelta en bondad por todos lados. Acán tuvo deseos codiciosos en medio de una gran victoria en batalla. Si bien su naturaleza ciertamente se vio afectada por el pecado, estaba viviendo en una era de la historia israelita, que fue testigo del cumplimiento terrenal de las promesas de Dios a Abraham. Estaba entrando a la esperanza de todo israelita durante más de cuatrocientos años: la tierra prometida. Por el contrario, la tentación de Cristo tuvo lugar en circunstancias extremadamente desfavorables. En lugar de la perfección del huerto del Edén o la esperanza de la tierra prometida, la tentación de Jesús tuvo lugar en el desierto. En lugar de un huerto cultivado o una tierra que fluye leche y miel, el Espíritu llevó a Cristo a un lugar de dureza e incomodidad.

Tanto Eva como Acán además tuvieron la bendición de la compañía al enfrentar la tentación. Eva pudo haber buscado fuerzas en Adán en su batalla con Satanás. Acán estaba rodeado de otros guerreros y podría haber buscado fuerzas en sus compañeros y en el ejemplo de su obediencia. En cambio, Cristo estuvo solo durante cuarenta días y desprovisto de cualquier compañía o consuelo humano.

Por último, el ayuno de cuarenta días y cuarenta noches sin duda debe de haber llevado a Cristo a un estado de debilidad física al momento de enfrentar la tentación de Satanás. Su cuerpo era completamente humano y necesitaba sustento físico. Compara su situación con la de Eva, que estaba rodeada de la abundancia del Edén, o con la de Acán, que disfrutaba de los frutos de Canaán (Josué 5:12). A todo esto, Cristo carecía de las comodidades del hogar, compañía y las necesidades físicas básicas cuando se enfrentó al tentador.

Cualesquiera que sean los deseos codiciosos que enfrentes, son comunes al ser humano.

El triunfo de Jesús en la tentación mientras estaba en debilidad debería llevarnos a cada una de nosotras a darnos cuenta de que no tenemos la excusa de las circunstancias difíciles en nuestras propias tentaciones. A menudo, nuestros deseos codiciosos pueden llevarnos a creer en la particularidad de nuestra propia situación. En secreto, susurramos que nadie se ha enfrentado a una lucha semejante ni ha sentido el peso de nuestra prueba en particular. Sin embargo, Pablo habla de la falacia de estas mentiras en 1 Corintios cuando escribe: "No os ha sobrevenido ninguna tentación que no sea humana" (1 Corintios 10:13). Cualesquiera que sean los deseos codiciosos que enfrentes, son *comunes* al ser humano. La lujuria, la envidia y la codicia nos llegan a cada uno de muchas formas diferentes y a menudo en circunstancias difíciles. Sin embargo, recordemos que Eva y Acán desobedecieron debido a su incredulidad interna, no a sus circunstancias externas. A medida que analicemos cada una de las tentaciones de Cristo, veremos que triunfó debido a su creencia interna, a pesar de la dureza de sus circunstancias.

La naturaleza de la tentación de Cristo

Satanás tienta a Jesús de tres maneras. En primer lugar, lo tienta a convertir las piedras en pan para demostrar que es el Hijo de Dios. En segundo lugar, pide a Jesús que se arroje del templo para demostrar que es el Hijo de Dios al saber que los ángeles acudirían a su rescate. En tercer lugar, tienta a Jesús con ofrecerle todos los reinos del mundo y su esplendor si tan solo se inclinaba y lo adoraba. Estas tentaciones no fueron decisiones fortuitas por parte de Satanás, sino elegidas de manera intencional para tentar a Cristo en áreas particulares. Aunque Satanás estaba tentando a Cristo para que hiciera actos físicos (por ejemplo, convertir las piedras en pan), el poder real detrás de la tentación era espiritual. Matthew Henry destaca la naturaleza espiritual de estas tentaciones al resumir que Satanás buscaba tentar a Jesús en las siguientes tres áreas: "(1) Hacerle desconfiar de la bondad del Padre. (2) Presumir del poder del Padre. (3) Arrebatar del Padre el honor que le pertenece y entregárselo al diablo".[2]

Observa cuán similares fueron estas tentaciones a las que enfrentó Eva en el huerto. Su deseo de comer del árbol se despertó ante el ataque de Satanás a la bondad y el poder de Dios, así como por sus susurros de que, si Eva tomaba del fruto, sería como Dios: un ataque a su gloria y honor. Si bien no conocemos la naturaleza

---

2. Matthew Henry, *Matthew Henry's Commentary on the Whole Bible*, vol. 5, p. 26. Edición en español, *Comentario bíblico Matthew Henry: Obra completa*, publicado por Editorial CLIE, 1999.

exacta de la tentación de Acán, podemos entender fácilmente que su codicia comenzaría primero con una desconfianza en la bondad de Dios. Dudó del poder de Dios cuando creyó que podía ocultar sus acciones y no ser descubierto. De manera similar, arrebató a Dios de su honor al robar artículos destinados al templo de Dios y tomarlos para sí.

Satanás usará ataques similares con cada una de nosotras. Nos tentará a creer que Dios no está siendo bueno con nosotras. Apuntará a nuestras áreas de debilidad, atento a nuestros deseos, y nos atacará. No luchará con honor, como en una especie de duelo de caballeros. Luchará con todas las malas intenciones y utilizará todos los métodos de juego sucio porque "anda alrededor buscando a quien devorar" (1 Pedro 5:8). Su propósito y objetivo principal es hurtar, matar y destruir (Juan 10:10). Debemos conocer las intenciones del maligno si queremos luchar contra la naturaleza seductora de sus tentaciones. Con mucha observación y rencor se acercó a Jesús y lo tentó con pan después de cuarenta días de ayuno.

Debemos conocer las intenciones del maligno si queremos luchar contra la naturaleza seductora de sus tentaciones.

Después Satanás continuó con su plan intencional de tentar a Jesús para que presumiera del poder de Dios al usar las Escrituras de manera engañosa. Así también fomenta la misma conducta licenciosa en nosotras de muchas maneras. Nos tentará a presumir de la gracia de Dios con mentiras como: "La Biblia dice que Dios es perdonador, así que puedes hacer lo que quieras". Nos tienta a presumir del amor de Dios con una pregunta como: "Si es un Dios de amor, ¿no te permitiría tener lo que deseas?". Básicamente, nos tienta a tomar la Palabra de Dios y tergiversarla de manera que diga exactamente lo que queremos escuchar.

Por último, Satanás pasa de lo sutil a lo explícito cuando tienta a Cristo con aquello exacto que vino a obtener. Cristo vino a redimir a un pueblo para sí mismo y a reinar sobre un reino eterno. Con razón quería que poseyera los reinos de este mundo. Sin embargo, aquí Satanás ofrece a Jesús los reinos del mundo sin el dolor de la cruz. Tienta a Cristo a usar medios incorrectos (adoración a Satanás) para obtener un fin correcto. De manera similar, Satanás nos tentará a creer que debemos perseguir nuestros deseos legítimos sin prestar atención al método que usamos. El diablo vigila y observa con paciencia nuestros deseos y nos los ofrece de una manera pecaminosa que prive a Dios de la adoración que proviene de nuestra humilde obediencia.

El método de Cristo para combatir la tentación

En el relato de la tentación de Cristo, Satanás usa sus artimañas y estrategias habituales en sus intentos de hacer que Jesús caiga en el mismo patrón que nuestro primer padre, Adán. Si bien la naturaleza de la tentación es similar, el resultado final es completamente distinto. Satanás no puede penetrar la armadura de Cristo. Con cada tentación viene la refutación de Jesús: "Escrito está" (Mateo 4:1-11). Él da las siguientes tres respuestas:

Él respondió y dijo: Escrito está: No solo de pan vivirá el hombre, sino de toda palabra que sale de la boca de Dios (v. 4).

Jesús le dijo: Escrito está también: No tentarás al Señor tu Dios (v. 7).

Entonces Jesús le dijo: Vete, Satanás, porque escrito está: Al Señor tu Dios adorarás, y a él solo servirás (v. 10).

Cristo combate las mentiras de Satanás con la verdad de las Escrituras. Sin embargo, Cristo no solo conoce las Escrituras, las *entiende* y las *cree*. Podemos memorizar muchos versículos sin siquiera creer lo que contienen o entender lo que significan. Si queremos batallar contra los ataques de Satanás, debemos sumergirnos en la Palabra de Dios y tratar de comprender todo el consejo bíblico. El simple hecho de intentar memorizar algunos versículos nos dejará expuestas al ataque del enemigo. Como se muestra en su avance contra Jesús, Satanás también conoce las palabras de la Biblia y las tergiversará en su intento de inducirnos a pecar.

Si queremos batallar contra los ataques de Satanás, debemos sumergirnos en la Palabra de Dios.

A partir de este relato, deberíamos tener una nueva comprensión de la naturaleza de nuestra obediencia. La obediencia no es producto de estar en circunstancias perfectas, tener compañía o incluso contar con nuestras necesidades básicas. La obediencia brota del manantial de la fe. La fe de Cristo en Dios y el deseo de la gloria de su Padre lo condujeron a llevar una vida perfecta y sin pecado. Si queremos abandonar el antiguo patrón de ver, codiciar, tomar y esconder, debemos tener fe y crecer en nuestro amor y afecto por el Padre. Para comprender que la obediencia de Cristo afecta nuestra capacidad de obedecer, debemos considerar la cruz.

La cruz: Un nuevo poder sobre un antiguo patrón

La cruz de Cristo es la fuente de poder en la vida del cristiano. Para comprender esta fuerza externa, debemos considerar la obediencia de Cristo, su muerte y resurrección, y las promesas de su poder dadas a todos los que creen. Para empezar, la obediencia de Cristo afecta al cristiano de dos maneras principales. En primer lugar, su vida perfecta le permitió servir como expiación por nuestros pecados. En cierto sentido, todo cristiano es realmente salvo por las obras, pero no por sus propias obras. Somos salvas por la obra perfecta y la obediencia de Cristo. La misericordia de Dios hacia el creyente viene porque Cristo pagó la deuda de nuestro pecado a través de su muerte en la cruz. Consiguió la vida eterna debido a su vida perfecta. Sin embargo, cargó sobre sí y sufrió la muerte para pagar el castigo que nos merecíamos por nuestros pecados. En segundo lugar, la obediencia de Cristo afecta al cristiano al darnos un nuevo patrón a seguir. Su vida nos muestra cómo es la vida en el Espíritu. Él es la encarnación de la ley hecho hombre. Es el "Verbo... hecho carne" y el modelo para nuestra nueva vida en el Espíritu (Juan 1:14).

Si bien la vida obediente de Cristo le permitió expiar nuestros pecados e ilustra un nuevo patrón, su muerte y resurrección nos da el poder de vivir en el Espíritu. La muerte de Cristo nos da la victoria en dos áreas. En primer lugar, su muerte nos libera del *castigo* del pecado. Por el libro de Romanos sabemos que todos pecaron y están destituidos de la gloria de Dios (Romanos 3:23). Cada una de nosotras está justamente condenada a muerte como castigo por nuestros pecados. Sin embargo, Pablo dice que para todos los que creen, "Jesús, Señor nuestro... fue entregado por nuestras transgresiones, y resucitado para nuestra justificación. Justificados, pues, por la fe, tenemos paz para con Dios por medio de nuestro Señor Jesucristo; por quien también tenemos entrada por la fe a esta gracia en la cual estamos firmes, y nos gloriamos en la esperanza de la gloria de Dios" (Romanos 4:24–5:2). Ya no necesitamos la sangre de toros y machos cabríos para acercarnos a un Dios Santo. La sangre de Cristo nos expió una vez y para siempre y nos consiguió un lugar en la familia de Dios. Nuestro castigo quedo pagado por completo y podemos vivir libres del temor al castigo eterno.

En segundo lugar, la muerte de Cristo nos da la victoria sobre el *poder* del pecado que obra en nuestras vidas. A menudo pasamos mucho tiempo hablando de las buenas nuevas de la obra de Cristo sobre el castigo, y nos detenemos ahí. Necesitamos comprender y convencernos de las buenas nuevas de que la muerte y resurrección de Cristo nos libera del poder del pecado en nuestras vidas hoy. Pablo continúa diciendo en Romanos 8: "Mas vosotros no vivís según la carne, sino según el Espíritu, si es que el Espíritu de Dios mora en vosotros. Y si alguno no tiene el Espíritu de Cristo, no es de él" (v. 9). Una vez que llegamos a la fe en Cristo, tenemos un nuevo poder que vive dentro de nosotros: el Espíritu Santo. En su poder somos más que vencedoras. En su poder podemos luchar contra los ataques de Satanás. En su poder podemos tener hambre y sed de justicia y no de los placeres temporales de este mundo. El poder del Espíritu Santo en nosotras da vida a nuestra carne y nos permite vivir como instrumentos de justicia. A medida que nos asemejamos más a Cristo, llegamos a ser más y más aquello para lo que fuimos creadas: portadoras de la imagen de Dios. Nuestra obediencia sigue su ejemplo y es por su poder. Por lo tanto, Él recibe toda la gloria.

Este poder que reside dentro de nosotras se aborda con gran detalle en las Epístolas del Nuevo Testamento. Pablo ora y pide: "que os dé, conforme a las riquezas de su gloria, el ser fortalecidos con *poder* en el hombre interior por su Espíritu; para que habite Cristo por la fe en vuestros corazones, a fin de que, arraigados y cimentados en amor, seáis plenamente capaces de comprender con todos los santos cuál sea la anchura, la longitud, la profundidad y la altura, y de conocer el amor de Cristo, que excede a todo conocimiento, para que seáis llenos de toda la plenitud de Dios" (Efesios 3:16-19). Se necesita el poder de Dios que reside en nosotras para que siquiera comencemos a comprender la profundidad del amor que el Señor tiene por nosotras. De manera similar, Pablo ora para que los colosenses vivan "como es digno del Señor, agradándole en todo, llevando fruto en toda buena obra, y creciendo en el conocimiento de Dios; fortalecidos con todo *poder*, conforme a la potencia de su gloria, para toda paciencia y longanimidad; con gozo dando gracias al Padre que nos hizo aptos para participar de la herencia de los santos en luz" (Colosenses 1:10-12). El Espíritu Santo dentro de nosotras nos fortalece con toda paciencia, longanimidad y gozo mientras vivimos nuestras etapas de anhelo y espera. No tenemos que fortalecernos con poder en nuestro interior para resistir con paciencia; Dios derrama su propia fuerza en nuestras débiles vasijas de barro. Cuando estamos desprovistas de nuestros propios recursos y habilidades, queda aún más evidente que este poder proviene de Dios y no de nosotras mismas (2 Corintios 4:7). Vivir una vida de contentamiento y gozo solo puede provenir del poder de Cristo que obra en nuestros corazones.

El poder de Cristo dentro de nuestro corazón también nos

permite hacer más de lo que nos creemos capaces de hacer. En Efesios, Pablo reclama esta fuerza cuando proclama: "Y a Aquel que es poderoso para hacer todas las cosas mucho más abundantemente de lo que pedimos o entendemos, según el *poder* que actúa en nosotros, a él sea gloria en la iglesia en Cristo Jesús por todas las edades, por los siglos de los siglos. Amén" (Efesios 3:20). El poder de Cristo —que venció a Satanás, cargó sobre sí todos tus pecados en el Calvario y resucitó al tercer día— vive en ti. Si bien tu carne es débil, el Espíritu de Cristo vive dentro de ti y te fortalecerá en todos los sentidos para cada tarea que te encomiende. Pedro afirma esta verdad cuando escribe: "Como todas las cosas que pertenecen a la vida y a la piedad nos han sido dadas por su divino *poder,* mediante el conocimiento de aquel que nos llamó por su gloria y excelencia, por medio de las cuales nos ha dado preciosas y grandísimas promesas, para que por ellas llegaseis a ser participantes de la naturaleza divina, habiendo huido de la corrupción que hay en el mundo a causa de la concupiscencia [malos deseos]" (2 Pedro 1:3-4). Este versículo proclama la liberación de nuestros deseos codiciosos. El poder de Cristo que obra en nosotras nos brinda todo lo que necesitamos para la vida y la piedad. Ya no estamos obligadas a seguir el patrón que Eva eligió en el huerto. Somos liberadas del patrón de ver, codiciar, tomar y esconder. Aunque el mundo está lleno de corrupción, tenemos todo lo que necesitamos en todo momento para tomar la decisión de obedecer.

El poder de Cristo dentro de nuestro corazón nos permite hacer más de lo que nos creemos capaces de hacer.

Por último, el poder de Dios dentro de nosotras nos permite estar llenas de esperanza. Satanás a menudo intentará convencernos de que, sea cual sea la situación en que nos encontremos, a la larga, será una situación sin esperanza. Pablo vuelve a orar y pide: "Y el Dios de esperanza os llene de todo gozo y paz en el creer, para que abundéis en esperanza por el *poder* del Espíritu Santo" (Romanos 15:13). Nuestro gozo, paz y esperanza no fluyen de circunstancias perfectas o de conseguir todo lo que este mundo tiene para ofrecer. En cambio, estos frutos son producto del crecimiento espiritual. A menudo nacen en el horno de pruebas y aflicciones, pero conducen a una esperanza imperecedera. El poder de Dios que obra en nosotras nos permite comprender su amor, vivir una vida digna de nuestro llamado, dar fruto en toda buena obra, perseverar con paciencia, vivir una vida de acción de gracias, escapar de la corrupción causada por los malos deseos y, finalmente, llenarnos de esperanza. El evangelio no es solo una buena noticia para nuestra situación eterna, sino también una buena noticia para nuestra situación terrenal. El camino a la vida abundante solo se puede encontrar en Cristo.

Los cristianos: Cómo experimentar el poder de Dios con un nuevo patrón

Al leer estos versículos, tal vez te preguntes: "Si el poder de Dios obra de semejante manera y tiene tanta influencia en nuestra vida, ¿cuál es mi problema? ¿Por qué me siento esclava de los patrones de pecado? ¿Por qué me gusta ver la televisión más que leer la Biblia? ¿Por qué no me gusta testificar del evangelio a alguien? ¿Puede ser que no haya recibido este poder cuando vine a Cristo?". A veces, los verdaderos cristianos no se caracterizan por la obediencia, la paz y el gozo que se describen en estos versículos. Sufrimos temporadas de derrota, desánimo y aridez espiritual. A menudo, perseguimos los placeres de este mundo y solo consideramos el cristianismo como un buen complemento en nuestra vida. Si el secreto de una vida contenta y gozosa es el poder de Cristo que mora en nosotras, debemos aprender a adueñarnos de ese poder y recibirlo en nuestro interior.

Para ilustrar este concepto (y es difícil), te daré un ejemplo de mi casa. Por lo general, mi automóvil se encuentra en el garaje y está en perfecto estado de funcionamiento. Tiene buenos neumáticos, una batería nueva y el tanque de gasolina lleno. A veces, mis hijos se quedan dentro de él y juegan después que regresamos a casa.

Les encanta sentarse en el asiento delantero y fingir que conducen y viajan. Cambian la estación de radio, mueven todos los diales y emprenden muchas aventuras imaginarias y emocionantes. Yo me siento en la cocina y, sin temor a que se lastimen, trato de hacer algo. Si bien mi automóvil tiene el poder de llevarlos a otro lugar, sé que mis hijos no pueden adueñarse de ese poder. ¿Por qué? Porque no tienen la llave para arrancar el motor. La llave que activa el poder del automóvil se encuentra segura en la mesa frente a mí. El automóvil tiene todo lo que necesita para hacer lo que debe hacer, pero el ingeniero del automóvil creó un medio para activar ese poder. De manera similar, Dios nos ha dado los medios para que crezcamos en la gracia. Estamos siendo transformadas a su semejanza; es un proceso de crecimiento, no algo que sucede de repente (2 Corintios 3:18). Este proceso, en términos teológicos, se conoce como "santificación". Al igual que en la justificación (la declaración de justicia que recibimos cuando nos convertimos en cristianas), la santificación es totalmente obra de Dios. La justificación se produce a través de los medios de fe designados. De manera similar, la santificación se produce a través de la fe. La fe es la llave que activa el poder del evangelio en acción en nuestras vidas. Nuestra desobediencia muestra las áreas en que no creemos ni confiamos en el Señor. La fe interna del cristiano brota de su interior para producir acciones y frutos externos. Si bien es Dios absolutamente quien nos santifica y transforma, eso no significa ser pasivas en el proceso de la santificación.

El camino a la vida abundante solo
se puede encontrar en Cristo.

Colosenses 3 aborda el concepto de despojarnos activamente de nuestra antigua manera de vivir y, en cambio, revestirnos de las virtudes de Cristo. Para concluir este capítulo, veremos, en general, cómo podemos "despojarnos" del antiguo patrón de ver, codiciar, tomar y esconder, y "revestirnos" de un nuevo patrón.

En lugar de ver las cosas del mundo, buscaremos a Cristo. En lugar de codiciar, aprenderemos a *desear de manera correcta*. En lugar de tomar, buscaremos *dar con generosidad*. Finalmente, en lugar de esconder, *confesaremos* con toda confianza. A medida que adoptamos este nuevo patrón de fe —buscar al Señor, desear de manera correcta, dar con generosidad y confesar con toda confianza— nos adueñaremos de los medios que Dios nos ha dado para permitir que su poder florezca en nuestras vidas. Ampliaremos nuestra comprensión de este nuevo patrón en la segunda mitad del libro, a medida que lo apliquemos a áreas específicas del deseo. Por ahora, consideraremos estos conceptos solo a manera de presentación.

Buscar al Señor en lugar de ver

Si queremos cambiar nuestros hábitos alimenticios, nunca lo lograremos sin abandonar nuestros antiguos patrones. Rara vez nos despertamos y deseamos brócoli, calabaza y guisantes después de alimentarnos durante años con helado, papas fritas, comida rápida y pizza. En algún momento, tenemos que dejar de llenarnos de comida chatarra para tener hambre suficiente para disfrutar de lo que es saludable. De manera similar, debemos dejar de alimentarnos de los productos del mundo si queremos saborear la dulzura de la comunión con el Señor. Debemos apartar nuestra mirada de las cosas de este mundo y comenzar a buscar enérgicamente al Señor. Es importante darnos cuenta de que nuestra experiencia inicial con el Señor puede no ser tan estimulante como mirar televisión, leer una revista de chismes o conversar con una amiga. De manera similar, es posible que al principio la comida saludable no sepa tan bien a nuestro paladar, pero con el paso de las semanas y los años, a medida que observamos los diversos beneficios de una alimentación saludable, se hace evidente que nuestro cuerpo funciona mejor y disfrutamos más de la vida cuando tomamos decisiones saludables. A medida que aumenta el gusto por los alimentos saludables, el atractivo de los alimentos no saludables pierde su encanto. Por lo tanto, al considerar la idea de buscar al Señor, ten en cuenta que el tiempo con Él no cambiará tus deseos como una especie de solución rápida. Sin embargo, en el transcurso de meses y años de búsqueda diaria de Dios, lo verás cambiar tus deseos de tal manera que tu mayor deseo llegue a ser conocerlo más debido a la dulce satisfacción y gozo que se encuentran en Él.

La búsqueda de Dios comienza con
una cuidadosa consideración de la
forma en que pasamos el tiempo.

La búsqueda de Dios comienza con una cuidadosa consideración de la forma en que pasamos el tiempo. La mayoría de nosotras llenamos nuestras horas libres con algo: trabajo extra, películas, televisión, Facebook, oportunidades de ministerio, amistades, ejercicio u otros placeres de algún tipo. Ninguna de estas cosas es negativa en sí misma, pero si las hacemos a expensas del tiempo con el Señor, entonces se han convertido en ídolos en nuestras vidas. Hacer tiempo para buscar al Señor requerirá reflexión y consideración de nuestra parte. Tendremos que eliminar los obstáculos para pasar tiempo con Dios. En diferentes épocas de la vida, distintas influencias de este mundo invaden nuestro tiempo con el Señor. Piensa en tu vida: ¿en qué la estás invirtiendo? ¿Qué está llenando tu vida de tal manera que te vuelve perezosa en la búsqueda de Dios? Sea lo que sea, debes despojarte de eso.

Después de considerar aquello de lo qué debes despojarte, es importante pensar en aquello de lo que debes revestirte en tu búsqueda de Dios. Buscar a Dios implica ser parte de una iglesia que predique la Palabra de Dios. Escuchar la predicación de las buenas nuevas del evangelio cada semana es vital para nuestro crecimiento en el Señor. Ser parte de una iglesia es más que solo asistir; incluye membresía y participación regular en los sacramentos. Los sacramentos del bautismo y la Cena del Señor son recordatorios visuales de la gracia de Dios para nosotras. En el bautismo, recordamos que venimos a Cristo en debilidad y que necesitamos que nos limpie. En la Cena del Señor, recordamos que su cuerpo fue partido y que derramó su sangre por nosotras. Los sacramentos invitan a nuestros sentidos a saborear y ver la bondad del Señor. Además de participar regularmente en la adoración, tener compañerismo en un estudio bíblico o un grupo de amistades cercanas también alentará tu relación con Dios. Las amistades que te ayudan a conocer más la Palabra de Dios, decir la verdad con amor y confrontarte cuando sea necesario son parte de la búsqueda de Dios a través de los medios de su iglesia.

Por último, nuestra búsqueda de Dios debe ir acompañada de un tiempo planificado a solas con Él cada día. Fuimos creadas para necesitar tiempo diario de oración y estudio de la Palabra de Dios. Sin embargo, en cada etapa de la vida, Satanás nos convencerá de que estamos demasiado ocupadas para buscar a Dios en ese momento. Nos convencemos de que una vez que termine la universidad, el trabajo se vuelva más manejable o los niños crezcan, nos tomaremos el tiempo para estar a solas con el Señor. O podemos convencernos de que es legalista tratar de buscar a Dios todos los días. Creemos que solo debemos buscar a Dios cuando lo "sintamos" o de lo contrario estamos siendo como los fariseos. Jesús nunca afirmó que los fariseos fueran legalistas en su búsqueda activa y devota de Él. Afirmó que eran legalistas porque habían establecido su propio conjunto de reglas de rectitud. ¿Es legalista planificar un tiempo con una amiga o el cónyuge? ¡No! Desarrollamos y mantenemos amistades mediante una planificación cuidadosa y la búsqueda de las personas que amamos. De la misma manera, debemos buscar atentamente pasar tiempo con el Señor si queremos profundizar nuestra relación con Él y encontrar la vida abundante que estamos buscando.

También debemos darnos cuenta de que no siempre nos sentiremos más renovadas o más cerca del Señor después de nuestro tiempo con Él. Sin embargo, a través de meses y años de estudio fiel, nuestro tiempo con el Señor transformará nuestra mente y aumentará nuestro disfrute de Dios. Hace unos años, unas amigas me persuadieron de correr una media maratón con ellas. Hizo falta una fiel planificación y disciplina, semana tras semana. La verdad es que muchos días no tenía ganas de correr. Algunos días disfrutaba de la vista y el tiempo con amigas mientras corría.

Otros días, me costaba solo dar la vuelta a la cuadra. Si mis sentimientos dictaran mi disciplina a la hora de correr, nunca habría experimentado la alegría de terminar la carrera. De manera similar, si queremos afianzar nuestro afecto por el Señor, debemos empezar por buscarlo, a pesar de cómo nos sintamos en un día en particular. Al buscar al Señor, obtenemos una nueva perspectiva de fe que nos ayuda cuando el mundo nos llama con sus diversos productos para que "veamos".

Desear de manera correcta en lugar de codiciar

Incluso a medida que crecemos en gracia y fe, tendremos anhelos. Cuanto más conocemos al Señor, más buenos deseos tenemos. Como mencionamos en el primer capítulo, la palabra hebrea para "desear", *kjamád,* también tiene significados positivos asociados a la misma. Uno de los usos positivos de la palabra lo encontramos cuando el salmista afirma que la Palabra de Dios es más deseable que el oro (Salmos 19:10). Como seguidoras de Cristo, debemos desear conocer su Palabra y comprenderla. La Biblia también nos dice que debemos tener hambre y sed de justicia (Mateo 5:6). Debemos anhelar vivir como Cristo: ser su cuerpo, hacer la voluntad del Señor hasta que Él regrese. La codicia es un deseo desmesurado de algo bueno o un deseo culpable de algo pecaminoso. En cambio, deseamos de manera legítima cuando anhelamos que se haga la obra de Dios, confiamos en Él cuando no nos da algo y rechazamos por completo todo lo que sabemos que es pecaminoso. Thomas à Kempis describe este deseo legítimo cuando aconseja con sabiduría:

> Por eso siempre se debe desear y pedir, con respeto a Dios y humildad en el corazón, todo lo que sobrevenga como deseable al pensamiento; y, sobre todo, encomendárseme diciendo: Señor, Tú sabes qué es lo mejor: haz que suceda esto o lo otro, según quieras. Da lo que quieras, cuanto quieras y cuando quieras. Haz conmigo como sabes, lo que más te agrade a ti, y según sea para tu mayor honor. Ponme donde quieras; dispón de mí libremente en todo. Estoy en tus manos; dame vueltas para un lado y el otro. Soy tu servidor, dispuesto para

todo porque no deseo vivir para mí sino para ti, ojalá que con dignidad y perfección.[3]

Un deseo legítimo siempre va acompañado de un mayor anhelo de la gloria de Dios, el deseo de que se haga su voluntad y la confianza de que todos sus caminos son mejores que los nuestros. Para cultivar deseos legítimos en nuestro corazón, tenemos que considerar con paciencia nuestros pensamientos. Con eso, me refiero a tomarnos tiempo para considerar los pensamientos que permitimos en nuestra mente a lo largo del día. Es fácil acostumbrarnos a pensar en las bendiciones de la situación de otra persona y a quejarnos de las circunstancias negativas que experimentamos. Es tentador concentrarnos en lo que estamos esperando que Dios haga en lugar de recordar de qué manera ya nos ha mostrado su fidelidad en el pasado. Es nuestra elección en qué pensar mientras transcurre el día. Las Escrituras nos llaman a comprender realmente el amor del Señor (Salmos 107:43), a recordar todo lo que Él ha hecho por nosotras (1 Samuel 12:24), a considerarnos unas a otras para estimularnos al amor y a las buenas obras (Hebreos 10:24), a tener por sumo gozo cuando nos encontramos en diversas pruebas (Santiago 1:2), y a estimar todas las cosas como una pérdida en comparación con la incomparable grandeza de conocer a Cristo (Filipenses 3:7).

El pastor anglicano E. B. Pusey dio las siguientes pautas para desarrollar más contentamiento:

1. No te quejes de nada, ni siquiera del tiempo.

2. Nunca te imagines en ninguna circunstancia en que no te encuentres.

3. Nunca compares tu propia suerte con la de otro.

4. Nunca te permitas pensar demasiado en el deseo de que ojalá esto o aquello hubiera sido de otra manera. El Dios Todopoderoso te ama y sabe lo que es mejor para ti.

---

3. à Kempis, *The Imitation of Christ*, libro 3, capítulo 15; 134.

5. Nunca pienses en el mañana. Recuerda que le pertenece a Dios no a ti. La parte más dolorosa del sufrimiento a menudo es esperar que llegue. "El Señor proveerá".[4]

Como cristianas, estamos llamadas a obedecer no solo en cómo vivimos, sino también en lo que pensamos. Una mente decidida a pensar en estas cosas hará que brote contentamiento y fe del corazón.

Dar con generosidad en lugar de tomar

Un corazón libre del pecado de la codicia puede dar con generosidad en lugar de tomar. Cuando buscamos al Señor y deseamos de manera legítima, el resultado natural será un corazón que dé con generosidad. Cuando nuestras mentes están puestas en la generosidad que se nos ha dado en Cristo, somos libres para amar a los demás, incluso a costa nuestra. En lugar de mirar a los demás y envidiar la vida que llevan, los miramos con la esperanza de cuidar de ellos y amarlos como Cristo nos ha amado. Damos de nuestro tiempo, dinero, esperanza, apoyo, estímulo, reconocimiento, amor, oraciones y energía con una nueva generosidad de espíritu, porque sabemos que tenemos abundancia de todas estas cosas en Cristo. Podemos dar con soltura y sin miedo porque confiamos plenamente en que Dios ve cada una de nuestras necesidades y nos dará todo lo que necesitamos para la vida y la piedad.

Nuestra fe en el carácter y la bondad de Dios nos permite convertirnos en personas que dan como Cristo ha dado.

Sin embargo, esta nueva capacidad de dar con generosidad no siempre viene sin dolor. Así como la obra de Cristo en la cruz por

4. Elisabeth Elliot, *Secure in the Everlasting Arms* (Grand Rapids, Baker: 2009), p. 136.

nosotras le trajo sufrimiento y muerte, nuestra tarea de amar a los demás con su generosidad a veces tendrá un gran costo personal. Perdonamos cuando duele perdonar. Decidimos amar incluso a la persona que nos ha hecho daño. Buscamos la paz cuando otros buscan venganza. Incluso en el horno de la persecución y la aflicción, un corazón que cree en Dios y busca su reino puede dar a otros. Así como nuestro pecado de tomar tuvo un efecto dominó negativo en nuestra vida personal, nuestra familia, nuestra comunidad y la gloria de Dios, nuestra acción de dar con generosidad puede tener múltiples efectos positivos. Un acto de generosidad abnegada puede tener una gran repercusión para la gloria de Dios, su pueblo, su familia y tu propia vida. Nuestra fe en el carácter y la bondad de Dios nos permite convertirnos en personas que dan como Cristo ha dado.

Confesar con toda confianza en lugar de esconder

Por último, en nuestra búsqueda de un nuevo patrón de creencias, necesitamos convertirnos en personas que se confiesan con toda confianza en lugar de esconderse. Acán y Eva intentaron ocultar su pecado contra Dios. En Cristo, podemos salir de nuestro escondite y confesarnos al Señor y a personas de nuestra confianza. Santiago nos exhorta: "Confesaos vuestras ofensas unos a otros, y orad unos por otros, para que seáis sanados. La oración eficaz del justo puede mucho" (Santiago 5:16). No tenemos que ocultar con temor nuestras fallas a quienes nos rodean, sino que podemos confesarnos y pedir ayuda para poder ser sanadas. Cuando descubrimos que nuestros deseos han llegado a un punto pecaminoso, debemos buscar a una amiga cercana y pedirle oración.

De manera similar, Hebreos nos anima: "Acerquémonos, pues, confiadamente al trono de la gracia, para alcanzar misericordia y hallar gracia para el oportuno socorro", porque tenemos un sumo sacerdote (Cristo) que ha sido tentado en todo, pero sin pecado (Hebreos 4:14-16). Por tanto, Cristo puede compadecerse de nosotras en todas y cada una de las tentaciones. Él comprende nuestras luchas y puede interceder y extendernos misericordia y gracia para ayudarnos. Además, tenemos la promesa de Juan de que "si confesamos nuestros pecados, él es fiel y justo para perdonar nuestros pecados, y limpiarnos de toda maldad" (1 Juan 1:9). En el huerto, Adán y Eva se vistieron con hojas de higuera para esconderse el uno del otro y se ocultaron entre los árboles del huerto para esconderse del Señor. Cuando nos enfrentamos a nuestro pecado, a menudo nos sentimos tentadas a escondernos tanto de Dios como de los demás. A medida que adoptamos el nuevo patrón de creencias, podemos salir de nuestro escondite y vivir en la libertad del perdón. La perfecta obediencia de Cristo en sus tentaciones nos es dada a través de su muerte y resurrección. A través de la fe tenemos el poder interior para deshacernos de nuestro antiguo patrón de ver, codiciar, tomar y esconder, y podemos caminar en la nueva forma de buscar al Señor, desear de manera correcta dar con generosidad y confesar con toda confianza. Este nuevo patrón de creencias es el secreto del corazón contento.

Preguntas para la reflexión personal y grupal

1. ¿Puedes pensar en un momento cuando cultivaste el deseo de algo bueno? Podrían ser hábitos de alimentación más saludables o de hacer ejercicios, un mejor uso del tiempo o del dinero o cualquier otra forma en que hayas intentado cambiar tus deseos. ¿Cómo hiciste esos cambios? ¿Cuánto éxito has tenido en cambiar tus deseos?

2. Lee Mateo 4:1-11. ¿Cuáles fueron las circunstancias que rodearon a Cristo durante su tentación? ¿Cómo se comparan sus circunstancias con las de Eva? ¿Con las de Acán? ¿De qué manera solemos culpar a nuestras circunstancias por nuestros pecados?

3. ¿Cómo ves que Satanás ataca la bondad y el poder de Dios en esta tentación?

4. ¿Cómo resiste Jesús la tentación? ¿Qué estímulo puedes recibir de la obediencia de Cristo a pesar de sus circunstancias? ¿Qué aprendes de su ejemplo?

5. ¿Cómo nos ataca hoy Satanás con mentiras acerca de Dios? ¿De qué manera le gustaría que creyeras que Dios no es bueno o no es lo suficientemente poderoso para tu situación?

6. ¿Qué significa decir que la cruz de Cristo nos libera tanto del *castigo* del pecado como del *poder* del pecado?

7. Lee los siguientes versículos y observa el efecto del *poder* de Cristo en la vida del cristiano.

   a. Efesios 3:14-19

   b. Colosenses 1:10-12

   c. Efesios 3:20

   d. 2 Pedro 1:3-4

   e. Romanos 15:13

8. ¿Cuál de estos versículos sobre el poder de Cristo que obra en tu vida te da esperanza de manera particular?

9. Si buscamos cambiar nuestros patrones codiciosos por nuestras propias fuerzas, ¿cuál será el resultado?

10. El nuevo patrón de fe comienza cuando buscamos al Señor. ¿De qué manera podemos buscar al Señor en nuestra vida diaria?

11. En segundo lugar, debemos comenzar a desear de manera correcta. ¿Qué deseos buenos puedes tener? ¿Qué pasajes de las Escrituras te ayudan a saber lo que deberías desear?

12. Vuelve a leer las pautas de E. B. Pusey para tener más contentamiento. ¿Cuál de estas te ayudaría desarrollar más confianza en lo que el Señor está haciendo en tu vida?

13. ¿De qué maneras (no solo financieras) podrías practicar la gracia de dar a los demás?

14. Lee Santiago 5:16, Hebreos 4:14-16 y 1 Juan 1:9. ¿Cuáles son los beneficios y las bendiciones de la confesión?

15. Lee los siguientes pasos de Elisabeth Elliot para tener más contentamiento.[5] ¿Cuál de estas áreas te parece un medio particularmente útil para tener más contentamiento?

Cómo tener más contentamiento

1. *Ve primero a Dios.* Arrodíllate en silencio. Levanta tu corazón y tus manos. Escucha. "Aquí estoy, haga de mí lo que bien le pareciere" (2 Samuel 15:26).

2. *Recibe lo que te da y lo que no te da.* "Jehová es la porción de mi herencia y de mi copa; tú sustentas mi suerte" (Salmos 16:5).

3. *En la aceptación está la paz.* "La paz os dejo, mi paz os doy; yo no os la doy como el mundo la da. No se turbe vuestro corazón, ni tenga miedo" (Juan 14:27).

4. *Siempre es posible hacer la voluntad de Dios.* "Si me amáis, guardad mis mandamientos" (Juan 14:15, 15:10).

5. *Hazlo ahora.* "Me apresuré y no me retardé en guardar tus mandamientos" (Salmos 119:60). "No sabéis lo que será mañana" (Santiago 4:14).

6. *Amor significa sacrificio.* "En esto hemos conocido el amor, en que él puso su vida por nosotros; también nosotros debemos poner nuestras vidas por los hermanos" (1 Juan 3:16).

7. *Elige tu actitud.* "Haya, pues, en vosotros este sentir [actitud] que hubo también en Cristo Jesús... que se despojó a sí mismo, tomando forma de siervo... se humilló a sí mismo" (Filipenses 2:5, 7-8).

8. *Evalúa tu lucha.* ¿No será, simplemente, una demora en obedecer? "Por el camino de tus mandamientos correré, cuando ensanches mi corazón" (Salmos 119:32).

---

5. Elliot, *Secure in the Everlasting Arms*, pp. 120-121.

9. *Entrégalo todo a Jesús.* "Porque todo el que quiera salvar su vida, la perderá; y todo el que pierda su vida por causa de mí, la hallará" (Mateo 16:25).

10. *Haz lo que debes hacer:* "Hablé al pueblo por la mañana, y a la tarde murió mi mujer; y a la mañana hice como me fue mandado" (Ezequiel 24:18).

11. *Cada día da gracias a Dios por todo.* "… dando siempre gracias por todo al Dios y Padre" (Efesios 5:20). "Que el justo me castigue, será un favor, y que me reprenda será un excelente bálsamo que no me herirá la cabeza" (Salmos 141:5).

La codicia
de dinero y
posesiones

Ahora bien, ¿por qué aceptamos el dinero del diablo, la oferta del mundo y rechazamos la de Dios? En verdad, los hombres no conocen el valor de lo que Dios les ofrece. El dinero que el diablo y el mundo ofrecen está en su propia moneda y les resulta familiar. Los cerdos pisotean las perlas, porque no conocen su valor. Los hombres prefieren las cosas de poco valor que poseen porque pertenecen a su acervo actual. El diablo busca cegar los ojos de los hombres, para que no vean al Dios bendito y la felicidad que pueden disfrutar en Él. ¡Oh, qué deslucido es el vidrio del mundo en presencia del verdadero cristal! El imán de la tierra no podrá atraer los afectos del hombre mientras el cielo esté a la vista. El que se ha alimentado del banquete celestial no puede saborear ninguna otra cosa.

GEORGE SWINNOCK

Voices From the Past, p. 257.

5

La codicia de dinero y posesiones

La historia de Judas

Hace un par de años, en la Conferencia para Mujeres del Reformed Theological Seminary en Charlotte, tuve el placer de escuchar a Elsie Newell. Habló sobre su amor por la Palabra de Dios y la importancia de la Palabra en nuestras vidas. En un momento de su predicación, contó que años atrás había prometido a sus hijos adultos y a sus cónyuges dos mil dólares a cada uno si memorizaban el Sermón del Monte. Ese pasaje incluye tres capítulos completos del Evangelio de Mateo, con un total de noventa y nueve versículos. Mientras pensaba en eso, supe que estaría muy dispuesta a memorizar esos versículos si alguien me pagara esa cantidad de dinero. Comenzó a inquietarme, porque me di cuenta de que exponía algo que estaba mal en mi corazón. Si estaba ansiosa por memorizar las Escrituras porque me pagaban, en lugar de querer memorizarlas por el solo hecho de creer que era bueno hacerlo, en realidad estaba valorando lo que el dinero podía proporcionar por encima de lo que yo creía que la Palabra de Dios que reside en mi corazón podía proporcionar. Desde luego, en mi mente creía que la Palabra de Dios era una mayor bendición que el dinero, pero me di cuenta de cuán sutil y fácilmente podía deslizarse el dinero hasta ocupar el trono de mi corazón y convertirse en mi deseo motivador. Uno de mis pasajes favoritos de las Escrituras es el Salmo 19:

> La ley de Jehová es perfecta, que convierte el alma; el testimonio de Jehová es fiel, que hace sabio al sencillo. Los mandamientos de Jehová son rectos, que alegran el corazón; el precepto de Jehová es puro, que alumbra los ojos. El temor de Jehová es limpio, que permanece para siempre; los juicios de Jehová son verdad, todos justos. Deseables son más que el oro, y más que mucho oro afinado; y dulces más que miel, y que la que destila del panal (vv. 7-10).

Este pasaje describe con absoluta claridad la hermosura de la Palabra de Dios: convierte el alma, hace sabio al sencillo, alegra el corazón, alumbra los ojos y es *deseable más* que el oro puro. Si la Palabra de Dios tiene tantos beneficios y vale mucho más que el dinero, entonces ¿por qué el dinero me motivaría a ocultar la Palabra de Dios en mi corazón? Lamentablemente, esta respuesta revela una creencia incorrecta subyacente de que el dinero es lo que convierte el alma, da alegría al corazón y hace sabio al sencillo. Aunque no me considero una persona con tendencia al afán o amor al dinero, allí descubrí en mi propio corazón la tendencia a creer que el dinero podía darme lo que Dios, a través de Jesús y su Palabra, solo *puede* darme. Nunca hubiera dicho que deseo dinero en mi bolsillo más que la Palabra de Dios en mi corazón, pero Dios fue fiel en exponer la creencia interna de mi corazón.

El deseo codicioso de dinero o posesiones a menudo se llama codicia. Por lo general, asocio este término con una persona que haría cualquier cosa por dinero. En las películas, las personas codiciosas conspiran, roban y asesinan en su afán de dinero. Mientras intentamos poner al descubierto y luchar contra la codicia que reside en nuestro corazón, tendremos que dejar a un lado esa perspectiva. Si bien no podemos asesinar y conspirar en un intento por ganar dinero o posesiones, en el corazón de una persona codiciosa reside la creencia de que el dinero en sí mismo es el proveedor y no un medio de la provisión de Dios.

Cada persona cree una verdad diferente sobre el dinero, pero aquí hay algunas para considerar:

Dinero = Seguridad
Dinero = Felicidad
Dinero = Paz relacional
Dinero = Bienestar
Dinero = Respeto
Dinero = Placer
Dinero = Experiencias
Dinero = Posesiones
Dinero = Recompensa

Tómate un momento para leer esta lista. En tu propia experiencia, ¿cuál de esas cosas toca tu corazón? ¿Crees que más dinero mejoraría la relación con tu marido? ¿Te permitiría el dinero tener experiencias más emocionantes en la vida? ¿Te brindaría bienestar y comodidad para poder trabajar menos y disfrutar más de la vida? ¿Te permitiría comprar más posesiones que crees que te harían feliz?

¿Qué pasa si intercambiamos "dinero" por "conocer a Dios"?

Conocer a Dios = Seguridad
Conocer a Dios = Felicidad
Conocer a Dios = Paz relacional
Conocer a Dios = Bienestar
Conocer a Dios = Respeto
Conocer a Dios = Placer
Conocer a Dios = Experiencias
Conocer a Dios = Posesiones
Conocer a Dios = Recompensa

Cuando comparas las dos listas, ¿en cuál crees realmente?

Si bien Dios puede usar el recurso del dinero para proporcionar algunas de las cosas deseadas que enumeramos anteriormente, debemos tener cuidado de ver a Dios como el verdadero proveedor de nuestros deseos, no al dinero.

El propósito de este capítulo es explorar el deseo codicioso de dinero. Para ello, veremos a Judas, el discípulo de Jesús, que sucumbió a las falsas promesas del dinero. También veremos el patrón que la codicia sigue en nuestro corazón y expondremos las consecuencias negativas que trae. Finalmente, buscaremos adoptar un nuevo patrón de creencia en Dios como el Proveedor para luchar contra la codicia que reside en nuestro corazón y vivir una vida de bendición y generosidad hacia quienes nos rodean.

Judas: discípulo de Jesús, amante del dinero

Todas conocemos a Judas como el discípulo que traicionó a Jesús. Lo que a menudo no pensamos es por qué traicionó a Jesús. Tres relatos de las Escrituras nos dan una buena idea de las razones de su traición: la historia del episodio cuando María de Betania unge a Jesús, la conversación posterior de Judas con los principales sacerdotes (Mateo 26:6-16; Marcos 14:3-11; Juan 12:1-8) y la reacción de Judas a la noticia de que habían condenado a Jesús (Mateo 27:3-5).

La historia de la unción de Jesús en Betania se relata en Mateo, Marcos y Juan. Los Evangelios señalan que Jesús estaba cenando en la casa de Simón cuando María llegó con un frasco de alabastro de un costoso perfume, que derramó sobre su cabeza y sus pies, y luego le secó los pies con su cabello. Juan indica que Judas en particular se opuso a esta exhibición y expresó: "Ese perfume valía el salario de un año. Hubiera sido mejor venderlo para dar el dinero a los pobres" (Juan 12:5, NTV). Si bien esta reacción puede haber parecido noble, Juan continúa diciendo: "Pero dijo esto, no porque se cuidara de los pobres, sino porque era ladrón, y teniendo la bolsa, sustraía de lo que se echaba en ella" (Juan 12:6).

Aquí comenzamos a ver los primeros indicios de la raíz de la traición de Judas. No fue simplemente odio a Jesús lo que causó su traición; fue el amor al dinero. Quizás Judas vivía bajo la presuposición equivocada de que podía amar al dinero y seguir a Jesús. Sin embargo, en realidad, Judas mantenía una relación superficial con Jesús mientras eso favoreciera su profundo afecto por el dinero. Esto me lleva a preguntar si Jesús le estaba hablando específicamente a Judas y llamándolo a volverse a Él, cuando antes les había advertido: "Ninguno puede servir a dos señores; porque o aborrecerá al uno y amará al otro, o estimará al uno y menospreciará al otro. No podéis servir a Dios y a las riquezas" (Mateo 6:24). Esta relación superficial con Jesús probablemente le sirvió para estar a cargo de la bolsa de dinero a lo largo de sus años como discípulo. Sin embargo, este incidente (una gran pérdida del salario de un año en su contabilidad) llevó a Judas al extremo. El amor a un señor provocó odio por el otro. Inmediatamente después, cuando Judas se marchó, fue a reunirse con los principales sacerdotes y les preguntó: "¿Qué me darán si les entrego a Jesús?". El profundo afecto de Judas por el dinero finalmente ganó y lo despojó de su voluntad de relacionarse con Jesús. Treinta monedas de plata fueron suficientes para que Judas traicionara todo lo que había visto y oído. Judas fue testigo de primera mano de la alimentación de los cinco mil, del momento cuando Jesús caminó sobre el agua, la sanidad del ciego, la sanidad de un leproso y la resurrección de Lázaro. Sus ojos habían visto la venida del Reino de Dios, pero su corazón no creía.

A partir de ese momento, Judas planeó una oportunidad para traicionar a Jesús. Con paciencia, participó de la Última Cena, permitió que Jesús le lavara los pies, y luego, por orden de Jesús, salió a cumplir su misión. Regresó con una gran multitud, armada con espadas y garrotes, que los principales sacerdotes habían enviado. Judas solo estaba armado con un beso. En cambio, el símbolo del amor se convirtió en la señal de arresto. Su última interacción con Jesús estuvo llena de intimidad, pero carente por completo de afecto (Mateo 26:21-50; Marcos 14:18-46; Lucas 22:21-48; Juan 13:21-30; 18:2-18).

Sin embargo, Judas no pudo disfrutar de sus treinta monedas de plata. Una vez que se dio cuenta de que habían condenado a Jesús, se llenó de remordimiento y cambió de parecer. Regresó al sumo sacerdote y a los ancianos y les dijo: "Yo he pecado entregando sangre inocente". En lugar de la misericordia y la gracia que podría haber encontrado en Jesús, solo encontró condenación en la respuesta que recibió: "¿Qué nos importa a nosotros? ¡Allá tú!" (Mateo 27:4). Al igual que Acán, no pudo disfrutar de sus pérfidos bienes. Arrojó las piezas de plata en el templo, salió, y fue y se ahorcó. No podía vivir con lo que había hecho y no tuvo entendimiento del perdón que podría haber recibido si hubiera esperado la resurrección. Sus ojos no vieron y sus oídos no escucharon las buenas nuevas que Jesús había proclamado. Su creencia en el dinero le robó la gracia que podría haber hallado si tan solo hubiera creído en Jesús.

Judas: El patrón de incredulidad

En la historia de Judas, es fácil ver el patrón de incredulidad y sus consecuencias. Los ojos de Judas comenzaron a enfocarse y a ver todo lo que el dinero podía darle. Lo que vieron sus ojos fluyó a su corazón y empezó a codiciar en su interior hasta que en algún momento comenzó a sacar dinero de la bolsa. Quizás, al principio, intentó justificar su comportamiento con pensamientos como: "No estoy robando; solo me estoy cobrando el trabajo adicional de estar a cargo del dinero". El pecado tiende a enmascararse hasta que reina por completo. Una vez que tiene el dominio total, la persona empieza a hacer cosas que nunca pensó que haría. Seguramente, Judas no se propuso seguir a Jesús con la intención de traicionarlo. Sin embargo, sus deseos codiciosos fueron tan insaciables, que persistió en el camino del pecado hasta que estuvo dispuesto a condenar a un hombre que sabía que era inocente. No obstante, todo lo que tomó no le produjo satisfacción. Lo llevó a esconderse. Judas escondió su propio amor por el dinero bajo un supuesto amor por los pobres. Aun sentado a la mesa con Jesús, intentó ocultar su traición con una pregunta: "¿Soy yo, Maestro?" (Mateo 26:25). Se había escondido tan bien que ninguno de los otros discípulos podía imaginar quién traicionaría a Jesús. Incluso la traición en sí estuvo oculta bajo la apariencia de un beso, un símbolo de afecto. Finalmente, cuando se dio cuenta del alcance de su propia traición, intentó esconderse bajo la devolución del dinero. Sin embargo, ya no se podía deshacer lo que se había hecho.

El amor al dinero expone una falta de amor a Cristo.

Judas: Consecuencias dolorosas

La historia de Judas, quizás más que cualquier otra, habla de las terribles consecuencias que pueden provocar nuestros deseos codiciosos. No encontró satisfacción en esta vida ni en la venidera. El mismo Jesús dice que Judas estaba perdido pues era "el hijo de perdición" (Juan 17:12) y señala que "bueno le fuera a ese hombre no haber nacido" (Mateo 26:24). Una cosa es afrontar las consecuencias en este mundo, donde también podemos recibir perdón. Otra es afrontar las consecuencias de una eternidad sin la misericordia de la salvación de Cristo. Permíteme decirte claramente que el amor de Judas por el dinero no le hizo perder la fe en Cristo. En cambio, el amor de Judas por el dinero le impidió creer verdaderamente en Cristo. Caminaba con Él, pero no lo amaba ni creía en Él. De su ejemplo, cada una de nosotras debería recibir una gran advertencia y examinar su propio corazón. Cuando solo tenemos una relación con Dios y su iglesia y hacemos las obras del ministerio, pero no tenemos un afecto vivo por Jesús, estamos expuestas a que otros amantes cautiven y controlen nuestro corazón. Podemos creer mucho en Jesús, sin siquiera creer realmente *en* Él. Si caminamos con Él, pero sin amor ni afecto, es muy posible que caigamos en la misma trampa destructiva que Judas. Pablo advierte a Timoteo: "Porque los que quieren enriquecerse caen en tentación y lazo, y en muchas codicias necias y dañosas, que hunden a los hombres en destrucción y perdición; porque raíz de todos los males es el amor al dinero, el cual codiciando algunos, se extraviaron de la fe, y fueron traspasados de muchos dolores" (1 Timoteo 6:9-10). Lo que deseamos importa. Dice algo sobre lo que está sucediendo en nuestro corazón. El amor al dinero expone una falta de amor a Cristo. Si deseas ser rica, ten cuidado: el dinero no es un amo fácil y algún día puede llenar tu vida de dolor. Si quieres tener vida, escucha las palabras de Jesús: "Yo he venido para que tengan vida, y para que la tengan en abundancia" (Juan 10:10).

El patrón en nuestras propias vidas

Para evitar el destino de Judas, primero debemos explorar cómo es el patrón de la codicia con respecto al dinero en nuestra propia vida. ¿Cómo nos lleva lo que ven nuestros ojos a codiciar, tomar y escondernos? También debemos pensar en las consecuencias de una búsqueda inapropiada de dinero.

Vemos

Vivimos en un mundo que nos permite ver lo que está disponible para nuestro consumo en casi todo momento. Las canciones realzan el valor del dinero con letras como: "Quiero dinero, mucho, mucho dinero"[1] y "Quiero ser multimillonario".[2] Los anuncios publicitarios bombardean nuestros sentidos mientras estamos en la computadora, abrimos el correo, miramos televisión, conducimos nuestro automóvil o incluso en un baño público. Con Internet, ahora es aún más fácil pasar de ver algo a comprarlo. Te envían un correo electrónico donde te informan de una venta con envío gratuito, y con solo un par de clics y un número de tarjeta de crédito, puedes comprar ese artículo. Puede que no tuvieras una necesidad particular de tal artículo, pero una vez que lo viste, se convirtió en un deseo. Tal vez envíen un catálogo a tu hogar con una sala de estar perfecta, y eso encienda un deseo en tu corazón. Sin duda, tu vida estaría más calmada y controlada si pudieras tener una sala de estar más cómoda. Tal vez un abrigo nuevo te haría sentir más atractiva y le agradaría más a los demás. Muchas veces tenemos diferentes deseos, que provienen de una raíz (control, respeto, complacer a los demás, poder), que estimulan nuestro deseo por el dinero y las posesiones.

A veces, la insistencia de la publicidad es la que nos convence. Un solo anuncio no nos convence, pero a medida que escuchamos una y otra vez sobre un artículo en particular, empezamos a convencernos y a creer que realmente necesitamos esa pañoleta, cámara, automóvil, vacaciones o sofá nuevo. Un sábado por la mañana, mientras me secaba el cabello, apareció un infomercial de una barredora automática llamada *Swiffer Sweeper*. De repente, mis dos hijos mayores entraron corriendo a mi habitación para informarme de todas las razones por las que *necesitábamos*

---

1. "I Wanna Be Rich" de Calloway.
2. "Billionaire" de Travis McCoy.

un *Swiffer Sweeper*: "Mami, mami, barre clavos y tachuelas", informó mi hijo. "Además se puede usar tanto en maderas duras como en alfombras", señaló mi hija. Ambos iban repitiendo lo que habían escuchado en el infomercial hasta decirme palabra por palabra cómo este nuevo *Swiffer Sweeper* cambiaría nuestras vidas. Prometieron encargarse de toda la limpieza después de la cena si tenían ese artículo. Por supuesto, les dije: "Miren, no vamos a comprar un *Swiffer Sweeper*". No iba a dejarme convencer por un infomercial. Esa tarde, les conté la historia a un par de amigas que estaban de visita. Una de ellas había comprado el *Swiffer Sweeper* y le encantaba. La otra amiga mencionó casualmente que le gustaría adquirir uno. En ese momento, me dejé convencer. Ella y yo nos conectamos a Internet y los compramos; mi resistencia anterior se había agotado por completo. De repente, ¡estaba comprando el mismo artículo que les había dicho a mis hijos que no necesitábamos! Si bien esa compra no fue necesariamente incorrecta, habla de cómo lo que vemos poco a poco nos hace creer que las cosas materiales pueden dar satisfacción a nuestra vida. Para mí, la recomendación de una amiga fue mucho más poderosa que el infomercial. Este ejemplo habla de otra forma común en que nuestros ojos comienzan a ver.

*Cada mujer debe conocer sus áreas
particulares de tentación y comenzar a
eliminar ciertas cosas de su vista.*

Si bien nuestros ojos a menudo se encuentran atraídos por revistas, vallas publicitarias o comerciales de televisión, podemos sentirnos atraídas de igual manera y más persuasiva por los artículos que poseen nuestros pares. Si nuestra vecina se compra una nueva minivan con la última función novedosa, de repente nuestra minivan parece muy desactualizada. Si nuestra compañera de cuarto se aparece con la última y mejor computadora, nuestra vieja computadora parece más lenta y frustrante cada día que pasa.

Una amiga comienza a comprar en una tienda en particular y, de repente, sentimos la necesidad de pasar y echarle un vistazo. Es extremadamente difícil no definir algo de "normal" por el solo hecho de que lo tienen nuestros pares. Lo que Occidente define como normal sería un lujo extremo para casi cualquier otra persona en el mundo. Necesitamos darnos cuenta de la frecuencia con la que nuestros ojos ven lo que quieren ver. Podemos estar ciegas a aquellos que nos rodean que tienen menos, mientras nos fijamos en aquellos que tienen un poco más.

Es importante notar que tan solo ver un anuncio o la nueva casa de una amiga no es pecado. Podemos ver y disfrutar las bendiciones materiales que Dios le ha dado a una amiga. Sin embargo, debemos tener cuidado y conocer nuestras propias debilidades. Si tienes dificultades en esta área, puede ser el momento de llamar a ciertas empresas y pedirles que no envíen sus catálogos a tu casa. Para algunas, ver ropa, muebles, libros o revistas de viajes puede provocar una respuesta pecaminosa. Cada mujer debe conocer sus áreas particulares de tentación y comenzar a eliminar ciertas cosas de su vista. Si no lo controlamos, lo que ven nuestros ojos se convertirá en codicia.

Codiciamos dinero y posesiones

Hay una línea muy fina entre desear y codiciar. Una vez más, esto se retrotrae al corazón y es una cuestión de magnitud. Dos mujeres pueden desear exactamente lo mismo y, sin embargo, una codicia y la otra no. En lo que respecta al dinero, hay algunas señales reveladoras que pueden ayudarnos a descubrir los deseos codiciosos de nuestro corazón.

En primer lugar, si una persona codicia dinero, se comparará con todos los que la rodean. Pasa el tiempo pensando en los ingresos de otra persona y en las compras que realiza. Sabe cuánto gastaron sus amigas en sus casas, automóviles, ropa, computadoras y vacaciones. Una persona codiciosa juzgará a los demás por sus compras monetarias, mientras que siempre excusará sus propias compras en función de sus circunstancias. Una persona codiciosa realiza un seguimiento y compara sus propios ingresos con los de aquellos que la rodean.

En segundo lugar, juzga a los demás en función de sus ingresos. Las personas ricas inmediatamente tienen su admiración. Quiere hacerse amiga de los que tienen dinero, porque poseen lo que ella cree que la hará feliz. Sin embargo, al mismo tiempo, también juzga a quienes tienen más dinero por las decisiones que toman. Reconoce el despilfarro de los demás, mientras no se fija en sus propias compras. Piensa en todo lo que podrían dar a los pobres, sin sentir una propia convicción de todo lo que tiene para compartir con los demás. En cierto sentido, la persona codiciosa ama y odia a las personas con dinero. Las ama porque quiere ser como ellas. Las odia porque no es como ellas. Por tanto, codiciar y juzgar van de la mano. Una cosa lleva a la otra.

Hay muchas otras señales que muestran un corazón codicioso hacia el dinero. Rezongar y quejarse de sus ingresos (o de los de su esposo) muestra un corazón codicioso. Si el dinero causa peleas entre tú y tu cónyuge u otro miembro de la familia, la codicia puede ser la raíz del problema. Endeudarse o acumular dinero son signos de ver el dinero de manera incorrecta. Por último, te animo a pensar en cómo trabajas cuando te pagan en comparación con el trabajo que haces para servir a los demás o a tu familia. ¿Es el dinero tu mayor motivación? Si crees que obtendrás una mejor bonificación, ¿trabajas más duro o animas a tu marido a trabajar más duro? Si hacemos nuestro trabajo como para el Señor, eso debería ser suficiente motivación para el cristiano. Como dice Hannah W. Smith: "Me avergüenza pensar que cualquier cristiano pueda poner cara larga y llorar por hacer por Cristo, algo que un hombre mundano estaría encantado de hacer por dinero".[3] Cristo debe ser el factor motivador en todo nuestro trabajo y el dinero que se nos paga solo debería verse como su buena providencia para nosotras. Una vez más, estos son signos de que en nuestro corazón puede estar reinando el amor al dinero y no el amor a Dios. Si nuestros deseos desmedidos continúan creciendo, con el tiempo se convertirán en una vida de "tomar".

---

3. Hannah W. Smith, *The Christian's Secret of a Happy Life* (Londres: Nisbet, 1950), p. 189. Edición en español: *El secreto de la vida cristiana feliz*, publicado por First Fruits Press, 2018.

Tomamos

Nuestra codicia conduce a diversas formas de tomar. De hecho, podemos robar a personas o empresas para ganar un poco más. La mayoría de las veces, lo que tomamos se presenta en forma de lo que no damos a otros que lo necesitan. Nuestros propios hábitos de gastos frívolos afectan en gran medida nuestra capacidad de dar con generosidad a los misioneros, a los necesitados de nuestra propia congregación y a los pobres. Muchos maridos toman tiempo, amor y disponibilidad de sus familias en su afán de dinero. Muchas mujeres también toman tiempo de sus familias para mantener cierto tipo de estilo de vida que han llegado a disfrutar. Se puede robar fácilmente el gozo a una amiga al codiciar lo que el Señor le ha dado. Quizás una amiga se toma unas vacaciones que nosotras no podemos pagar y, en lugar de gozarnos con ella, nos quejamos de nuestra falta de recursos. Nuestras quejas y murmuraciones sobre la provisión de Dios le roban gloria a su nombre porque no vamos a Él con un corazón agradecido.

Nos escondemos

Una vez que lo que ven nuestros ojos nos ha llevado a codiciar y nuestra codicia a tomar, entonces nos escondemos. Judas escondió su amor al dinero bajo la apariencia de amor por los pobres. Muchos esposos esconden su amor al dinero bajo el deseo correcto de cuidar de su familia. Sin embargo, si su definición de provisión se limita solo a los recursos financieros, finalmente les fallará, todo el tiempo convencido de que su búsqueda es buena. Ocultamos el robo de recursos de nuestra empresa bajo la creencia de que deberían pagarnos más. Ocultamos nuestra incapacidad de dar a los necesitados bajo el alegato de que no teníamos conocimiento de ellos, cuando en realidad estábamos cegadas por nuestros deseos de obtener más dinero. Incluso podemos intentar ocultar nuestras quejas y murmuraciones bajo la excusa de peticiones de oración y ser sinceras y francas con quienes nos rodean.

Pagamos las consecuencias

Por último, la búsqueda de riquezas nos traerá consecuencias nefastas. Como dijo una vez Ralph Waldo Emerson: "El dinero a menudo cuesta demasiado". Para el individuo, amar el dinero nunca le traerá satisfacción en la vida. Como advirtió sabiamente Salomón: "El que ama el dinero, no se saciará de dinero; y el que ama el mucho tener, no sacará fruto" (Eclesiastés 5:10). Para la familia, el amor al dinero conducirá a prioridades equivocadas, conflictos en el matrimonio e hijos descontentos. La comunidad también sufrirá los resultados de la codicia. Los misioneros se demorarán en llegar a su campo debido a la falta de ofrendas. Los pobres sufrirán mucho y algunos incluso morirán por no tener lo necesario para la vida. Se gastará tanto tiempo como recursos en la búsqueda de dinero que podría haberse destinado al avance del Reino de Dios. El dinero también conlleva la advertencia de que es un medio para mantener a las personas alejadas de la fe. Pablo señala que las personas codiciosas de dinero se han apartado de la fe (1 Timoteo 6:10). Jesús advirtió que era difícil para los ricos entrar en el reino de Dios (Marcos 10:23). En la parábola de las semillas, Jesús equiparó la semilla que cayó entre espinos con el hombre que oye la Palabra, "pero el afán de este siglo y *el engaño de las riquezas* ahogan la palabra, y se hace infructuosa" (Mateo 13:22). El deseo de riquezas es particularmente precario para tu alma. La mayor consecuencia que puede provocar el amor al dinero es una vida de incredulidad que nunca llega a conocer verdaderamente el mensaje de salvación del evangelio. Dedicaremos la última parte de este capítulo a ver cómo luchar contra este asalto a nuestra fe al alimentar un amor por Dios que echa fuera todos los demás deseos desmedidos de nuestro corazón.

Cómo adoptar un nuevo patrón

Buscar al Señor

Si queremos luchar contra esta tentación de codiciar dinero y posesiones, tendremos que empezar por buscar al Señor. Hay dos verdades principales acerca de Dios que tienen una relación directa con nuestra visión del dinero y las posesiones. La primera es que Dios es nuestro *Proveedor*. Pablo pide a Timoteo que exhorte a los ricos a "que no sean altivos, ni pongan la esperanza en las riquezas, las cuales son inciertas, sino en el Dios vivo, que nos da todas las

cosas en abundancia para que las disfrutemos" (1 Timoteo 6:17).
Nuestra esperanza de provisión debe estar centrada en Dios, no en
nuestras propias obras. Si bien es correcto trabajar con diligencia y
es bueno ganar un salario, no debemos ver nuestro arduo trabajo
o nuestra cuenta bancaria como nuestra esperanza. En cambio,
debemos ver todo lo que tenemos como la provisión de Dios para
nuestra vida. Una persona que cree en Dios como Proveedor ora y
busca consejo con respecto a las compras. Es reflexiva y sabia con
su dinero porque considera que el Señor se lo ha confiado y no que
ella se lo ha ganado con su propio trabajo. Además, está agradecida, porque su corazón devoto hace que sus ojos vean la provisión
en lugar de detenerse en lo que le falta. Cuando creemos correctamente que Dios es nuestro *Proveedor,* nuestros ojos dejan de estar
puestos en nosotras mismas y se fijan en Dios con expectativa y
confianza. Una visión centrada en Dios del dinero y las posesiones
conduce a un sosiego en el corazón que nos permite decir como
Pablo: "Sé vivir humildemente, y sé tener abundancia; en todo y
por todo estoy enseñado, así para estar saciado como para tener
hambre, así para tener abundancia como para padecer necesidad.
Todo lo puedo en Cristo que me fortalece" (Filipenses 4:10).

Nuestra esperanza de provisión debe estar
centrada en Dios, no en nuestras propias obras.

La segunda verdad relevante acerca de Dios es que Él, en sí
mismo, es nuestra mayor recompensa. Cuando Dios se le aparece a
Abram, lo anima a no tener miedo: "Yo soy tu escudo, y tu galar-
dón será sobremanera grande" (Génesis 15:1). El autor de Hebreos
los exhorta: "Sean vuestras costumbres sin avaricia, contentos con
lo que tenéis ahora; porque él dijo: No te desampararé, ni te dejaré"
(Hebreos 13:5). Nuestro contentamiento fluye de la presencia de
Dios. Si tenemos a Dios, aunque no tengamos nada más, tendremos
lo único que importa. La sangre de Cristo vale más que todos los
reinos y las riquezas del mundo. Si la simple riqueza podría haber

saciado nuestras almas, entonces no hubiera habido necesidad de
que Cristo muriera. Dios podría haberse limitado a dar a todos
grandes riquezas. Sin embargo, Él sabe que nuestros verdaderos
deseos solo se cumplirán en una relación con Jesús. Su presencia
en nuestras vidas, conocerlo como nuestra mayor recompensa, nos
da contentamiento en todas las cosas. Si quieres ser libre del amor
al dinero, comienza por conocer, creer y adorar a Dios como tu
proveedor y gran recompensa.

Desear de manera correcta

Al buscar al Señor, nos despojamos de los viejos deseos y comenzamos a desear cosas buenas y mejores que el dinero. Para comenzar a
desear de manera correcta, primero debemos eliminar dos tendencias codiciosas: compararnos y quejarnos. Si queremos comenzar a
poner nuestro afecto en la bondad de Dios para con nuestra vida,
entonces debemos dejar de compararnos con quienes nos rodean.
Sí, habrá gente que tenga más que nosotras. También habrá gente
que tenga menos. A decir verdad, ninguna de las dos cosas importa
en absoluto. Dios conoce *tu* forma de ser. Él conoce la cantidad de
riquezas y de pobreza que puedes soportar. No necesitas comparar
tu suerte con la de los que te rodean. Si estás en Cristo, tienes las
mayores riquezas imaginables. Si Dios te ha dado a su propio Hijo,
ciertamente te dará todas las cosas (Romanos 8:32).

En segundo lugar, debemos eliminar nuestra tendencia a quejarnos. No está mal decir que tienes una necesidad, pero es un
pecado rezongar y quejarse de la provisión del Señor. Puedo ver
con claridad la diferencia entre ambas cosas cuando mis hijos me
piden algo. Qué diferente es escuchar: "Mami, ¿me puedes servir
un vaso de jugo, por favor?". En lugar de una declaración fuerte
y quejumbrosa: "Tengo sed. Sírveme un poco de jugo". Uno es un
apacible pedido de provisión, mientras que el otro es una demanda
pretenciosa que sale de un corazón insatisfecho. La mejor manera
de despojarse de la tendencia a quejarse es adoptar una actitud de
agradecimiento. Cada día debemos proponernos ver lo que Dios
nos ha dado. Una vez que comencemos a ver nuestra vida a través
de estos lentes y centremos nuestros ojos en su bondad para con
nuestra vida, de nuestro corazón brotará agradecimiento en lugar

de quejas. Nuestra manifestación externa de quejas es una señal segura de codicia interna.

Ver todos nuestros bienes como pertenencias de Dios nos ayuda a evitar ser poseídas por nuestras posesiones.

A medida que dejemos de compararnos y quejarnos, comenzaremos a desear de dos maneras nuevas. En primer lugar, desearemos acumular un gran tesoro para nosotras. Jesús ordenó a sus seguidores: "No os hagáis tesoros en la tierra, donde la polilla y el orín corrompen, y donde ladrones minan y hurtan; sino haceos tesoros en el cielo, donde ni la polilla ni el orín corrompen, y donde ladrones no minan ni hurtan. Porque donde esté vuestro tesoro, allí estará también vuestro corazón" (Mateo 6:19-21). De hecho, estamos llamadas a acumular tesoros para nosotras, siempre que sean celestiales. Si realmente creemos que el cielo es donde viviremos por la eternidad, deberíamos procurar que nuestra vida se defina por la obra para ese reino, en lugar de las ganancias temporales en esta tierra que no nos podremos llevar a la tumba. Este versículo llegó a tener un gran significado para mí durante los últimos dos años, en que la economía sufrió un duro golpe debido a la industria bancaria. Vivo en Charlotte, que es un centro bancario. Muchas personas vieron desaparecer gran parte de sus ahorros casi de la noche a la mañana. Lo que parecía estar seguro y a salvo en el banco sufrió un robo en muchos sentidos debido a una caída drástica de los precios de las acciones. Es bueno ahorrar dinero e invertir sabiamente. Sin embargo, también debemos entender que la riqueza es fugaz y darnos cuenta de que lo que está aquí hoy puede desaparecer mañana sin tener ni arte ni parte. Por el contrario, lo que damos a la obra de Dios nunca nos lo podrán robar. Nuestras diligentes labores, generosas donaciones de dinero y sinceras oraciones están acumulando tesoros en el cielo donde están completamente seguras. Debemos desear construir, trabajar y dar cada vez más para *ese* Reino con la certeza de que nuestro trabajo no es en vano. Un segundo cambio será nuestro deseo de ser administradoras en lugar de propietarias. Hay una gran diferencia entre las dos cosas. A un administrador se le confía el cuidado de algo hasta que regrese el verdadero dueño. Un propietario cree que un bien le pertenece. La Biblia nunca habla en contra de la propiedad en este mundo presente; es parte de vivir en un sistema civil estable y funcional. De hecho, el mandamiento: "No hurtarás" (Deuteronomio 5:19) presupone propiedad. Sin embargo, debemos darnos cuenta de que todo lo que poseemos aquí algún día pasará a pertenecer a otra persona. De hecho, muchas de las pertenencias que atesoramos algún día pueden llegar a venderse en ventas de garaje o en eBay. Dios nos proporciona bienes durante nuestra estadía en esta tierra, pero realmente no los poseemos. Todo lo que hay en la tierra permanecerá en la tierra. Somos tan solo administradoras de esos bienes que Dios nos ha confiado para usarlos para su gloria. Con esa mentalidad, buscamos cuidar de nuestras casas, automóviles y otras posesiones. Los cuidamos porque queremos agradar al Señor, no porque tengamos miedo de perder dinero por descuidarlos. Ver todos nuestros bienes como pertenencias de Dios nos ayuda a evitar ser poseídas por nuestras posesiones. En cambio, podemos usarlos y disfrutarlos con gratitud con la certeza de que solo son parte de su bondad para con nosotras. De esta manera, al despojarnos de la comparación y las quejas y adoptar el deseo del verdadero tesoro y la administración de nuestras posesiones terrenales, nuestro corazón comienza a despertar a los deseos y anhelos correctos con respecto al dinero.

Dar con generosidad

Si queremos adoptar un nuevo patrón, una parte vital para proteger nuestro corazón con respecto al dinero es estar dispuestas a dar. La Biblia nos enseña a dar con generosidad, liberalidad y sacrificio. En el Antiguo Testamento, 1 Crónicas relata el gran gozo de David por la generosa ofrenda de los israelitas para el templo de Dios. Su alegría está llena de humildad y verdadera gratitud cuando expresa: "Porque ¿quién soy yo, y quién es mi pueblo, para que pudiésemos ofrecer voluntariamente cosas semejantes? Pues todo es tuyo, y de lo recibido de tu mano te damos" (1 Crónicas 29:14). David reflexiona con acierto sobre el hecho de que el pueblo se siente honrado de poder dar al Señor. Su alabanza al Señor está llena de humildad y no tiene ningún rastro de orgullo. Cuando nuestro corazón esté debidamente centrado en Dios, seguiremos el ejemplo de David y nos consideraremos bendecidas en nuestra capacidad de dar. Todo lo que damos al Señor ya era suyo. Todo lo que damos a los demás nos lo dio su amorosa mano. Saber que un Proveedor bueno y amoroso cuida de nosotras, debería llevarnos a dar con generosidad.

Además de dar con generosidad, debemos dar con liberalidad. Cuando damos a la obra de la iglesia y a otros, debemos hacerlo sin condiciones. No debemos considerar que nuestros pastores, misioneros u otros empleados de la iglesia reciben dinero de nuestro bolsillo. Sino que es la provisión de Dios, que usa el medio de los diezmos y las ofrendas para pagarles por su trabajo. De manera similar, Dios usa a tu empleador para que te pague un salario por tu trabajo. Dios provee para cada persona, pero usa diferentes medios. Por lo tanto, cuando tu amiga misionera o tu pastor se toma unas vacaciones familiares, es posible que te sientas tentada a pensar: "Creo que está usando mi dinero para pasarla bien con su familia". En cambio, al dar con liberalidad, puedes gozarte con ellos al saber que Dios es el que suple sus necesidades y ellos son responsables ante Él de administrar bien lo que reciben. Dar con liberalidad implica dar con el entendimiento de que el uso del dinero está en manos de Dios.

Por último, debemos tratar de dar con sacrificio. Jesús elogió a la viuda que dio de su pobreza con estas palabras: "De cierto os digo que esta viuda pobre echó más que todos los que han echado en el arca" (Marcos 12:43). La manera en que damos es más importante que la cantidad. Si bien una persona puede dar muchos miles de dólares, la ofrenda de tal persona en realidad puede ser menor que la de aquella que solo da un centavo de su pobreza. Dios es muy consciente del sacrificio de tu propia ofrenda. Te animo a dar de tal manera que sientas el costo. Es bueno para tu alma y te ayudará a mantener una perspectiva eterna. Una forma sencilla en que mi esposo y yo hemos elegido hacer esto en nuestra familia es no contratar televisión por cable. En cambio, ese dinero se destina específicamente a una familia misionera que apoyamos. Siempre que me siento tentada a desear tener televisión por cable, recuerdo que esta familia vive muy lejos de casa, sin muchas comodidades, para poder llevar el evangelio a personas que nunca lo habrían escuchado. ¡De repente, siento que no tener televisión por cable es como un privilegio! Si bien me doy cuenta de que renunciar a la televisión por cable no es un gran sacrificio, te animo a pensar en maneras de hacer pequeños sacrificios para dar a otros. Te edificará y alentará y estimulará tu corazón a dar más. Además, será una manera de compartir con tus hijos la bendición de dar a otros. Si damos con generosidad, liberalidad y sacrificio, el dinero y las posesiones perderán más terreno en nuestro corazón y experimentaremos las bendiciones que provienen de esa libertad.

Confesar con toda confianza

Finalmente, si queremos luchar contra el deseo desmedido de dinero, tendremos que confesarnos a los demás cuando luchemos con este pecado. Cada una de nosotras puede luchar contra el deseo de dinero por diferentes razones. Cuando lo vemos en nuestro corazón, necesitamos confesárselo a una amiga o pastor, al saber lo malo que puede ser si no lo controlamos. Necesitamos tomarnos el tiempo para considerar cómo el dinero está influyendo en nuestras elecciones y deseos y preguntar a los demás si ven que la búsqueda de posesiones está gobernando nuestra vida. Como parte de nuestra confesión, también debemos estar dispuestas a hacer restitución. Si le hemos robado a alguien, deberíamos devolvérselo. Si no hemos dado, deberíamos comenzar a dar con generosidad. Inmediatamente después de llegar a la fe, la visión de Zaqueo sobre el dinero cambió de manera tan drástica, que prometió: "He aquí, Señor, la mitad de mis bienes doy a los pobres; y si en algo he defraudado a alguno, se lo devuelvo cuadruplicado" (Lucas 19:8). Su amor por Jesús cambió instantáneamente su deseo de dinero. Una confesión sincera debe ir acompañada de un verdadero cambio de estilo de vida.

Abundancia de bendiciones

Si bien muchas consecuencias negativas surgen de creer en el dinero, muchas bendiciones vienen de creer en Dios como nuestro proveedor y gran recompensa. Cuando adoptamos este nuevo patrón de creencias, trabajamos por un tesoro que nunca se corroe ni se marchita. Un día, en el cielo, nos gozaremos al conocer a personas que se convirtieron a Cristo como resultado de que Dios usó el dinero que les dimos. Vidas terrenales aquí pueden salvarse de perecer debido a nuestra generosidad. Tenemos una nueva libertad con respecto a nuestras posesiones y no nos sentimos esclavizadas por ellas. Nuestra alma está protegida del amor por las cosas materiales porque adoramos a Dios como el proveedor de todas nuestras necesidades. Nuestros hijos aprenden a ser generosos y a tener más confianza en Dios al ver que damos con liberalidad. Más importante aún, Dios es glorificado en gran manera cuando hallamos vida en Él y nos gloriamos en su provisión, sea lo que sea que incluya.

Si tienes dificultades en esta área, te animo a leer un capítulo de A. W. Tozer titulado: "La bendición de no poseer nada".[4] El concluye el capítulo con la siguiente oración:

Padre, ansío conocerte, pero mi cobarde corazón teme dejar a un lado sus juguetes. No puedo deshacerme de ellos sin sangrar interiormente, y no trato de ocultarte el terror que eso me produce. Vengo a ti temblando, pero vengo. Te ruego que arranques de mi corazón todo eso que ha sido tantos años parte de mi vida, para que tú puedas entrar y hacer tu morada en mí sin que ningún rival se te oponga. Entonces harás que tu estrado sea glorioso; no será necesario que el sol arroje sus rayos de luz dentro de mi corazón, porque tú mismo serás mi luz, y no habrá más noche en mí. Te lo imploro en el nombre de Jesús, Amén.

Que su oración sea tuya y que tu corazón no tenga rival, sino que solo lo ocupe Cristo.

---

4. A. W. Tozer, *The Pursuit of God* (Camp Hill: Christian Publications, 1982), p. 30. Edición en español: *La búsqueda de Dios*, publicado por Wingspread, 2008.

Preguntas para la reflexión personal y grupal

1. Mira la lista de la página 121. ¿En cuál de esas cosas tiendes a confiar en el dinero en lugar de confiar en Dios? ¿Por qué?

2. Lee Mateo 26:6-16 y Juan 12:2-8. En estos relatos paralelos, ¿qué indicios ves que revelan el amor de Judas por el dinero?

3. ¿Qué consecuencias dolorosas provocó el amor de Judas por el dinero? Lee Juan 17:12 y Mateo 26:24.

4. Lee Mateo 6:24 y Mateo 13:22. Si bien hay muchas cosas donde podemos poner nuestro corazón y adorar, ¿por qué crees que Jesús nos advierte específicamente en contra del dinero? ¿Qué hace que el dinero sea peligroso para tantas personas?

5. Lee 1 Timoteo 6:6-9. ¿Qué principios sobre el dinero puedes extraer de este pasaje? ¿Está mal ser rico? ¿Contra qué advierte Pablo?

6. ¿Cómo afecta lo que vemos a nuestro deseo de tener más dinero? ¿De qué manera te animan los anunciantes a desear sus productos?

7. ¿Por qué una mujer que codicia dinero ama y odia a los que tienen dinero? ¿Cómo es que nuestros deseos en esta área nos hacen críticas y codiciosas hacia los demás?

8. Lee la cita de Hannah Smith en la página 129. ¿De qué manera nuestro trabajo puede estar motivado por agradar a Dios en lugar de ganar dinero? Piensa en tus trabajos voluntarios y gratuitos. ¿Trabajas en esas cosas con la misma devoción con la que trabajas cuando te pagan un salario?

9. ¿De qué manera nuestros deseos codiciosos de dinero nos llevan a tomar de quienes nos rodean? ¿Cómo escondemos nuestro pecado en esta área?

10. ¿Qué verdades necesitamos comprender acerca de Dios para luchar contra nuestra codicia? Lee 1 Timoteo 6:17 y Hebreos 13:5.

11. Para poder desear de manera correcta, debemos dejar de compararnos y quejarnos. ¿Cómo es que comparar y quejarse solo conduce a más codicia?

12. Lee Mateo 6:19-21. ¿Cómo sería acumular tesoros en el cielo y no en la tierra? ¿En qué sería diferente tu vida si comenzaras a vivir de esta forma?

13. A. W. Tozer señala: "Después de esa amarga y bendita experiencia, creo que las palabras 'mi' y 'mío' nunca volvieron a tener el mismo significado para Abraham. El sentido de posesión que sugieren desapareció de su corazón. Las cosas materiales habían desaparecido para siempre. Ahora se habían vuelto externas al hombre. Su corazón interior estaba libre de ellas. El mundo decía: 'Abraham es rico', pero el anciano patriarca se limitó a sonreír. No podía explicárselo, pero sabía que no poseía nada, que sus verdaderos tesoros eran internos y eternos".[5]

¿Cuál es la diferencia entre un administrador y un propietario? ¿Cómo cambia lo que creemos sobre nuestras posesiones nuestra relación con ellas?

14. ¿Cómo es que necesitas dar con generosidad, liberalidad y sacrificio? Lee 1 Crónicas 29:14. ¿Cómo se compara la actitud de David hacia el dar con la tuya?

15. Lee Lucas 19:8. ¿Cómo cambió la fe de Zaqueo su relación con el dinero? ¿Cómo debería nuestra fe cambiar nuestra relación con el dinero?

---

5. A. W. Tozer, *The Pursuit of God* (Camp Hill: Christian Publications, 1982), p. 28. Edición en español: *La búsqueda de Dios*, publicado por Wingspread, 2008.

La codicia en las relaciones amorosas

Cuando se levanta el pecado para tentar, siempre busca expresarse al extremo. Todo pensamiento impuro sería adulterio, si pudiera; todo deseo codicioso sería opresión; y todo pensamiento de incredulidad sería ateísmo. Es como la tumba que nunca se sacia. El avance del pecado ciega al alma para que no vea que se está alejando de Dios. El alma se vuelve indiferente al pecado a medida que este continúa creciendo. El crecimiento del pecado no tiene límites, sino la total negación de Dios y la oposición a Él. El pecado crece y llega cada vez más alto; endurece el corazón a medida que avanza. La mortificación seca la raíz y golpea la cabeza del pecado a cada instante. Los mejores santos del mundo corren peligro de caer si se los halla negligentes en este importante deber.

JOHN OWEN

Voices From the Past, p. 53.

6

La codicia en las relaciones amorosas

La historia de David

La semana pasada fui a ver el musical de Broadway *Wicked*. Es una historia paralela a *El mago de Oz* que relata la relación entre Galinda (que se convierte en Glinda, la bruja buena) y Elphaba (que se convierte en la malvada bruja del oeste) antes que Dorothy y Totó lleguen a Oz. Es una obra ingeniosa y divertida, y ofrece una visión interesante de nuestro deseo de relación. Tanto Galinda como Elphaba se enamoran del mismo hombre, Fiyero. Galinda planea obligarlo a comprometerse, a pesar de que siente que él no está enamorado de ella. Ella canta a la multitud en un intento de convencerse: "No podría ser más feliz, porque feliz eres cuando todos tus sueños se hacen realidad. Bueno, ¿no es así? ¡Feliz eres cuando todos tus sueños se hacen realidad!". Ella está aferrada a la creencia de que hacer realidad sus deseos de relación le traerá plenitud y felicidad. Por otro lado, Elphaba, que nació con la piel de color verde, se siente completamente indigna de recibir amor. Mientras canta, se advierte a sí misma: "No desees, ni siquiera lo intentes; desear solo hiere el corazón. No nací para las rosas y las perlas. Hay una joven que conozco, que él ama mucho. Yo no soy esa joven".

Cuando se trata de desear la intimidad de una relación matrimonial, a menudo podemos vacilar entre estas dos creencias divergentes. Por un lado, creemos que una vez que el príncipe azul entre en nuestra vida, montado en su caballo blanco, todos nuestros sueños se cumplirán y que "feliz es lo que eres cuando todos tus sueños se hacen realidad". Podemos aferrarnos erróneamente a la creencia de que una vez que nuestro sueño de casarnos se haga realidad, seremos felices. En otras ocasiones, desistimos de las relaciones y nos advertimos a nosotras mismas: "No desees, no desees, ni siquiera lo intentes; desear solo hiere el corazón". En un esfuerzo por protegernos del dolor, ahogamos el deseo por completo. Podría ser que, por alguna razón, no nos sintamos dignas de ser amadas. O tal vez no queremos que se nos perciba como una mujer desesperada por un marido, por lo que rechazamos nuestro deseo de tener una relación. Por alguna razón, soltamos el deseo y pensamos: "Yo no soy esa joven".

Para comenzar, es importante recordar que fuimos creadas para relacionarnos íntimamente con otros. Al principio, Dios creó el mundo, y cada día vio que era bueno. Sin embargo, después que hizo a Adán y lo puso en el huerto, podemos leer que el Señor dijo: "*No es bueno* que el hombre esté solo; le haré ayuda idónea para él" (Génesis 2:18). Lo primero *no bueno* en toda la historia humana sucedió antes que el pecado entrara en escena. Dios, el Creador relacional, había creado a Adán a su propia imagen. Por lo tanto, Adán tenía tanto la necesidad como el deseo de una relación. En su bondad, Dios creó a Eva, una ayuda idónea, y declaró que todo lo que había hecho "era bueno en gran manera" (Génesis 1:31).

También es importante recordar que, a partir de que el pecado entró en el huerto, todas nuestras relaciones sufren el efecto de ese quebrantamiento. La pacífica armonía de nuestro estado original sin pecado se dañó y, en cierta medida, todo matrimonio sufrirá las consecuencias. En particular, una de las consecuencias de la caída de la mujer fue: "Tu deseo será para tu marido, y él se enseñoreará de ti" (Génesis 3:16). Seríamos muy ingenuas si creyéramos que "feliz es lo que eres" cuando nuestro sueño de casarnos se hace realidad. Necesitamos combinar nuestro deseo bueno y correcto de una relación con el entendimiento de que ninguna relación terrenal puede reparar el quebrantamiento en nuestra vida.

Dedicaremos los siguientes dos capítulos a ver nuestro deseo de relaciones. Este capítulo abordará principalmente la esperanza y el anhelo de un esposo y de lo que sucede cuando el deseo de una relación amorosa se vuelve codicioso. El próximo capítulo abordará nuestros deseos en las relaciones familiares y las amistades. Nuestro buen deseo de afecto se vuelve codicioso cuando llega a ser desmedido o culpable. El término "desmedido" habla de la profundidad del deseo, mientras que "culpabilidad" habla de desear a la persona equivocada. Una mujer con un deseo desmedido *hará cualquier cosa* para obtener lo que desea. Una persona con un deseo culpable de tener una relación *perseguirá a cualquiera* para satisfacer su deseo de una relación. Para una mejor comprensión, veremos la historia de David y Betsabé, y observaremos el patrón relacional codicioso que tuvo lugar y las consecuencias dañinas que siguieron. Consideraremos el patrón que este deseo puede seguir en nuestras propias vidas, ya sea que seamos solteras o casadas. Finalmente, consideraremos lo que necesitamos creer acerca de Dios para desear de manera correcta y tener esperanza en nuestras relaciones amorosas.

David y Betsabé

La historia de David y Betsabé es una de las más conocidas de las Escrituras. Ilustra con gran detalle el patrón que puede seguir el deseo codicioso de una relación, así como las consecuencias negativas que resultan. En su historia, tratamos principalmente con el deseo codicioso que normalmente se conoce como *lujuria*. Como la codicia y la envidia, la lujuria es una forma específica de codicia. En las Escrituras, el término siempre se refiere al deseo incorrecto de una relación sexual. Si bien su historia trata sobre esta forma específica de deseos relacionales, también puede dar sabiduría y advertencia sobre cualquiera de las formas inapropiadas que pueden tener nuestros deseos relacionales.

David vio

La historia comienza cuando David permanece en Jerusalén mientras su ejército sale a la guerra contra los amonitas (2 Samuel 11–12). Una noche, David se levantó de su cama y caminó por la azotea del palacio. Mientras miraba la ciudad, *vio* a una mujer hermosa que se bañaba. Si bien es cierto que no todo lo que vemos es pecaminoso, es importante señalar que, en este caso, el acto mismo de ver fue incorrecto y lo más probable es que la oportunidad de verla surgiera como resultado de elecciones equivocadas. Una cosa sería si la historia nos dijera que David vio a una mujer que se estaba bañando y rápidamente desvió su mirada. En cambio, leemos que tuvo tiempo para darse cuenta de que era una mujer hermosa. Tuvo que haberla mirado de tal manera que la mirada en sí era pecaminosa, lo que hizo que la deseara. En ese momento, no siguió el sabio consejo de Job, que declaró: "Hice pacto con mis ojos; ¿Cómo, pues, había yo de mirar a una virgen?" (Job 31:1).

El desempeño diligente de nuestros deberes ayuda a prevenir el ocio, que puede brindar a nuestros ojos la oportunidad de ver y ser tentadas a pecar.

También es importante señalar la oportunidad en que la vio. Leemos que todo el ejército israelita estaba en guerra. Los hombres de David vivían en tiendas de campaña, enfrentando la realidad de la batalla; pero él se quedó en Jerusalén y disfrutaba de las comodidades de su palacio. En lugar de cumplir con su deber de estar con sus hombres en tiempos de guerra, estaba caminando ociosamente por la azotea. Como señala Matthew Henry: "El ocio es la madre de todos los vicios. Las aguas estancadas se pudren fácilmente. El lecho de la pereza a menudo resulta ser el lecho de la lujuria".[1] John Owen comenta de manera similar: "La mente se aleja del deber y los afectos se sienten atraídos al pecado".[2] Una manera de evitar las relaciones inapropiadas es seguir activamente

---

1. Henry, Matthew *Henry's Commentary on the Whole Bible*, vol. 2, p. 386.

2. John Owen, *Overcoming Sin and Temptation* (eds. Kelly Kapic & Justin Taylor; Wheaton: Crossway Books, 2006) p. 326. Edición en español, *Victoria sobre el pecado y la tentación*, publicado por Teología para Vivir, 2019.

el llamado de Dios sobre nuestra vida. El desempeño diligente de nuestros deberes ayuda a prevenir el ocio, que puede brindar a nuestros ojos la oportunidad de ver y ser tentadas a pecar. David se permitió tener la oportunidad de ver y no apartó los ojos ni los pensamientos de la belleza de Betsabé. En cambio, la observó y luego envió a alguien para averiguar sobre ella.

David codició

El mensajero regresó con el informe de que la hermosa mujer era Betsabé, la esposa de Urías el hitita. Si había alguna duda sobre si la mirada de David se había vuelto codiciosa, de inmediato se hizo evidente cuando mandó llamarla. Su deseo de una relación era de naturaleza culpable porque estaba dispuesto a perseguir a Betsabé, aunque sabía que iba en contra del séptimo mandamiento: "No cometerás adulterio" (Éxodo 20:14). La lujuria concebida en su mente sentó las bases para todo lo que vendría después.

David tomó

En el primer capítulo, vimos la noción de que la codicia es un "pecado madre" en el sentido de que engendra otros pecados. Este principio se ve claramente en el hecho de que los deseos codiciosos de David se convierten en adulterio y asesinato. Primero, toma a Betsabé y duerme con ella. Al ver que quedó embarazada, Betsabé envía un mensaje a David. Entonces, David manda a llamar a su esposo, Urías, a dejar el frente de batalla e ir a su casa con la esperanza de que se acueste con su esposa y así crea que el hijo es suyo. Cuando este plan original falla, David embriaga a Urías para persuadirlo de que se olvide de su deber y vaya con su esposa. Es importante señalar que Urías era tan leal a Dios, Israel, sus compañeros soldados y el rey David que no estaba dispuesto a disfrutar de las comodidades de su hogar mientras "El arca e Israel y Judá están bajo tiendas" (2 Samuel 11:11). La fidelidad de Urías es sorprendente en comparación con el incumplimiento del deber de David. Sin embargo, el corazón de David no se conmovió ni sintió condenación por la obediencia de Urías. En cambio, envió a Urías al frente de batalla con una carta para Joab que era su propia sentencia de muerte. Esta carta instruía a Joab para que colocara a Urías en la línea cercana al frente con el motivo expreso de que le quitaran la vida en la batalla. A pesar de que Urías había prometido lealtad absoluta a Israel, David seguía confabulando su asesinato. El deseo de David por Betsabé lo llevó a cometer adulterio, alentar la embriaguez y asesinar a alguien que le había sido completamente fiel. Tomó caminos drásticos para cumplir con sus objetivos egoístas.

David se escondió

Gran parte del pecado de esta historia se perpetra en el intento de David de ocultar su relación adúltera con Betsabé. En primer lugar, trató de esconderse al animar a Urías a dormir con su esposa para que creyera falsamente que el bebé era suyo. Cuando ese plan falló, David ocultó el asesinato de Urías como parte de las bajas de guerra. Luego se casó con Betsabé con la esperanza de ocultar que la había dejado embarazada en una relación adúltera antes de contraer matrimonio. La acción de esconderse llevó a David a pecar más y a esconderse más. Quizás creía que se había salido con la suya y que sus delitos permanecerían ocultos. Sin embargo, aunque había ocultado sus obras ante su pueblo, no podía esconderse de Dios.

David pagó las consecuencias

El Señor no estaba complacido con David, y le envió el profeta Natán. El profeta fue con una parábola que despertó a David sobre la naturaleza atroz de sus delitos, de modo que David confesó: "Pequé contra Jehová" (2 Samuel 12:13). Aunque David se arrepintió de su comportamiento, Natán le aseguró que sufriría las consecuencias. El bebé que dio a luz Betsabé moriría. La calamidad vendría sobre David cuando uno de sus propios hijos lucharía contra él por la realeza y se acostaría con todas sus esposas a plena luz del día. La espada nunca se apartaría de la casa de David. Aunque Natán habló de las consecuencias, también habló de la misericordia de Dios al declarar: "Jehová ha remitido tu pecado; no morirás" (2 Samuel 12:10-14). Aunque David era el rey, no podía escapar de las consecuencias de su comportamiento, ni de su propia necesidad de perdón. Su deseo injusto por algo bueno lo llevó por un camino de pecado que tuvo consecuencias durante generaciones.

A menudo, nuestras dificultades nos obligan a acudir a Dios... mientras que los tiempos de bonanza nos llevan a poner nuestra confianza y esperanza en otras personas o cosas.

La historia de David ilustra el dolor que puede producir el deseo culpable de una relación. También ejemplifica que, al fin y al cabo, obtener todo lo que deseamos no necesariamente satisface. La vida de David estaba en la cima del éxito cuando vio a Betsabé. Fue rey después de años de ser acosado y perseguido por Saúl. Sus ejércitos estaban derrotando con éxito a sus enemigos. Tenía varias esposas como compañía, además de muchos hijos. Vivía en un palacio y tenía comandantes y súbditos leales. Aun en medio de las circunstancias más favorables, tuvo deseos codiciosos. David había pasado años confiando y obedeciendo a Dios en circunstancias difíciles, pero luchó por creer y obedecer a Dios cuando sus circunstancias fueron favorables. A menudo, nuestras dificultades nos obligan a acudir a Dios de una manera que hace crecer nuestro afecto, mientras que los tiempos de bonanza nos llevan a poner nuestra confianza y esperanza en otras personas o cosas. Como advierte muy bien Owen: "Observen el vigor de los afectos hacia las cosas celestiales. Si no se atienden, se avivan, se dirigen y se aperciben constantemente, son propensos a decaer y el pecado acecha para aprovecharse de ello".[3] La descendencia de David debería advertirnos a cada una de nosotras de nuestra propia capacidad para enredarnos en una telaraña de deseos pecaminosos. En la siguiente sección, consideraremos una variedad de formas

---

3. Owen, *Overcoming Sin and Temptation*, p. 332.

en que el patrón de ver, codiciar, tomar y esconder se arraiga en nuestros propios deseos codiciosos de una relación.

El patrón en nuestras propias vidas

Vemos

Recuerdo claramente que un domingo llegué a la iglesia y me senté con mi familia; justo enfrente de nosotros había una pareja casada con un bebé recién nacido. Mientras cantaban, el esposo rodeó tiernamente con su brazo a su esposa y le sonrió. Se veían muy enamorados y felices el uno con el otro. En ese instante, lo que vi me llevó a dudar de mi propio matrimonio. ¿Era así de feliz? ¿Mi esposo me amaba como ese hombre amaba a su esposa? ¿Por qué mi esposo no me rodeaba con su brazo en la iglesia? Lo que vi hizo que comenzara a dudar de lo que sabía que era verdad. En realidad, sé que mi esposo me ama mucho y estoy agradecida de ser su esposa. Sin embargo, allí estaba desanimada con mi matrimonio por la demostración de afecto de otra pareja. Sacar conclusiones sobre mi matrimonio basándome en un momento particular de la relación de otra persona no es ni sabio ni útil. Nuestra perspectiva de la relación de otra persona siempre se limita a lo que creemos ver. En verdad, desconocemos la realidad de su situación. Lo que vemos (o creemos ver) en la relación de otros puede hacer que surja todo tipo de descontento en nuestro corazón. Ya sea que seamos solteras o casadas, viudas o divorciadas, todas vemos cosas que deseamos relacionalmente. Lo que vemos se puede dividir en dos áreas: lo que queremos *tener* y en qué necesitamos *convertirnos* para poder encontrar satisfacción relacional.

Vemos muchas cosas que queremos tener en una relación. Deseamos un esposo que sea tierno y amable, pero también fuerte y seguro. Queremos que pueda arreglar el coche y preparar una buena cena. Queremos que demuestre sus emociones sin ser demasiado emocional y que tenga éxito sin ser orgulloso. La mayoría de nosotras podría reunir fácilmente en nuestra mente las características que harían la pareja perfecta. Elegimos cualidades específicas de diferentes hombres que conocemos. Nos gusta la personalidad de un hombre, la apariencia de otro, el sentido del humor de otro y así sucesivamente, hasta que traemos todas las cualidades favorables de un hombre mítico a nuestra mente. Nuestros ojos toman en cuenta muchos factores que creemos que nos harían sentir plenas. Si somos sinceras, creo que lo que más anhelamos de una relación es simplemente que un hombre nos ame y poder amarlo. Para la mujer soltera, podría parecer que todas a su alrededor han encontrado una pareja a la que aman de esa manera. Por otro lado, la mujer casada puede pasar erróneamente gran parte del tiempo viendo lo que le falta a su marido, mientras observa las características positivas de los maridos de sus amigas. Es un juego peligroso comparar nuestro matrimonio con los de otros o creer que nuestro futuro matrimonio nos traerá todo lo que deseamos en una relación. Solo vemos la superficie de las relaciones de las personas. Todo matrimonio tiene sus fortalezas y debilidades, al igual que todas las personas. Necesitamos reconocer que, si bien tenemos el anhelo bueno de casarnos, nuestros ojos pueden llevarnos a creer que vale la pena hacer cualquier cosa o casarnos con cualquier persona para encontrar la relación de nuestros sueños.

Todo matrimonio tiene sus fortalezas y
debilidades, al igual que todas las personas.

A menudo dejamos de mirar lo que queremos tener en una relación y, en cambio, nos concentramos en qué necesitamos *convertirnos* para poder casarnos. Si bien esto puede parecer algo bueno, es fácil tratar de emular los rasgos incorrectos. Al mirar al mundo que nos rodea, vemos que los hombres admiran a las mujeres hermosas. En nuestra búsqueda de ser amadas, nos hemos convertido en una sociedad de mujeres que persiguen la belleza. Vemos ropa, membresías en gimnasios, una nueva dieta de moda, un par de zapatos, un nuevo corte de cabello o algún otro régimen de belleza y creemos que, si podemos volvernos hermosas, seremos deseables. También perseguimos el éxito, competencia profesional, aprobación y estabilidad financiera para agregar a nuestra lista de cualidades atractivas. Nuestros ojos nos permiten ver tanto lo que queremos tener, así como también la mujer en que necesitamos convertirnos para poder encontrar plenitud relacional. Si no evaluamos lo que vemos a la luz de la verdad de la Palabra de Dios, rápidamente comenzaremos a codiciar una relación.

Codiciamos: un cónyuge

Nuestro buen deseo de tener una relación puede fácilmente convertirse en codicia cuando creemos en las promesas del matrimonio por encima de las promesas de Dios. Para empezar, veremos cómo puede surgir la codicia en el corazón de las solteras. Este grupo incluye a las mujeres que nunca se han casado, así como a las viudas o divorciadas. Cada una de estas mujeres experimenta diferentes anhelos. La mujer que nunca se ha casado puede preguntarse si alguna vez podrá experimentar la felicidad de una relación amorosa y comprometida. La viuda puede luchar con profundos anhelos y soledad mientras extraña a su cónyuge. La mujer divorciada puede experimentar la misma soledad y los anhelos de la viuda, pero también puede experimentar celos y sentimientos de fracaso al pensar en su exmarido. Todos estos deseos, si los llevamos al Señor y se los confiamos a Él, son normales y no necesariamente codiciosos. Sin embargo, hay cuatro señales que revelan cuándo nuestro anhelo se ha vuelto codicioso.

En primer lugar, la mujer soltera puede saber que está codiciando una relación cuando no cumple los mandamientos de las Escrituras. Pablo exhorta a los de Corinto: "Huid de la fornicación. Cualquier otro pecado que el hombre cometa, está fuera del cuerpo; mas el que fornica, contra su propio cuerpo peca" (1 Corintios 6:18). Si una mujer soltera tiene intimidad sexual fuera del pacto matrimonial, entonces su deseo de una relación es de naturaleza codiciosa.

En segundo lugar, si ha puesto su afecto en un hombre casado, entonces está codiciando. Si te sientes atraída por un hombre casado de tu trabajo o tu iglesia, debes apagar ese deseo. Es codicioso que malgastes tus energías mentales en pensar en él o tratar de conocerlo mejor. No es impropio animar o entablar amistad con un hombre casado como nuestro hermano en Cristo, pero está mal tener afecto por él en un tono romántico.

Otra señal de que los deseos se han vuelto codiciosos es cómo nos relacionamos con las amigas que están casadas o comprometidas. Si no puedes gozarte cuando una amiga se compromete o cuando asistes a la boda de una amiga, lo más probable es que tu deseo de una relación haya adquirido un tono de resentimiento. Si no puedes permanecer cerca de tus amigas casadas por el solo hecho de que tienen un cónyuge, este aislamiento demuestra una tendencia que, por lo general, es resultado de la codicia. O quizás sigues siendo amiga de ellas, pero en tu interior sientes poca compasión por ellas cuando están atravesando una dificultad ya que tienen un marido, lo único que tú deseas. El deseo codicioso de una relación afecta en gran medida nuestra capacidad de amar a los demás.

Por último, una señal segura de codicia relacional es que comenzamos a creer que estaríamos felices y contentas si pudiéramos casarnos. Si estás culpando a muchos de tus problemas por la falta de un marido, es señal de un problema en tu corazón. Pienso en eso como cuando tenemos un problema y suspiramos "*ojalá*". *Ojalá* tuviera un esposo, no tendría que lidiar con este problema de vivienda. *Ojalá* tuviera un marido, no tendría que cortar el césped. *Ojalá* tuviera un esposo, tendría a alguien que me ayudaría con mi coche. *Ojalá* tuviera un marido, tendría a alguien con quien disfrutar de esta hermosa puesta de sol. Culpamos de nuestro descontento a nuestra soltería y nos sumimos en una espiral descendente de tristeza, sin poder gozarnos en las cosas buenas que Dios nos ha dado.

Las mujeres casadas también pueden codiciar una relación. Obviamente, la intimidad sexual con alguien que no sea el cónyuge es el resultado de deseos pecaminosos. También es codicioso que una mujer casada tenga una profunda intimidad emocional con cualquier hombre que no sea su esposo. Una vez más, podemos tener amistades con hombres que trabajan con nosotras o que conocemos de la iglesia, pero debemos ser emocionalmente cautelosas en nuestra amistad con ellos. Nuestro cónyuge debe ser nuestro amigo y confidente más cercano. Si cualquier otro hombre se convierte en la persona con quien compartimos nuestra vida de forma regular, aunque la relación no sea de naturaleza física, aun así puede ser codiciosa.

Otra forma en que las mujeres casadas deben controlar sus deseos es tener cuidado de comparar a su marido con el de su amiga. Quizás el marido de una amiga sea excelente para planificar citas especiales. O el marido de otra amiga ora con ella y es un buen líder espiritual. O el marido de otra amiga tiene altos ingresos y puede ofrecer lujos a su familia. Podemos comenzar a fijarnos y pensar en todas las cualidades de otros maridos y volvernos insensibles a todas las cosas que originalmente nos encantó de nuestro esposo. Las mujeres casadas también pueden sufrir este problema y suspirar "*ojalá*". *Ojalá* mi esposo pudiera arreglar las cosas de la casa, entonces mi vida sería mucho más fácil. *Ojalá* mi esposo pudiera conseguir un trabajo mejor. *Ojalá* mi esposo pudiera ayudarme más en la casa. *Ojalá* mi esposo participara más de la crianza de los niños. *Ojalá* mi esposo no viajara tanto. Las mujeres casadas juegan al mismo juego del "ojalá" y tejen una red de descontento. Si culpamos de nuestra falta de gozo a las fallas de nuestro esposo, es una señal segura de que ha crecido codicia en nuestro corazón.

Codiciamos: belleza terrenal

A medida que codiciamos una relación, es fácil caer en la trampa de codiciar un aspecto particular de llamar la atención de los hombres: la belleza. Nuestros anhelos desmedidos por el favor de los hombres pueden estimular un deseo codicioso por la belleza terrenal. En la sección "Desear de manera correcta", hablaré de la *verdadera belleza* que debemos desear como mujeres. Por ahora, veremos varias características de la belleza terrenal. En primer lugar, la belleza terrenal surge de un deseo desmedido de ser amadas. La raíz de la belleza terrenal no es reflejar la belleza del Creador; sino, en cambio, se centra en el propio beneficio. En segundo lugar, la belleza terrenal es externa y juvenil, y se desvanece con el tiempo. En tercer lugar, dice "mírame" y seduce a los hombres en lugar de alentarlos. Es una belleza centrada en el poder y el control, más que en la humildad y el amor. Finalmente, la belleza terrenal se adora y busca la autoexaltación. El deseo codicioso de belleza tendrá principalmente estas características y puede redundar en una relación, pero lo más probable es que no sea del tipo que nuestro corazón desea en verdad. A medida que crecen nuestros deseos codiciosos de relación y belleza, finalmente tomamos de los demás.

Tomamos

Cuando codiciamos una relación, tomamos de distintas formas. Tomamos gozo de las amigas que les va bien en su relación al no gozarnos con ellas. Tomamos de la manera en que podríamos usar nuestra soltería para la gloria de Dios al intentar egoístamente llenar nuestra vida con nuestros propios placeres. Tomamos de la pureza cuando nos vestimos con prendas reveladoras e intentamos atraer a los hombres con nuestro cuerpo en lugar de hacerlo con nuestro espíritu. Tomamos de la reputación de nuestro esposo cuando nos quejamos de él y lo comparamos con los demás hombres. Tomamos horas que podríamos haber invertido en desarrollar una relación con el Señor para perseguir relaciones con los hombres. Tomamos de los matrimonios cuando coqueteamos con hombres casados y les permitimos acceder fácilmente a una relación emocional con nosotras. Tomamos tiempo y energía de nuestro esposo cuando esperamos que satisfaga todos nuestros deseos relacionales. Tomamos y tomamos y tomamos y nunca sentimos la plenitud que deseamos de una relación.

Nos escondemos

Nuestra codicia y lo que hemos tomado nos llevarán a escondernos, incluso de nosotras mismas. Ocultamos la relación emocional inapropiada bajo la creencia errónea de que "no es una relación física, así que no lastima a nadie". Ocultamos nuestras quejas sobre nuestro esposo bajo peticiones de oración. Ocultamos nuestra insatisfacción con la soltería cuando buscamos placer o nos enorgullecemos de no ser como esa "mujer desesperada". Ocultamos la pecaminosidad de nuestra manera inapropiada de vestirnos con la excusa de que "todas se visten así". Nos escondemos porque no queremos sentir el dolor de nuestra soledad, ni afrontar la realidad de que ninguna relación terrenal puede satisfacer realmente nuestros deseos. Tampoco queremos enfrentar el hecho de que algunas de las consecuencias que soportamos son el resultado directo de nuestras propias decisiones.

Pagamos las consecuencias

Así como David sufrió las consecuencias de sus acciones codiciosas, nosotras también sufrimos por desviarnos de los buenos caminos de Dios para nuestra vida relacional. Sufrimos corazones rotos y otras cicatrices emocionales por entablar relaciones con hombres que deberíamos haber evitado. Sufrimos todo tipo de consecuencias de una conducta sexual inapropiada: ETS (enfermedades de transmisión sexual), abortos, sentimientos de indignidad, divorcio, aridez espiritual y la dificultad creciente de huir de una mayor inmoralidad sexual. Sufrimos consecuencias en las amistades porque la amargura nos dificulta acercarnos y perdemos amigas. Nuestra relación con el Señor puede sufrir si nos distanciamos de Él debido a nuestra ira y resentimiento. De esa manera, nos alejamos de la gracia que podría ser nuestra. Solo cuando comenzamos a buscar al Señor en nuestra relación con un hombre podemos encontrar satisfacción en esta.

Cómo adoptar un nuevo patrón

Buscar al Señor

Si queremos encontrar contentamiento en nuestras relaciones, entonces debemos comenzar por desarrollar y profundizar nuestra relación con el Señor. Como C. S. Lewis afirma sabiamente:

> Cuando haya aprendido a amar a Dios mejor que a mis seres queridos, podré amar a mis seres queridos más que ahora. En la medida en que ame a mis seres queridos a expensas de Dios y en lugar de Dios, estaré yendo hacia un estado en que no amaré en absoluto a mis seres queridos. Cuando las cosas importantes se ponen en primer lugar, las cosas secundarias no se suprimen, sino que aumentan.[4]

---

4. C. S. Lewis, *The Collected Letters of C. S. Lewis*, vol. III (Nueva York: Harper-Collins, 2007).

Si queremos amar como es debido a nuestro marido en el matrimonio o anhelar de manera correcta a un marido durante la soltería, debemos centrar nuestra atención en nuestra relación con el Señor. Debemos reconocer desde el principio que, si pertenecemos a Cristo, ya somos parte del romance más verdadero de toda la historia. Cualquier otro romance que se haya experimentado o sobre el que se haya escrito es solo una sombra de la historia de amor más grande y maravillosa de Cristo y su Iglesia. El libro de Apocalipsis y toda la historia de la tierra termina con una boda. Toda la belleza y la alegría que acompañan a nuestras bodas terrenales encontrarán plenitud y satisfacción en *esa* boda. Los que formamos parte de la Iglesia somos la Novia de Cristo, que espera el día en que escuchemos: "Gocémonos y alegrémonos y démosle gloria; porque han llegado las bodas del Cordero, y su esposa se ha preparado. Y a ella se le ha concedido que se vista de lino fino, limpio y resplandeciente" (Apocalipsis 19:7-8). Si queremos buscar al Señor con respecto a nuestros deseos relacionales en la tierra, primero debemos creer dos verdades importantes sobre la relación de Cristo con su Iglesia.

La primera verdad se refiere a la búsqueda de Dios por venir a nuestro encuentro. Las Escrituras hablan de la creación y búsqueda de Dios de un pueblo a quien amar y atesorar. Sin embargo, quiero tomarme un momento para ver un intercambio específico que contrasta nuestro deseo terrenal de relación con nuestra relación con Dios. En su Evangelio, Juan registra la historia del momento cuando Jesús habla con una mujer samaritana que conoció mientras estaba junto a un pozo. Ella fue a sacar agua y Jesús conversó con ella. Este solo hecho la sorprendió porque ella era samaritana y los judíos no se relacionaban con ellos. Ella se sorprende aún más cuando Él le dice: "Cualquiera que bebiere de esta agua, volverá a tener sed; mas el que bebiere del agua que yo le daré, no tendrá sed jamás; sino que el agua que yo le daré será en él una fuente de agua que salte para vida eterna" (Juan 4:13-14). A esto ella respondió: "Señor, dame esa agua, para que no tenga yo sed" (Juan 4:15). Entonces Jesús le pidió que fuera a llamar a su marido. Cuando ella respondió que no tenía marido, Jesús afirmó que tenía razón y dijo: "porque cinco maridos has tenido, y el que ahora tienes no es tu marido; esto has dicho con verdad" (Juan 4:18). Su declaración permite a la lectora ver las luchas relacionales de esta mujer. Tal vez haya enviudado o se haya divorciado varias veces y ahora vivía con un hombre con el que no estaba casada. Sin duda, su vida había experimentado un profundo quebrantamiento y dolor. Así como regresaba una y otra vez a ese pozo en busca de agua sin encontrar verdadera satisfacción, había tenido una relación tras otra con hombres y nunca había encontrado contentamiento.

Sin embargo, una vez que se encuentra con Jesús, todo cambia en su vida. Deja su cántaro de agua, regresa a la ciudad y cuenta a otros acerca de Jesús. Ella, que había estado vacía, ahora se convirtió en "una fuente de agua que [salta] para vida eterna". De hecho, muchos de los samaritanos de ese pueblo creyeron en Jesús por su testimonio. Su relación con Jesús dio vida a todas sus otras relaciones. Jesús fue en su búsqueda y habló con ella a pesar de que era mujer, samaritana y vivía con un hombre que no era su marido. Si queremos encontrar contentamiento, debemos creer que la búsqueda de Cristo de cada una de nosotras para que tengamos una relación con Él es la fuente de todas nuestras otras relaciones. También debemos tener la esperanza de que ninguna persona es demasiado pecadora para que Dios no vaya a su encuentro o demasiado quebrantada para que su amor no la sane.

Si buscamos recibir de los demás lo que solo deberíamos recibir de Cristo, experimentaremos fracaso y frustración en nuestras relaciones matrimoniales y de noviazgo.

La segunda verdad que debemos creer es que hemos recibido el amor más inimaginable. Jesús dijo a sus discípulos: "Nadie tiene mayor amor que este, que uno ponga su vida por sus amigos" (Juan 15:13). Si eres cristiana (soltera, casada, viuda o divorciada) debes comprender que la historia de amor más importante de tu vida comenzó cuando creíste en Cristo. Nuestros deseos codiciosos de una relación muestran que nuestro corazón se ha enfriado y ha dejado nuestro primer amor. El ángel que hablaba a la iglesia de Éfeso advirtió: "Pero tengo contra ti, que has dejado tu primer amor. Recuerda, por tanto, de dónde has caído, y arrepiéntete, y haz las primeras obras; pues si no, vendré pronto a ti, y quitaré tu candelero de su lugar, si no te hubieres arrepentido" (Apocalipsis 2:4-5). Lo primero que hicimos cuando vinimos a Cristo fue *creer* en Él. Avivamos la llama de nuestra fe en Cristo al vivir en una relación diaria con Él. Venimos a Cristo, al beber de la fuente de agua viva, para que podamos tener vida en todas nuestras relaciones. Si buscamos recibir de los demás lo que solo deberíamos recibir de Cristo, experimentaremos fracaso y frustración en nuestras relaciones matrimoniales y de noviazgo.

Permíteme decirte también que, si bien encontramos nuestro más grande amor y aceptación en Jesús, este hecho no siempre cambia las dolorosas circunstancias que enfrentamos en nuestra vida de casadas o solteras. Las mujeres que aman profundamente a Jesús aun así experimentan el dolor del divorcio, el adulterio, la pérdida y la soledad. Sin embargo, el Salmo 68 declara con gozo: "Padre de huérfanos y defensor de viudas es Dios en su santa morada. Dios hace habitar en familia a los desamparados" (Salmos 68:5-6). Si te sientes sola, ora para que Dios te dé una familia donde puedas encontrar amor, apoyo y compañía. Si tienes una familia, intenta incluir a aquellos que pueden sentirse solos en tu familia. A medida que profundizamos nuestro amor por el Señor, recibimos el consuelo de su gran amor por nosotras en medio de las circunstancias difíciles que podemos enfrentar. La dolorosa ruptura de las relaciones terrenales inestables no nos abruma porque tenemos una relación que nada puede separar. Como escribe Pablo: "Por lo cual estoy seguro de que ni la muerte, ni la vida, ni ángeles, ni principados, ni potestades, ni lo presente, ni lo por venir, ni lo alto, ni lo profundo, ni ninguna otra cosa creada nos podrá separar del amor de Dios, que es en Cristo Jesús Señor nuestro" (Romanos 8:38-39). Ninguna relación terrenal puede hacer semejante promesa. En cambio, debemos recordar la profundidad del amor de Dios por nosotros y pasar tiempo en su Palabra para conocerlo y presentarle nuestros deseos en oración.

Desear de manera correcta

Si queremos luchar contra nuestra tendencia a codiciar una relación amorosa, debemos comenzar por desear de manera correcta. Hacerlo comienza con un mayor deseo de conocer al Señor y tener una relación cada vez más profunda con Él. A partir de ese deseo inicial, desarrollaremos un verdadero deseo de belleza. Este proceso implica crecer en el deseo de la *verdadera belleza* y despojarnos de nuestros deseos de belleza terrenal. A continuación, contrastaremos estos dos tipos de belleza y veremos lo que la Biblia enseña sobre cómo convertirse en una mujer hermosa.

En primer lugar, señala Proverbios: "Engañosa es la gracia, y vana la hermosura; la mujer que teme a Jehová, esa será alabada" (Proverbios 31:30). Mientras que la belleza terrenal comienza con el deseo desmedido de ser amada, la verdadera belleza comienza con el temor del Señor. El respeto sincero por el Señor trae una admiración duradera, mientras que el encanto y la belleza externos no resisten las etapas de la vida.

En segundo lugar, la belleza terrenal es externa, juvenil y se desvanece, mientras que la verdadera belleza es interna y no se desvanece. Pedro dice a las mujeres: "Vuestro atavío no sea el externo de peinados ostentosos, de adornos de oro o de vestidos lujosos, sino el interno, el del corazón, en el incorruptible ornato de un espíritu afable y apacible, que es de grande estima delante de Dios" (1 Pedro 3:3-4). Mi amiga Connice ejemplifica este versículo. Tiene ropa elegante, a menudo usa bonitas joyas y sabe cómo combinar bien su atuendo. Sin embargo, su belleza no proviene de su atavío externo. En cambio, refleja el amor de Cristo a través de la calidez de su sonrisa y su gentileza hacia los demás. En su sabiduría y piedad, irradia una belleza inmarcesible.

Este tipo de belleza a menudo brilla más cuando ya ha pasado nuestra juventud externa. El año pasado conocí a una mujer que tenía poco más de setenta años (aunque creo que solo admitió tener sesenta y nueve). Mientras me contaba algunas historias sobre su vida, me sorprendió escuchar las luchas y dificultades que había sufrido. Las pruebas de sus circunstancias no coincidían con la alegría y la belleza que irradiaba su espíritu manso y apacible. Lejos de sentirse agobiada por las cargas de la vida, parecía estar fortalecida en su espíritu. La suya era una belleza que brillaba y no estaba opacada por una piel arrugada ni un cabello lleno de canas. Si bien la belleza terrenal requiere cirugía y cremas que finalmente no preservarán la juventud, ella exhibía una belleza inmarcesible que fluía de su profundo amor por el Señor.

En lugar de desear que otros se sientan atraídos a nosotras, debemos desear que nuestra vida y nuestras acciones atraigan a otros a Jesús.

En tercer lugar, mientras que la belleza terrenal nos dice de manera seductora: "Venid a mí", la verdadera belleza nos anima: "Venid a Cristo". Pablo habla de esto cuando recuerda a los romanos: "¡Cuán hermosos son los pies de los que anuncian la paz, de los que anuncian buenas nuevas!" (Romanos 10:15). En lugar de desear que otros se sientan atraídos a nosotras, debemos desear que nuestra vida y nuestras acciones atraigan a otros a Jesús. Nuestra esperanza debe ser vivir de tal manera que resplandezca su amor y bondad y que nuestras palabras testifiquen del evangelio a quienes nos rodean. Las faldas cortas y las blusas escotadas pueden atraer a los hombres, pero la verdadera belleza los anima a conocer al Señor.

Por último, la belleza terrenal se adora a sí misma, mientras que la verdadera belleza adora a Cristo. Cuando María se acercó a Jesús para prepararlo para su sepultura, derramó un perfume costoso sobre su cabeza y le secó los pies con el cabello. Jesús hizo callar la dura reprimenda de los discípulos y les dijo: "¿Por qué molestáis a esta mujer? pues ha hecho conmigo una buena obra" (Mateo 26:10). Aquí, en esta historia, tenemos una imagen de belleza: una mujer que trae todo lo que tiene y se inclina con humildad para adorar a

Jesús. Se enfrentó a la reprimenda y la vergüenza, pero su amor y afecto por Él fue mayor que su miedo a la opinión de los demás. Si queremos ser hermosas, comencemos por adorar al Señor. Cuando eso se convierta en nuestro deseo, llegará la belleza.

Dar con generosidad

Si buscamos al Señor y deseamos de manera correcta en nuestras relaciones, comenzaremos a convertirnos en mujeres que dan con generosidad. Una mujer codiciosa busca su propio beneficio en su relación con los hombres. Sin embargo, una mujer que está llena del amor del Señor puede dar a los demás. Puede animar a los matrimonios de su iglesia y gozarse cuando les va bien. Puede perdonar a un cónyuge que la ha agraviado porque sabe cuánto la han perdonado. Puede optar por hablar bien de su exmarido a sus hijos, aunque él pueda hablar mal de ella. Puede animar a los hombres como hermanos en la fe, en lugar de seducirlos con sus coqueteos. Sirve a su marido con amor y no se fija en sus faltas ni las menciona delante de los demás. Sobre todo, le da toda la gloria y honra a Dios, llena de gratitud en su relación con Él.

Confesar con toda confianza

Todas tendremos etapas difíciles en nuestro deseo del amor y el afecto de un cónyuge. Ya sea que estemos solteras o casadas, podemos sentirnos abrumadas por la soledad y la desesperanza. La mujer soltera puede creer que la vida se le pasa mientras atraviesa sus días sola. La mujer casada puede sentir que estar sola sería mejor que el aislamiento emocional que siente de su cónyuge. O el deseo puede crecer hacia alguien fuera del plan de Dios para su vida. La mujer soltera o casada puede sentirse atraída por alguien que ya está casado. Si te sientes abrumada por la soledad o por deseos pecaminosos hacia alguien que no es tu cónyuge, busca a una amiga en quien confíes para que te ayude en tu lucha. Confiésate con la certeza de que no estás sola en tu lucha. Santiago nos da la esperanza de que "la oración eficaz del justo puede mucho" (Santiago 5:16).

Quiero cerrar este capítulo con dos historias de amigas mías que han luchado con deseos relacionales desmedidos o culpables.

He cambiado sus nombres para poder contar libremente su historia con sus propias palabras. Si, después de leer sus relatos, te ves reflejada en ellas, tómate un tiempo para buscar ayuda. La confesión es el primer paso en el camino hacia la sanidad.

La historia de Sara, una amiga soltera

Me convertí y llegué a la fe en Cristo al principio de mis años universitarios, y con mi fe surgió una profunda convicción sobre las relaciones físicas con los hombres. Por mi experiencia al salir con muchachos en la escuela secundaria, supe la gran tentación que conlleva incluso la más mínima intimidad, así que evité este pecado con diligencia. Cuando llegué a los veintitantos años y seguía soltera, comencé a dudar de la importancia de la pureza física. ¿Era tan importante? En retrospectiva, me he dado cuenta de que esta duda provenía de una duda mucho mayor, que las promesas de Dios son verdad y que sus planes son para nuestro bien.

Comencé una relación de noviazgo seria que rápidamente se volvió muy física. Sabía que no debía tener sexo, pero todo en mí quería hacerlo. Pensé que había esperado lo suficiente, así que comenzamos a tener relaciones sexuales. El sexo fuera del matrimonio resulta estimulante física y emocionalmente. No pensaba casarme con él, pero me encantaba la intimidad de nuestra relación.

Cortamos nuestra relación y pronto empecé a salir y a tener sexo con otro muchacho. Una vez más el sexo era una emoción física y emocional para mí. Aproximadamente dos semanas después que comenzamos a tener relaciones sexuales, supe que algo andaba muy mal conmigo. Después de mucho dolor físico, angustia emocional e incontables lágrimas, mi médico me diagnosticó herpes, una de las pocas ETS (enfermedad de transmisión sexual) que es incurable. Nunca me había sentido tan sucia y despreciable.

Como puedes imaginar, este diagnóstico me afectó mucho. Lo difícil no fue solo que me diagnosticaran una ETS, sino enfrentar la realidad de las decisiones que había tomado en el último año. Había pecado de una manera que lastimó mi cuerpo y, aún más, de una manera que lastimó mi alma. Mi relación con Dios ha sufrido tremendamente. Todavía me cuesta creer que sus reglas son para nuestro bien y para nuestra protección, a pesar de que he visto de primera mano las consecuencias que trae quebrantar sus reglas. Aunque conozco la teología de la gracia, siento que la gracia no está disponible para mí. Estoy muy avergonzada de tener una ETS y tengo terror de salir con cualquier hombre piadoso por temor a que me rechace por lo que hice en el pasado. Además, me ha costado mucho dejar de tener relaciones sexuales con el muchacho del que contraje el herpes. Sé que parece una locura, pero él conoce mi secreto más feo, así que con él no temo al rechazo. También he probado el placer del sexo y me ha resultado difícil rechazar este placer cuando se presenta la oportunidad.

¿Dónde está la redención en esta historia? Todavía estoy esperando y lucho contra el quebrantamiento, la culpa, la vergüenza y el apetito por el pecado. Sé que estoy perdiendo la alegría que tenía antes de todo esto, una alegría que quiero volver a tener, pero que siento muy lejana. Supongo que una parte de la redención es la gracia que se me ha demostrado en todo este proceso a través de la labor de una médica sumamente compasiva, que ha ido más allá de sus deberes para cuidarme como paciente. Dios también ha proporcionado amigas (nuevas y antiguas) que, a pesar de mi rebelión externa e interna, me han amado y me han dicho la verdad. Aun así, espero que haya más para mí.

La historia de Margarita, una amiga casada

Nunca pensé que tendría problemas con deseos relacionales fuera del matrimonio. ¡Soy demasiado seguidora de las reglas para eso! Entonces, ¿cómo empecé a sentirme lentamente atraída a un hombre que no era mi esposo? La Biblia dice que sucede así: "cada uno es tentado cuando sus propios malos deseos lo arrastran y seducen. Luego, cuando el deseo ha concebido, engendra el pecado; y el pecado, una vez que ha sido consumado, da a luz la muerte" (Santiago 1:14-15, NVI).

En mi caso, sucedió exactamente eso. Mi propio deseo malo se manifestó en querer un esposo que cumpliera con requisitos específicos que creía necesarios, en lugar de estar contenta y agradecida por el que Dios me dio. Ayudar a limpiar después de la cena, acostar a los niños, sacar la basura, amarme bien. Si bien esos deseos no eran malos en sí mismos, rápidamente se volvieron pecaminosos cuando vi que otro hombre los cumplía mejor que mi esposo. Su ofrecimiento de limpiar después de la cena, jugar con los niños y mostrar gratitud por una buena comida se veía muy bien. Así comenzó un creciente descontento en mi matrimonio. Cada día veía otra característica negativa en mi esposo, mientras que cada encuentro con el otro hombre me hacía ver otra característica positiva en él. Sin duda, estaba siendo arrastrada y atraída. Comencé a pensar cada vez más en cómo sería mi vida con él. ¿Y si algo le sucediera a mi esposo? Quizás eso no sería tan malo. ¡Guau! ¿Eso se me pasó por la cabeza? ¡Ahora salté del séptimo mandamiento al sexto! Esos deseos estaban siendo concebidos y dando a luz el pecado. Y ese pecado crecería y daría a luz a la muerte. ¡Debía tratar con esas emociones rápidamente!

Aunque identifiqué el problema al instante y di el paso de arrepentirme, no fue tan fácil como pensé. Si bien no me dejé llevar por mis sentimientos, aun así, estaban presentes. Parecía que no importaba cuánto tratara de no pensar en él, lo seguía haciendo. Le había dado al diablo un punto de apoyo y no se daría por vencido rápidamente. Seguí así varios meses e hice todos los esfuerzos posibles para olvidarme de él. Lamentablemente, este no sería un pecado sin consecuencias.

Entonces, ¿cómo salí de eso? Ya me había confesado al Señor y le había pedido perdón, pero ahora sentía una fuerte necesidad de confesar este pecado a otra persona. ¿Pero a quién? Dado que se trataba de mi esposo, decidí que tenía que decírselo. ¡Esa fue una conversación muy difícil! Dios me mostró su misericordia en ese encuentro y ha continuado mostrándome su amor a través de mi esposo. Me perdonó y eligió compartir mi lucha en lugar de huir. He visto de primera mano que "si alguno prevaleciere contra uno, dos le resistirán; y cordón de tres dobleces no se rompe pronto" (Eclesiastés 4:12).

Lo que he aprendido es que en realidad soy una adúltera de corazón. Soy infiel hasta la médula. Mi infidelidad proviene de la falta de contentamiento en lo que Dios me ha dado. Y seguiré así a menos que Dios me cambie y me dé un corazón agradecido y de absoluta confianza en el Señor, que me ha dado todas las cosas que necesito para ser más semejante a Él.

Conclusión: La gracia de Dios es suficiente

A partir de estos ejemplos, espero que veas la profundidad de dolor que pueden provocar nuestros deseos relacionales cuando se vuelven codiciosos. También espero que recuerdes que la gracia de Cristo es suficiente para rescatar a cada una de nosotras tanto del castigo como del poder de estos deseos en nuestras vidas. Al confesarnos unas a otras y buscar al Señor en oración en todas nuestras relaciones, comenzaremos a amar a los demás de una manera que los honre y los aliente. Seguiremos viendo este profundo anhelo de relaciones en el próximo capítulo donde abordaremos el efecto que nuestros deseos pueden tener en nuestras relaciones con nuestras amistades y familiares.

Preguntas para la reflexión personal y grupal

1. ¿Cómo ves el deseo de tener relaciones amorosas en el mundo de hoy? ¿Cuáles son las señales de que a menudo estos deseos se han vuelto desmedidos o culpables en nuestra sociedad?

2. Lee 2 Samuel 11:1–12:14. ¿Cómo ves la progresión de "ver, codiciar, tomar y esconder" en este pasaje?

3. ¿Qué consecuencias sufre David? ¿De qué manera Dios le muestra misericordia también?

4. David había pasado años de adversidad bajo la persecución y amenaza de Saúl. Sin embargo, su momento de mayor pecado fue en la prosperidad. ¿Cómo puede la prosperidad ser a menudo un tiempo de gran tentación?

5. ¿Cómo codician las relaciones amorosas tanto las mujeres solteras como las casadas? ¿Cómo nos comparamos y nos quejamos en nuestra propia situación? ¿Cómo se siente tentada cada persona a jugar al juego del "ojalá"?

6. Lee 1 Corintios 6:18. ¿Por qué la inmoralidad sexual es particularmente precaria? ¿De qué manera vemos el sufrimiento como resultado de la inmoralidad sexual?

7. ¿Cómo codiciamos la belleza? ¿Cuáles son las formas específicas en que las mujeres de hoy persiguen la belleza a cualquier precio? ¿Cómo se filtra en la iglesia este deseo de belleza terrenal?

8. Lee Proverbios 31:30, 1 Pedro 3:3-4, Romanos 10:15 y Mateo 26:10. ¿En qué se diferencia la descripción bíblica de belleza de la imagen terrenal de belleza?

9. ¿Cómo es que la codicia de las relaciones amorosas y la belleza nos hace tomar de quienes nos rodean? ¿Cómo escondemos nuestros deseos egoístas?

10. Lee Juan 4:7-28, 39. ¿Cómo sabemos que esta mujer había experimentado la dolorosa ruptura de relaciones en su vida? ¿Cómo crees que su relación con Jesús cambió su vida y sus relaciones? ¿Cómo crees que tu relación con Jesús ha cambiado tus relaciones?

11. Lee Romanos 8:38-39. ¿Por qué nuestra relación con Jesús es nuestra única relación segura? ¿De qué manera podemos cultivar y profundizar esta relación?

7 La codicia en la familia y las amistades

No cabe duda de que este apego posesivo a las cosas es uno de los hábitos más dañinos de la vida. Hábito que, por ser tan natural, pasa muchas veces desapercibido; pero sus resultados son trágicos. Con demasiada frecuencia nos negamos a entregar nuestros tesoros al Señor por temor a perderlos; especialmente cuando esos tesoros son familiares y amigos amados. Sin embargo, no tenemos razón para abrigar tales temores. Nuestro Señor no vino a destruir, sino a salvar. Todo lo que encomendamos a Él está seguro. Y la verdad es que nada está realmente seguro si no lo encomendamos a Él.

A. W. Tozer

———

The Pursuit of God (Camp Hill: Christian
Publications, 1982), pp. 27-28.

7

La codicia en la familia y las amistades

La historia de José

Al pensar en las amistades a lo largo de mi infancia, puedo recordar claramente cómo definíamos la amistad. Hacíamos pulseras o broches de la amistad y nos los regalábamos unas a otras. Teníamos cuadernos secretos, cuya portada decorábamos con recortes de revistas, y los usábamos para escribir notas entre nosotras durante la clase. Formábamos clubes de barrio y pasábamos horas en el bosque pensando en nombres y construyendo fuertes. Cuando una amiga se volvía particularmente cercana, nos declarábamos como "mejores amigas" y sellábamos nuestro compromiso mutuo con collares de un corazón partido. La mitad del corazón pertenecía a cada mejor amiga, con su nombre grabado en tu mitad y tu nombre grabado en la mitad de ella. Cada niña usaba su collar mientras experimentaba la alegría de tener y ser la mejor amiga de la otra. Cuando pienso en todas las demostraciones externas de afecto de nuestra niñez, es evidente que solo mostraban nuestro deseo interno de pertenecer. Incluso a tan temprana edad, somos conscientes de que necesitamos a otras personas en nuestras vidas. También es evidente que es fácil que ese deseo se convierta en codicia.

Cuando estaba en la escuela primaria, tenía una buena amiga llamada Marta. Vivía al final de la calle y, muchas veces, jugábamos juntas por las tardes. En algún momento, descubrí que tenía otra amiga llamada Karla de otro vecindario a quien consideraba su "mejor amiga". Enterarme de que Karla era su mejor amiga me dejó de inmediato un sabor amargo en la boca. Me convencí de que no le agradaba a Karla, y estaba bastante segura de que en realidad no me agradaba Karla. A pesar del hecho de que apenas conocía a Karla, mi propio deseo de ser la mejor amiga de Marta me llevó a desconfiar de Karla y a rechazar la idea de desarrollar una amistad con ella.

Estos patrones de codicia pueden acompañarnos fácilmente hasta la adolescencia y a lo largo de nuestra amistad con otras mujeres y nuestra familia. Una de mis queridas amigas, Tracy, venía de una difícil situación familiar que siempre la llevaba a anhelar una figura materna en su vida. Después de la trágica muerte de su padre, la necesidad fue aún más pronunciada. El Señor le dio fielmente una mentora llamada Susan para que la acompañara y le brindara una maternidad espiritual. Sin embargo, al principio de su relación, Tracy sentía cada vez más celos cuando Susan asesoraba a otras mujeres. En el fondo de sus pensamientos persistían ciertas preguntas: "¿Tiene suficiente amor para todas?", "¿Se olvidará de mí?". A veces le costaba ser amiga de estas otras mujeres porque tenía miedo de perder el amor maternal que deseaba de Susan. En lugar de confiar en la provisión del Señor, comenzó a apegarse a esa relación.

En este capítulo, pasaremos del deseo de una relación amorosa a explorar nuestro deseo relacional en lo que se refiere a nuestras amistades y familias. Estos deseos, potencialmente codiciosos, se presentan de diversas formas. Algunas mujeres experimentan dolorosos anhelos insatisfechos dentro de sus propias familias. Si estos deseos no se cumplen en una relación cada vez más profunda con Cristo, entonces, con el tiempo, el descontento y la amargura se alojarán en su corazón, lo que provocará más quebrantamiento en sus relaciones familiares. Otras juegan al juego de la comparación en las amistades donde siempre tratan de encontrar significado y tener significado en la vida de otras personas. Esta fuente incorrecta de identidad las lleva a sentirse amenazadas cuando sus amigas desarrollan nuevas amistades o toman decisiones diferentes a las suyas.

Si queremos escapar de estos dramas relacionales, debemos comprender que puede haber verdadera libertad y salud en nuestras relaciones a medida que profundizamos nuestra relación con el Señor. Finalmente, mi amiga Tracy experimentó tal libertad con Susan y ha podido animarla a invertir tiempo en la vida de otras mujeres. La ironía de mi historia de la escuela primaria, que incluye a Marta y Karla, es que finalmente, en la escuela secundaria, Marta se mudó. Karla y yo nos conocimos y en la escuela secundaria dirigimos un estudio bíblico juntas todas las semanas en su casa. Asistimos a la universidad juntas y pasamos a ser damas de honor en las bodas de cada una. Si hubiera continuado con mis antiguas inseguridades, me habría perdido el placer de disfrutar muchos años de amistad.

José y sus hermanos

A los efectos de estudiar este tipo de codicia relacional, volveremos a Génesis y daremos un vistazo a la familia de José. Su historia demuestra el quebrantamiento que puede resultar de generaciones de codicia y envidia que se transmiten dentro de una familia. También veremos las distintas formas particulares en que las mujeres a veces ponemos expectativas incorrectas en la relación con nuestras amigas y familiares. Nuestros deseos codiciosos en esta área comienzan cuando buscamos erróneamente satisfacer nuestras necesidades en estas relaciones en lugar de profundizar nuestra relación con Cristo. A la larga, esta posesividad trae consecuencias desfavorables que pueden hundirnos más en la codicia relacional. Para concluir este capítulo, veremos una vez más qué verdades acerca de Dios debemos comprender para luchar contra este patrón en nuestra vida. El crecimiento en nuestra relación con el Señor finalmente conducirá a la libertad en nuestras relaciones con los demás.

La historia de José comienza con detalle en el capítulo treinta y siete de Génesis. Sin embargo, su historia (como todas nuestras historias) en realidad comienza en generaciones anteriores a él.

José era hijo de Jacob y Raquel, y nieto de Isaac y Rebeca. Mientras estaba embarazada de gemelos, Rebeca sintió dentro de su vientre la rivalidad que, con el tiempo, conduciría al engaño y la desunión en su familia. A medida que los niños crecían, leemos que "amó Isaac a Esaú, porque comía de su caza; mas Rebeca amaba a Jacob" (Génesis 25:28). El favoritismo de los padres provocó la rivalidad entre los hijos y, finalmente, Jacob robó a Esaú tanto su primogenitura como su bendición. A cambio, la envidia de Esaú por la condición de Jacob lo llevó a conspirar para matar a su propio hermano.

Para proteger a su hijo favorito de la venganza asesina de Esaú, Rebeca envía a Jacob a vivir con su hermano Labán. Mientras Jacob vive con su tío, se enamora de la hija de Labán, Raquel. Promete trabajar siete años para poder casarse con ella. Una vez que concluyen los siete años, Labán engaña a Jacob y le entrega a su otra hija Lea para que se case con ella en lugar de Raquel. Jacob, cuyo nombre en realidad significa "el que engaña", se enfrenta a la dura realidad de ser él mismo engañado. Enfadado, se enfrenta a Labán, quien luego promete darle también a Raquel a cambio de siete años más de trabajo.

Tómate un momento para pensar en la intensa discordia relacional que resultaría del hecho de que Jacob tuviera dos esposas. Lea, sin amor y desdichada, busca darle hijos para ganarse el favor de su esposo. Por otro lado, Raquel, aunque contaba con el inmenso amor de su esposo, es estéril. Génesis 30:1 señala: "Viendo Raquel que no daba hijos a Jacob, tuvo envidia de su hermana, y decía a Jacob: Dame hijos, o si no, me muero". Cada mujer desea lo que la otra tiene y se ve envuelta en una batalla codiciosa para ganar el objeto de su deseo. A medida que la historia continúa, cada una usa a sus criadas para hacer crecer la familia y, en un momento determinado, Raquel vende una noche con su esposo a su hermana a cambio de unas plantas de mandrágora (que se cree que es un afrodisíaco que promueve la fertilidad).[1] Su historia es una situación complicada que deriva en cada vez más dolor, discordia y envidia.

---

1. *Spirit of the Reformation Study Bible* (Grand Rapids: Zondervan, 2003) notas sobre Génesis 30:14; 62.

De esta rivalidad entre hermanas, finalmente Raquel da a luz a José. Después de años de espera, Dios se acordó de Raquel y abrió su matriz. En este momento de la historia, sería fácil especular y creer que Raquel lo tiene todo. Ahora tiene el amor de su marido y un hijo; seguramente, está contenta. Sin embargo, encontramos una pista sobre el estado de su corazón del que deriva el nombre de su hijo. El nombre José significa, literalmente, "que él añada". La oración de Raquel al ponerle ese nombre es: "Que el Señor me añada otro hijo". En lugar de disfrutar lo que Dios le había dado, Raquel ya está pidiendo más. De muchas maneras, el simple grito de las personas codiciosas podría resumirse con la frase "que él añada". Una vez más, vemos que obtener lo que deseamos no produce el contentamiento que queremos. Es muy fácil ver la vida de otras personas e ignorar nuestros propios tesoros tan pronto como vemos las bendiciones de ellas. Mientras que Raquel recibió la bendición de un hijo, su hermana Lea acababa de dar a luz a su sexto hijo. Raquel no estaba contenta con tener un solo hijo; sus deseos y anhelos estaban basados en la rivalidad con su hermana. Su envidia relacional continuaría y, con el tiempo, pasaría a la siguiente generación y afectaría a cada uno de sus hijos.

En este embrollo generacional, nace José y se convierte en un hombre. La próxima vez que oímos de él, es un joven de diecisiete años que cuida los rebaños con sus hermanos. La historia cuenta que José habló mal de sus hermanos a su padre. Por lo que ocurre más adelante en la historia, podemos asumir con seguridad que José no estaba exagerando en sus palabras. También se nos cuenta que Jacob amaba a José más que a cualquiera de sus hermanos y le hizo una túnica muy elegante. A partir de ese momento podemos ver cómo se desarrolla el patrón de codicia entre los hermanos.

Vieron

En Génesis 37:4 leemos: "Y viendo sus hermanos que su padre lo amaba [a José] más que a todos sus hermanos, le aborrecían, y no podían hablarle pacíficamente". La elegante túnica representaba, para sus hermanos, solo una señal externa del cariño de su padre. La situación solo empeoró cuando José comenzó a contarles sus sueños. Los sueños de José predijeron que sus propios hermanos, e incluso sus padres, se inclinarían ante él. Si bien ya se veían forzados a observar el cariño de su padre, ahora tenían una visión de la preeminencia de su hermano menor sobre cada uno de ellos. Lo que vieron rápidamente los llevó a sentir celos por la condición de su hermano menor.

Codiciaron

Los hermanos de José estaban frente a una verdadera injusticia. Anhelaban con razón el cariño y el amor de su padre. Jacob siguió el patrón establecido por sus propios padres y perjudicó a todos sus hijos al favorecer a uno de ellos. Si bien Jacob no actuó bien, sus hijos no confiaron en Dios ante la injusticia que enfrentaban. En cambio, sus corazones se llenaron cada vez más de odio y envidia (Génesis 37:8, 11). Estaban tan amargados, que ni siquiera podían hablar con José de buena manera. Sin embargo, sus palabras desagradables fueron solo la punta del iceberg de la forma en que estos hermanos tomarían de José.

Tomaron

Un día, Jacob envió a José para que fuera a ver cómo estaban sus hermanos mientras cuidaban sus rebaños. Cuando los hermanos vieron a la distancia que venía José, planearon asesinarlo y poner fin a todos sus sueños. Rubén, el hermano mayor, intercedió y convenció a sus hermanos de no derramar la sangre de José. En cambio, los hermanos lo despojaron de su elegante túnica y lo arrojaron a una cisterna vacía. Haciendo caso omiso de los gritos de José, los hermanos se sentaron cruelmente a comer. Mientras comían, una caravana de ismaelitas pasó de camino a Egipto. Judá convenció a sus hermanos de que sería mucho mejor vender a su hermano como esclavo que matarlo como habían planeado. Para satisfacer su odio e ira, vendieron a su hermano por veinte siclos de plata. Sus deseos codiciosos los llevaron a robar de José su manto, su familia y su herencia. También le causaron un gran sufrimiento a su padre, Jacob, y en esencia demostraron el egoísmo de su amor por él. Anhelaban su amor y cariño, pero debían de conocer el dolor que causaría a su padre la pérdida de su amado hijo. Por tanto, optaron por ocultar lo que habían hecho.

Se escondieron

Los hermanos intentaron ocultar su pecado contra José y para ello tomaron su elegante túnica y la empaparon de la sangre del sacrificio de un cabrito. Se la llevaron a su padre y alegaron haberla encontrado mientras viajaban de regreso a casa. Jacob, el engañador, es nuevamente engañado y cree que un animal feroz devoró a José y lo hizo pedazos. Privado de su amado hijo, Jacob se rasga las vestiduras, se viste de cilicio, se niega a recibir consuelo de sus hijos y dice: "Descenderé enlutado a mi hijo hasta el Seol" (Génesis 37:35). Los hermanos podían ocultar su pecado a su padre, pero no podían escapar de la realidad del amor y cariño de su padre por José. Incluso en la muerte, sus deseos codiciosos no fueron satisfechos, ya que Jacob reemplazó el amor que daba a José en vida por el duelo en su muerte.

Pagaron las consecuencias

Es importante señalar que ninguno de los hermanos consiguió lo que quería. Ninguno de ellos se convirtió en el nuevo hijo predilecto (y quizás ninguno de ellos realmente quería ese rol después de ver lo que le sucedió a José). En cambio, tuvieron que vivir cada día con las consecuencias de lo que habían hecho. Al enfrentarse a diario con el sufrimiento de Jacob, se enfrentaban a la realidad de sus propias decisiones. Llegaron a creer que se merecían todos y cada uno de los sufrimientos que les sobrevinieron. Años más tarde, hubo una terrible hambruna, y el único lugar para comprar grano era Egipto. Cuando los hermanos llegaron a Egipto e intentaron comprar alimentos, el gobernador del país los acusó de ser espías. Su respuesta dice mucho sobre la culpa con la que habían vivido todos esos años, porque se decían unos a otros: "Y decían el uno al otro: Verdaderamente hemos pecado contra nuestro hermano, pues vimos la angustia de su alma cuando nos rogaba, y no le escuchamos; por eso ha venido sobre nosotros esta angustia" (Génesis 42:21).

Sin que cada uno de ellos lo supiera, el gobernador es, en realidad, su propio hermano, José, que escucha su conversación y llora. Aunque José ha llegado a ocupar un lugar prominente en Egipto, ha sufrido profundamente a lo largo de los años desde que sus hermanos lo vendieron como esclavo. En ese momento, se encuentra exactamente en la misma posición en que estuvieron sus hermanos hacía muchos años antes. Así como sus hermanos sufrieron la injusticia del favoritismo de su padre, José sufrió la gran injusticia de las acciones de sus hermanos. En ese momento, José tiene el poder de hacerles pagar a sus hermanos por todo el mal que le han hecho.

Experimentan la gracia

En cambio, José les responde como Cristo, en lugar de tomar la justicia en sus propias manos, "quien cuando le maldecían, no respondía con maldición; cuando padecía, no amenazaba, sino encomendaba la causa al que juzga justamente" (1 Pedro 2:23). La fe de José en Dios le permitió no solo perdonar a sus hermanos, sino también hacerles bien en todos los sentidos. Al final, toda su familia se fue a vivir con él a Egipto y les proporcionó todo lo que necesitaban para sobrevivir a la hambruna. Los años que José pasó como errabundo y sufrió injusticias no habían hecho que la amargura endureciera su corazón. En cambio, lo habían hecho crecer en gracia y comprensión de los caminos de Dios. Después de la muerte de Jacob, los hermanos de José se acercaron a él, se postraron ante él y le dijeron: "Henos aquí por siervos tuyos" (Génesis 50:18). La respuesta de José es totalmente asombrosa y llena de misericordia: "No temáis; ¿acaso estoy yo en lugar de Dios? Vosotros pensasteis mal contra mí, mas Dios lo encaminó a bien, para hacer lo que vemos hoy, para mantener en vida a mucho pueblo. Ahora, pues, no tengáis miedo; yo os sustentaré a vosotros y a vuestros hijos. Así los consoló, y les habló al corazón" (Génesis 50:19-21). Los hermanos, cuyo odio codicioso les había impedido decir una palabra amable a José, recibieron palabras amables y reconfortantes. Si los hermanos son un ejemplo de las dolorosas consecuencias de la codicia relacional, José ejemplifica el fruto abundante de la fe y la confianza en Dios.

El patrón en nuestras propias vidas

La envidia relacional que fluyó a lo largo de las generaciones de la descendencia de Abraham puede aparecer dentro de nuestras propias familias y amistades. La discordia abunda, y muchas familias e iglesias se caracterizan más por experimentar pequeñas desavenencias que por experimentar gracia y paz. Cuando nuestros ojos se fijan en nuestros propios deseos relacionales, caemos en el mismo patrón codicioso que los hermanos de José.

Vemos

Muchas de nosotras tenemos una idea de cómo creemos que nuestra vida debería ser en el aspecto relacional. Puede suponer a la familia sentada felizmente alrededor de un juego de mesa mientras disfrutan un tiempo juntos. Puede ser salir a cenar con un grupo de amigas y quedarse hasta tarde, disfrutando de conversaciones significativas. Puede ser tener un bebé en brazos y experimentar la alegría de la maternidad. Puede suponer a compañeras de trabajo con las que es fácil llevarse bien y un jefe que nota la eficiencia y recompensa acorde a esta. Podemos fácilmente imaginar la perfección. Cuando nuestra realidad no está a la altura de la idea que tenemos en nuestra mente, podemos sentirnos insatisfechas en el aspecto relacional. Poco a poco comenzamos a observar las relaciones de otras personas y creemos que están disfrutando de una vida plena, mientras que nuestras propias relaciones están sumidas en la frustración.

Muchas mujeres se parecen un poco a Anne Shirley, esperan y anhelan que un alma gemela entre en su vida y la haga sentir plena en el aspecto relacional. En el libro, *Ana de las tejas verdes,* Anne le cuenta su sueño de amistad a la siempre realista y práctica Marilla, quien le describe: "Una amiga del alma, una amiga íntima, ya sabes, es un alma gemela a quien puedo confiar lo más íntimo de mi alma. Toda la vida he soñado con encontrarla".[2] Anhelamos tener a alguien con quien compartir nuestras esperanzas, nuestros sueños, nuestros miedos y nuestras luchas.

Si bien es bueno desear relaciones profundas e íntimas con otras mujeres, a veces podemos volvernos particularmente recelosas al

2. L. M. Montgomery, *Anne of Green Gables* (Nueva York: HarperCollins, 1908), pp. 73-74. Edición en español *Ana de las tejas verdes,* publicado por CreateSpace Independent Publishing Platform (14 de julio de 2013).

observar las relaciones en nuestras vidas. Si una mujer se entera de que dos amigas salieron a almorzar, puede llegar a la conclusión de que no debe de agradarles a esas amigas por el solo hecho de que no la invitaron. Si dos mamás se encuentran en el parque con sus hijos, otra mamá podría preguntarse si será que no quieren a los suyos cerca y por eso nadie le pidió que las acompañara. Otra mujer observa cómo un grupo de compañeras de trabajo planea ir a cenar después del trabajo y en silencio se pregunta por qué nadie la invitó. Los nuevos medios para relacionarse, como Facebook, permiten a las personas observar en silencio las amistades de otras personas. Al observar de cuántas maneras se relacionan las demás, tenemos la tendencia a sentirnos cada vez más descontentas con nuestras amistades.

En otras ocasiones, también podemos observar lo que carecemos en el aspecto relacional. Cuando vivía en el extranjero, di a luz a mi primera hija. Veía a otras mamás pasar tiempo con sus propias mamás y sentía el deseo de tener a mi madre cerca. Era fácil creer que tener a mi madre cerca haría que todas las transiciones de la maternidad fueran más fáciles de sobrellevar. Para otras, puede ser que una madre o suegra esté cerca, pero sigue habiendo distancia en la relación debido a heridas y diferencias del pasado. Si bien es bueno anhelar relaciones íntimas y profundas, estos deseos pueden volverse idólatras por naturaleza si nuestra observación de los demás nos lleva al descontento y la amargura. Estos sentimientos son señales seguras de que nuestra idea y nuestro anhelo se han convertido en codicia.

La mujer codiciosa siempre entabla relaciones con la esperanza de sacar provecho de la otra persona.

Codiciamos

Cuando nos detenemos a pensar en nuestros deseos relacionales, podemos optar por esperar que el Señor satisfaga tales anhelos o podemos encontrarnos cada vez más insatisfechas y descontentas con las relaciones más cercanas a nosotras. Nos quejamos de que nuestra iglesia no nos ministra en nuestras necesidades particulares. Comparamos la ayuda que recibimos de la familia extendida con la de nuestra vecina, cuya familia y suegros viven en la ciudad y siempre están disponibles para ayudar. Comparamos la cantidad de tiempo que una amiga pasa con otra y nos preocupamos por quedarnos fuera. Oímos hablar de la bondad que muestra una amiga hacia otra y, en lugar de gozarnos, nos lamentamos en voz baja: "¿Por qué no puedo tener amigas que me amen así?". Sospechamos cuando otras toman decisiones diferentes a las nuestras porque secretamente nos preguntamos si podríamos quedarnos sin amigas si elegimos un camino diferente. El juego de la comparación que se lleva a cabo en la amistad es, en el mejor de los casos, ingenuo, en el sentido de que no podemos conocer realmente la profundidad de las amistades de otra persona y, en el peor de los casos, completamente egocéntrico. La mujer codiciosa siempre entabla relaciones con la esperanza de sacar provecho de la otra persona. Está buscando a esa compañera con quien compartir su vida, pero ninguna amiga o miembro de la familia podrá jamás brindarle lo que su alma anhela encontrar. A medida que pasa el tiempo, se aislará de las demás personas porque no logran satisfacer sus necesidades o asfixiará y desgastará a las demás personas en su intento de aferrarse a su amistad.

Tomamos

A la larga, nuestro codicioso deseo de relacionarnos nos llevará a tomar de quienes nos rodean. Si bien tomamos de una variedad de formas, quiero que nos concentremos en algunas áreas específicas en que las mujeres tienden a tomar en el aspecto relacional. Un corazón codicioso hará que una mujer peque contra otras mujeres con sus palabras, su uso del tiempo y su falta de servicio hacia las demás en la amistad. En lugar de conocer el gozo de las amistades saludables, experimentará una dolorosa frustración al relacionarse con las demás, a menudo ciega a su propia contribución al final de sus amistades. En lugar de mantener amistades duraderas, este tipo de tomadoras desgastan las amistades de manera similar a como un niño desgasta las rodilleras de sus pantalones. El tejido de la relación no puede soportar el desgaste constante de una amiga codiciosa.

La forma principal en que las mujeres nos relacionamos unas con otras es a través de nuestras palabras. Pecamos activamente unas contra otras por lo que decimos, mientras que tomamos de manera pasiva unas de otras por lo que no decimos. Por lo general, una mujer celosa y herida dice cosas desagradables sobre otra mujer. Un corazón amargado en el aspecto relacional rápidamente encontrará fallas en las demás mujeres. He visto con tristeza cómo una mujer es alabada por su carácter o servicio, y otra mujer interviene para contar algún chisme sobre ella con el fin de manchar su imagen. La mujer chismosa no puede dejar que otra mujer sea alabada. Teme que se le dé honor y respeto a alguien que no sea ella misma. Los chismes también pueden formar una falsa sensación de intimidad entre dos mujeres. A medida que se unen y están de acuerdo en su aversión o desdén por otra persona, se forma un vínculo entre ellas. Sin embargo, la unidad temporal que experimentan a menudo se convierte en desconfianza cuando cada una se pregunta: "Si dice eso de Juana a sus espaldas, ¿qué pensará de mí?".

No es solo lo que decimos lo que puede dañar, sino también lo que dejamos de decir lo que puede tomar de otras personas en la amistad. Nuestros codiciosos deseos relacionales hacen que nos concentremos en las fallas de nuestras amistades en lugar de estar agradecidas por la forma en que quienes nos rodean nos apoyan y nos aman. Es fácil concentrarse en el amor que tus amigas dan a los demás y no ver la forma en que el Señor usa a nuestras propias amigas para cuidar de nosotras. Quizás una amiga nos comenta algo que nos anima, pero no nos tomamos el tiempo para agradecerle por estar siempre concentradas en nosotras mismas. Muchas veces la falta de aliento y apoyo muestra el fruto de nuestro descontento interior.

En segundo lugar, tomamos de la amistad por nuestro uso del tiempo y nuestras recomendaciones a amigas sobre cómo usar su tiempo. En la amistad, es tentador querer aferrarse con fuerza a las relaciones que hemos disfrutado durante años. Sin embargo, si mantenemos egoístamente solo a las viejas amigas, entonces dejaremos de amar a las personas nuevas en nuestras iglesias. Con frecuencia escucho de mujeres nuevas de nuestra congregación que, si bien las personas de la iglesia aparentan ser amigables, están cerradas a las relaciones. No es que sean desconsideradas de ninguna manera, pero no se abren a nuevas amistades porque concentran toda su atención a las relaciones ya establecidas. Se requiere confianza y apertura para animar a nuestras amigas a cultivar relaciones sólidas con personas nuevas. Tomamos del tiempo para cultivar nuevas amistades cuando siempre elegimos las relaciones que nos resultan cómodas y satisfacen nuestras propias necesidades.

Finalmente, tomamos de las amistades al no servir bien en ellas. Podemos robar a las demás un oído atento porque nuestro egocentrismo hace que hablemos todo el tiempo de nosotras mismas. O, si las escuchamos, no les decimos la verdad porque tenemos miedo de perder su amistad. Se necesita una persona relacionalmente satisfecha para estar dispuesta a confrontar a una amiga que está atrapada en un patrón pecaminoso. También tomamos de las demás personas cuando les decimos que oraremos por ellas, pero no nos disciplinamos para ministrarles verdaderamente de una manera tan invisible y desinteresada.

Las personas codiciosas de relaciones se acercan a sus amistades y se preguntan: "¿Qué puedo obtener de esta amistad?". O quizás se preguntan: "¿Por qué mis amigas no notan mi lucha?". En lugar de pensar: "¿Cómo puedo servir con amor a mi amiga?". No pueden servir fielmente porque están concentradas en satisfacer sus propias necesidades.

Nos escondemos

Así como los hermanos de José intentaron ocultar los efectos de sus acciones codiciosas, nosotras tratamos de ocultar la forma en que dañamos a otras personas. Ocultamos nuestros chismes cuando decimos: "Bueno, ella lo comentó delante de todos en el almuerzo, así que estoy segura de que no le importará que te lo cuente". Ocultamos nuestra falta de reconocimiento o estímulo cuando pensamos: "Estoy segura de que ella sabe cuántas personas han sido bendecidas a través de su servicio". Ocultamos el uso de nuestro tiempo cuando afirmamos que las múltiples obligaciones son lo que nos impide abrirnos a nuevas amistades, cuando en verdad son nuestros propios deseos de aferrarnos a lo que nos resulta cómodo. Ocultamos nuestra omisión en servir fielmente a nuestras amistades cuando transferimos la responsabilidad a otras personas. Creemos que le corresponde a otra persona llevar comida, confrontar un patrón de pecado o ser un oído que escucha. De todas estas formas, nos escondemos de nuestra responsabilidad de amar sin restricción y cuidar de aquellas personas que el Señor ha puesto en nuestras vidas.

Cómo adoptar un nuevo patrón

Si queremos vivir libres de este patrón relacional negativo, debemos aceptar dos realidades en nuestras relaciones con los demás. En primer lugar, fuimos creadas para desear y necesitar intimidad. Es bueno para nosotras querer y buscar relaciones positivas en nuestras vidas. En segundo lugar, todas nuestras relaciones en esta tierra estarán afectadas por la caída de Adán en el huerto. En el fondo, ninguna de estas relaciones puede satisfacernos. Nuestras amistades y familiares no nos amarán a la perfección. De la misma manera, les fallaremos a nuestra familia y nuestras amigas. Ninguna de nosotras puede satisfacer las profundas necesidades relacionales que cada una de nosotras experimenta al vivir en un mundo caído. Si deseamos amistades y lazos familiares fuertes, debemos acudir una vez más a Cristo, creer en el evangelio y participar en nuestras relaciones de una manera nueva.

Buscar al Señor

Para escapar de este tipo de codicia relacional y la forma negativa en que afecta a nuestras amistades, debemos comenzar por buscar al Señor de una manera nueva. Debemos aceptar de una vez que nuestras relaciones terrenales nunca nos satisfarán por completo porque fuimos creadas para más. Aunque hayamos encontrado la mejor amiga, tengamos padres amorosos, sostengamos a un bebé tan anhelado en nuestros brazos o recibamos sabios consejos de una mentora, seguiremos teniendo anhelos relacionales. Adán y Eva fueron creados para relacionarse entre sí, pero lo más importante es que fueron creados para relacionarse con Aquel que los formó. En su pecado, se rebelaron contra esa relación, y todas nuestras relaciones sufren los efectos. Sin embargo, la Caída no disminuyó nuestra necesidad de tener una relación con nuestro Creador; solo hizo que esa relación fuera imposible sin la sangre de Cristo.

En la búsqueda de una relación con el Señor, necesitamos grabar en nuestro corazón la verdad de Jeremías 31:3: "Con amor eterno te he amado; por tanto, te prolongué mi misericordia". Toda la Palabra habla de la búsqueda amorosa de Dios por su pueblo a pesar de su pecado. Nuestra búsqueda de Él comienza porque Él primero nos buscó a cada una de nosotras. Nos ha atraído a una relación con Él, nos ha perseguido con su amor y ha prometido estar con nosotras dondequiera que vayamos. La culminación de este deseo se encuentra en la cruz, donde se compró la reconciliación de una vez por todas para nuestra salvación. El libro de Romanos habla de esta búsqueda cuando señala: "Porque Cristo, cuando aún éramos débiles, a su tiempo murió por los impíos. Ciertamente, apenas morirá alguno por un justo; con todo, pudiera ser que alguno osara morir por el bueno. Mas Dios muestra su amor para con nosotros, en que siendo aún pecadores, Cristo murió por nosotros" (Romanos 5:6-8). A través de Cristo, Dios buscó una relación con su pueblo y, gracias a esa reconciliación, podemos experimentar sanidad y paz en nuestras relaciones con los demás.

*Nuestra satisfacción relacional comienza
cuando buscamos al Señor y confiamos
todas nuestras otras relaciones a Él.*

El pensamiento del amor de Dios por nosotras puede sostenernos y animarnos cuando otras relaciones fracasan. David clamó a Dios: "Mi corazón ha dicho de ti: Buscad mi rostro. Tu rostro buscaré, oh Jehová; no escondas tu rostro de mí. No apartes con ira a tu siervo; mi ayuda has sido. No me dejes ni me desampares, Dios de mi salvación. Aunque mi padre y mi madre me dejaran, con todo, Jehová me recogerá" (Salmos 27:8-10). Habla del hecho de que incluso la relación más íntima, la de padre a hijo, puede fracasar. Sin embargo, al buscar al Señor, encuentra plena aceptación y confianza para esperar: "Hubiera yo desmayado, si no creyese que veré la bondad de Jehová en la tierra de los vivientes" (Salmos 27:13). Nuestra satisfacción relacional comienza cuando buscamos al Señor y confiamos todas nuestras otras relaciones a Él. El salmista describe a Dios como un "padre de huérfanos" (Salmos 68:5). La promesa de la presencia del Señor da fuerza a los suyos cuando se sienten solos, rechazados o separados de sus seres queridos. La mayor fortaleza y aliento del cristiano proviene de creer en la simple verdad de la encarnación: "Dios [está] con nosotros" (Mateo 1:23).

Podría surgir la pregunta: "De manera práctica, ¿cómo puedo cultivar una relación con Dios que me ayude a creer en su presencia en mi vida?". El mayor recurso para cultivar una amistad con Dios en mi propia vida ha sido a través del tiempo diario en la Palabra y la oración. Desde que era adolescente, pasar tiempo cada día en la Palabra de Dios me ha ayudado a conocer a Dios y comprender su gran amor por mí. ¡Me ha hablado de manera muy clara a través de su Palabra en tantas ocasiones, que a veces me parece como si estuviera escrita solo para mí! En la oración puedo conversar con el Señor. Personalmente, he descubierto que llevar un diario de oración es la mejor manera de abrir mi corazón a Dios. Cada día escribo una carta sencilla (unos días más que otros) al Señor, donde le presento las preocupaciones de mi corazón mientras aprendo a confiarle mi vida. Tengo cajas y estantes llenos de diarios de oración antiguos, todos los cuales hablan de la relación más importante de mi vida. Caminar con Él todos los días ha afectado profundamente todas las demás relaciones de mi vida. Si no tienes idea de cómo estudiar la Biblia por tu cuenta, o cómo encontrar tiempo, te animo a buscar a alguien que te aconseje o te supervise. Dios usa a otras personas de nuestra comunidad para ayudarnos a desarrollar una rica vida devocional.

Desear de manera correcta

La semana pasada celebramos la Cena del Señor. En nuestra iglesia, todos pasan al frente para recibir la Santa Cena y, por lo general, durante ese tiempo, inclino la cabeza en silencio, oración y reflexión. Sin embargo, esta semana, decidí mantener los ojos abiertos y ver a las diferentes personas de nuestra iglesia pasar al frente para recibir el pan y el vino. Observé a mis queridas amigas pasar y también observé a personas que nunca había conocido. Conocidos y desconocidos, ahí estábamos todos, compartiendo juntos la gracia de Cristo. Poco importaba que no supiera sus nombres; lo que importaba es que todos conocíamos a Cristo. Mi parte favorita de la Santa Cena ocurre al final cuando el pastor sirve los elementos a nuestros mayores. Los que habían estado sirviendo la Santa Cena ahora se sientan a recibirla. Una vez que nuestro pastor llega al final de la fila y ha servido el pan y el vino a todos los ancianos, intercambia el lugar con el último anciano, que se pone de pie y sirve la Santa Cena al pastor sentado. Para mí, esto ejemplifica la belleza de la verdadera comunidad: personas que se unen para servirse unas a otras, pero que también son servidas. Esta ceremonia demuestra la unión del pueblo de Dios, que comparte el cuerpo y la sangre de su Salvador. También me recuerda que, si queremos despojarnos de nuestros deseos incorrectos e idólatras en las relaciones, debemos revestirnos de deseos nuevos y legítimos.

Una manera de comenzar a comprender lo que deberíamos desear en el aspecto relacional es observar a Jesús y sus apóstoles. ¿Qué deseaba Jesús de sus relaciones? En el Evangelio de Lucas, encontramos la respuesta a esta pregunta en las propias palabras de Jesús, que dice a sus discípulos: "¡Cuánto he deseado comer con vosotros esta pascua antes que padezca!" (22:15). El término griego traducido aquí "deseado", *epithuméo,* es el mismo término traducido "codicia" en referencia a un deseo pecaminoso. Esta es la única vez que Jesús usa esta palabra en las Escrituras, y lo hace cuando habla de su legítimo anhelo de comunión con las personas que ama en la víspera de su muerte. Jesús deseaba relaciones íntimas y profundas. Dejó a sus seguidores una comida que podrían celebrar en memoria de Él, con la promesa de que estaría con ellos mientras participaban de esa comida. En la Santa Cena, Jesús se reúne con los suyos, mientras ellos se reúnen unos con otros. Debemos seguir el ejemplo de Jesús y desear fervientemente la comunión con el pueblo de Dios. Debemos anhelar la iglesia y reunirnos de manera regular con el pueblo de Dios en adoración. Sí, la iglesia es una novia imperfecta y a menudo manchada. Hoy día, muchas personas se consideran "heridas por la iglesia" y han decidido renunciar a una relación con la iglesia como institución. Sin embargo, Dios estableció a la iglesia como su novia y Jesús nos dejó una comida para celebrar dentro del contexto de la iglesia. Ninguna iglesia es perfecta y, a veces, hay buenas razones para abandonar una congregación en particular. Sin embargo, cada una de nosotras necesita encontrar un lugar para adorar a Dios con otros creyentes. Jesús deseó estar en comunión con sus discípulos en la Última Cena a pesar de que sabía que un discípulo lo traicionaría y *todos* los demás lo negarían. Su deseo de comunidad puede ser un ejemplo para que cada una de nosotras sepamos por dónde comenzar nuestra búsqueda de relaciones íntimas con otras personas. Estar en la iglesia no significa que estaremos exentas de relaciones dolorosas. Sin embargo, es nuestra única esperanza de establecer relaciones sanas. Por lo tanto, debemos desear fervientemente desarrollar y fomentar relaciones dentro de la iglesia.

En segundo lugar, debemos desear que nuestras relaciones más cercanas resulten del ministerio y compartan la obra del evangelio. La profunda relación de Pablo con la iglesia de Filipos nació de la obra del evangelio que compartían. Pablo ora por los filipenses con gozo "siempre en todas mis oraciones rogando con gozo por todos vosotros, por vuestra comunión en el evangelio, desde el primer día hasta ahora; estando persuadido de esto, que el que comenzó en vosotros la buena obra, la perfeccionará hasta el día de Jesucristo" (Filipenses 1:4-6). Continúa diciendo: "Porque Dios me es testigo de cómo os amo a todos vosotros con el entrañable amor de Jesucristo" (v. 8). Pablo amaba profunda e íntimamente a los creyentes de Filipos. No intentó protegerse de relaciones íntimas con los demás con la excusa de tener una relación tan íntima con Cristo que no necesitaba otras relaciones. En cambio, la profundidad de su relación con Cristo estimuló su amor y anhelo de relaciones profundas con otros creyentes. No obstante, su anhelo y amor por ellos se basaba en el compromiso compartido de ver a Cristo proclamado en todas las cosas. Quería lo mejor para ellos, lo cual expresó mientras oraba: "Y esto pido en oración, que vuestro amor abunde aún más y más en ciencia y en todo conocimiento, para que aprobéis lo mejor, a fin de que seáis sinceros e irreprensibles para el día de Cristo, llenos de frutos de justicia que son por medio de Jesucristo, para gloria y alabanza de Dios" (vv. 9-11).

Cuando consideramos las amistades, nuestra esperanza en ellas debe ser animarnos unas a otras en la fe. Lo que da lugar a una mayor profundidad en la relación es el compromiso compartido de conocer a Cristo y proclamarlo a otros. Si anhelas tener una mayor profundidad con otras mujeres, debes anhelar relaciones que te estimulen en la fe, no solo alguien que se junte contigo para ver una película el viernes por la noche. Debemos desear *más* de las relaciones, no menos, si queremos encontrar verdadera satisfacción en ellas. Las mejores relaciones que encontremos estarán basadas en el compromiso compartido con Cristo y la esperanza compartida de vivir vidas dignas de su evangelio. Esta verdad no significa que no tengamos una amistad genuina con las personas no cristianas que nos rodean. Sin embargo, esas personas no podrán compartir con nosotras la parte más genuina de nuestro ser, por lo que, en cierto sentido, siempre les faltará la profundidad e intimidad que podemos compartir con nuestras amigas cristianas. Si deseamos este tipo de intimidad, debemos estar preparadas para amar con abnegación cuando desarrollamos una relación con otras mujeres.

Dar con generosidad

Una mujer que busca a Cristo cuando desea amistades profundas e íntimas dentro del contexto de la iglesia también debe estar preparada para dar generosamente en la amistad. A medida que se despoja del patrón negativo de tomar de las demás, tendrá que dar a las demás con liberalidad, gracia y sacrificio. Una mujer que da con liberalidad a otras mujeres las apoya cuando lo necesitan y vela por sus mejores intereses. Ve los dones y talentos de otras mujeres y las elogia, con la esperanza de animarlas en sus búsquedas. Se goza cuando su amiga se goza y llora cuando ella llora. Está tan segura en su relación con Cristo que no se aferra a la amistad, sino que la aprecia. Durante más de veinte años, mi amiga Beth y yo hemos compartido la vida. Nos conocimos en la escuela secundaria y luego fuimos compañeras de cuarto durante los cuatro años de la universidad. Nuestro cabello y nuestra ropa comenzaron a verse tan similares que a veces la gente nos confundía y nos llamaba a cada una con el nombre de la otra. Desde la universidad, hemos vivido en diferentes ciudades y, a veces, literalmente hemos estado separadas por millas y millas de océano. Cada una de nosotras ha hecho nuevas amigas y compartido una comunión íntima con otras mujeres de nuestras iglesias, vecindarios y empleos. Sin embargo, siempre nos hemos mantenido comprometidas la una con la otra y con nuestra amistad. No obstante, nuestra relación siempre ha estado totalmente libre de toda forma de celos o envidia. Me alegro de que tenga un grupo de madres con las que comparte las alegrías de la maternidad. Me gozo por el hecho de que esté en una iglesia con mujeres piadosas y excelentes estudios bíblicos. No es menos amiga mía porque tenga otras amigas. Sin embargo, aprecio su amistad porque sé que en el tiempo que toma hacer una llamada telefónica, puedo hablar con ella de mi vida, mis luchas y mis alegrías, y sé que ella me escuchará y apoyará en oración. Nuestra libertad en la amistad puede significar que a veces pasemos meses sin hablar; pero que, gracias a Cristo, siempre compartiremos la vida de la otra, sin importar lo lejos que vivamos.

En segundo lugar, una mujer actuará con gracia al entablar amistades con otras mujeres. Como José, podrá perdonar a las demás, porque sabe cuánto ha sido perdonada. No esperará la perfección, sino que hablará palabras llenas de gracia. Confiará en su amiga en lugar de sospechar o estar constantemente insegura. No manipulará a las demás para que hagan lo que ella quiere, sino que considerará en oración cómo animar a sus amigas a seguir adelante hacia el amor y las buenas obras.

En tercer lugar, una mujer debe estar preparada para dar con sacrificio cuando entable amistades con otras mujeres. Entabla una amistad y procura amarla como Cristo la ha amado. Busca a las demás en lugar de esperar a que la busquen. Escucha sus preocupaciones y ora fielmente por sus amigas. Usa su tiempo para escribir una nota de aliento en lugar de mirar televisión o navegar por Internet. Una mujer que da con liberalidad, gracia y sacrificio, rara vez se quedará sin amigas íntimas. No es al tomar de las demás que encontramos las relaciones que deseamos, sino al seguir el camino de Cristo y dar a las demás, incluso a costa de nosotras mismas.

Confesar con toda confianza

Por último, para despojarnos de nuestros codiciosos deseos relacionales, debemos confesar con toda confianza nuestras luchas en esta área. A veces, simplemente admitir que nos aferramos a nuestras amistades o relaciones familiares en lugar de a Cristo es el primer paso para desechar esta forma de idolatría. Darnos cuenta de que estamos esperando de nuestros hijos, padres, abuelos, pastores o amigas lo que solo Cristo puede darnos a plenitud es esencial para aprender a compartir la vida gentilmente con las personas más cercanas a nosotras. También debemos estar dispuestas a confrontar con amor a nuestras amistades y familiares cuando los vemos atrapados en la idolatría relacional. Realmente no ayuda a una amiga tan solo compadecernos de su jefe difícil, amiga hiriente o hermana individualista. Debemos ser fieles para escuchar y orar, pero también fieles para enseñarles el amor de Cristo y animarlas a mostrar ese amor en las relaciones difíciles. A medida que los demás nos vean dar con liberalidad, gracia y sacrificio en las amistades, sin duda notarán la gracia gratuita de Cristo, dada en sacrificio por cada una de nosotras.

Preguntas para la reflexión personal y grupal

1. ¿De qué diferentes maneras definimos la amistad desde la niñez hasta la edad adulta? ¿De qué manera buscamos seguridad y amor en nuestras amistades?

2. Considera la historia de José a partir de sus abuelos, Isaac y Rebeca. ¿Cómo ves los efectos de los celos relacionales y el favoritismo a lo largo de las generaciones?

3. Lee Génesis 37. ¿Cómo observas el patrón de "ver, codiciar, tomar y esconderse" en este pasaje?

4. ¿Qué consecuencias vivieron los hermanos después de sus acciones? Ver también Génesis 42:21.

5. Lee Génesis 50:19-21. ¿En qué se diferencia la amable respuesta de José al daño relacional que sufrió por la respuesta anterior de sus hermanos al favoritismo de su padre? ¿Cómo fue que su perdón terminó años de dolorosos conflictos relacionales?

6. ¿Puedes pensar en relaciones familiares dolorosas que hayan persistido durante varias generaciones? ¿Cómo pueden los celos y la envidia dar lugar a discordias familiares que se prolongan durante décadas?

7. ¿Cómo pueden la codicia y la envidia tomar de nuestras amistades? ¿De qué manera una amiga envidiosa desgasta las amistades que tiene?

8. Lee Salmos 27:8-10. ¿En qué se diferencia la relación con el Señor de todas las relaciones terrenales? ¿De qué maneras podemos cultivar nuestra relación con el Señor?

9. ¿Por qué algunas personas se sienten heridas por la iglesia? ¿Por qué la iglesia es una comunidad necesaria en la vida del cristiano?

10. Lee Filipenses 1:3-11. ¿Cómo caracterizarías la amistad de Pablo con los filipenses? ¿Qué esperaba para ellos? ¿Cómo se compara eso con lo que esperas de la amistad?

11. ¿Puedes pensar en un momento cuando cultivaste una amistad con una mujer mientras servían juntas de alguna manera? ¿Cómo profundizó eso la amistad?

12. ¿Cuál es el problema de buscar satisfacción en nuestras relaciones terrenales? ¿Cómo nos hace daño y cómo nos impide amar con sacrificio a las demás personas?

13. Considera tus amistades actuales. ¿Cómo podría Dios desear patrones más saludables en esas relaciones? ¿A quién podrías animar más o escuchar mejor? ¿A quién podrías servir sin esperar que te sirva a cambio? ¿A quién necesitas perdonar o mostrar misericordia?

8

La codicia en las diversas etapas y circunstancias de la vida

Dios lleva a sus hijos a través de una variedad de circunstancias en este mundo. A veces tenemos carencias y, otras veces, abundancia. Esto pone a prueba nuestro temple. Descubrimos que el amor de Dios es firme, verdadero y constante en una variedad de circunstancias. Dios no cambia y su amor es constante, sea como sea que cambien nuestras vidas. Debemos aprender a no pelear con el gobierno de Dios. Dejemos que Dios haga lo que le plazca mientras nos lleva al cielo. No importa cómo sea el camino o cuán accidentado sea, siempre que Él nos lleve allí. La gracia de Dios puede llevar a sus hijos por encima de cualquiera de nuestras circunstancias.

RICHARD SIBBES

Voices From the Past, p. 323.

8

La codicia en las diversas etapas y circunstancias de la vida

La historia de los israelitas

Hace unos años, recuerdo estar en una reunión social y hablar con mi amiga Elizabet.[1] Tenía treinta y tantos años y luchaba por tener contentamiento después de una larga temporada de soltería. Su corazón, que poco a poco se fue llenando de amargura, la llevó a ver rápidamente las bendiciones de las demás mujeres mientras se concentraba en sus propias luchas. Intenté hablarle y explicarle que la mayoría de las personas, incluso las casadas, también luchan por tener contentamiento en alguna área. En ese momento, vio a una amiga en común, Amanda, que estaba abrazando a su bebé recién nacido. Se volvió hacia mí y me dijo: "Bueno, mira, Amanda ya lo tiene todo. Ha estado esperando un bebé y, al final, ahora está contenta". Me quedé en silencio al darme cuenta de que no podía comentarle sobre la ironía de su ejemplo. Apenas unas semanas antes de su fecha de parto prevista, el esposo de Amanda le había confesado su infidelidad, lo

---

1. Todos los nombres han sido cambiados.

que provocó una variedad de dolorosas consecuencias. Aunque Amanda conversaba con otras mujeres en la fiesta, mientras tenía en sus brazos a su tan esperado bebé, luchaba cada día con las dolorosas consecuencias de las acciones de su esposo. Sin embargo, mantenía en reserva el difícil momento que estaba atravesando y solo lo conocían unas pocas amigas.

Esta experiencia decía mucho sobre el peligro de ver la vida de otras mujeres y comparar nuestra etapa o nuestras circunstancias de la vida con las de ellas. No podemos compararnos, porque no sabemos qué se esconde detrás de una sonrisa simpática o una familia que parece perfecta. Al reunirme con mujeres y escuchar sus historias, me convencí cada vez más de que todas estamos atravesando una existencia rota. Sin duda, algunas circunstancias son más dolorosas que otras, pero en realidad no podemos saber en qué punto del espectro de nuestras propias dificultades se encuentran. Todo lo que sabemos con certeza es que nuestro Padre de amor es quien ordena las etapas o circunstancias donde nos encontramos con la intención prometida de transformarnos a la semejanza de su Hijo.

En este capítulo, exploraremos el peligro de codiciar diferentes etapas o temporadas de la vida, así como circunstancias particulares dentro de la etapa en la que nos encontremos. Por ejemplo, la mujer que lucha como madre de varios niños pequeños podría sentirse tentada a codiciar el tiempo libre de su amiga soltera. O bien, podría mirar hacia la siguiente etapa y creer que, una vez que todos sus hijos estén en la escuela primaria, ella estará en una etapa de la vida mucho más llevadera. Es fácil ver cómo podemos creer que encontraremos vida abundante cuando lleguemos a la siguiente etapa de la vida o si tan solo pudiéramos retroceder el tiempo a una temporada cuando la vida era menos complicada. También podemos ser culpables de codiciar dentro de nuestra propia etapa al comparar nuestras circunstancias con las de las mujeres que nos rodean. La misma madre de niños pequeños también podría codiciar la vida de sus amigas en una temporada similar porque considera que sus circunstancias son más fáciles de manejar. Quizás tengan mayores recursos financieros para contratar niñeras, ayuda de limpieza o un automóvil confiable. Quizás sus maridos trabajen en horarios diferentes o viajen menos. Cualquiera que sea la situación, puede resultar fácil creer erróneamente que el contentamiento se encuentra en una etapa diferente de la vida o en un conjunto diferente de circunstancias.

Los israelitas

Los israelitas nos brindan amplios ejemplos de nuestra tendencia a este tipo de codicia. Mientras deambulaban por el desierto, se quejaban con frecuencia de su temporada de errabundos y deseaban incluso regresar a la miseria de la esclavitud en Egipto. Una vez que finalmente llegaron a su propia tierra y se convirtieron en una nación, de repente descubrieron que querían ser como todas las demás naciones y tener un rey, a pesar de las advertencias de que un rey afectaría su prosperidad. Al observar y examinar la codicia de los israelitas de estas dos maneras y las consecuencias que sufrieron, encontraremos una gran advertencia contra este tipo de deseo desmedido.

Vieron

Los israelitas pasaron cientos de años esclavizados en Egipto. Durante ese tiempo, les imponían trabajos forzados, les amargaban la vida y los egipcios los trataban con crueldad (Éxodo 1:11-14). En un momento dado, debido a su creciente número, el rey de Egipto ordenó que echaran al río Nilo a todos los bebés varones que nacieran (v. 22). El sufrimiento de los israelitas era grande y clamaron a Dios en su angustia, esperando que los redimiera de la esclavitud. En su fidelidad, Dios respondió, los sacó de Egipto y les permitió ver de primera mano todo lo que su poder podía llevar a cabo.

Los israelitas presenciaron gran cantidad hechos milagrosos mientras escapaban de los egipcios. Fueron testigos de cómo el Señor envió plaga tras plaga sobre Egipto. Observaron maravillados cómo se dividía el Mar Rojo y cruzaron a salvo en tierra seca. También vieron cómo el mar se cerraba y ahogaba a todo el ejército egipcio. En respuesta a esta victoria, Moisés y los israelitas cantaron un cántico en adoración al Señor (Éxodo 15:1). Aunque sus ojos habían visto estos hechos milagrosos, solo tres días después se desesperaron y se quejaron ante Moisés porque no podían encontrar agua. En su segundo mes errantes en el desierto, solo podían recordar una visión poco realista de su pasado y se lamentaban: "Ojalá hubiéramos muerto por mano de Jehová en la tierra de Egipto, cuando nos sentábamos a las ollas de carne, cuando comíamos pan hasta saciarnos; pues nos habéis sacado a este desierto para matar de hambre a toda esta multitud" (Éxodo 16:3). Su incredulidad los llevó a tener una visión errónea de su pasado y les impidió ver su situación actual con ojos de fe.

Esta visión falsa de sus circunstancias alcanzó un punto culminante cuando los doce espías regresaron con su informe sobre la tierra prometida. Los espías describieron que la tierra fluía leche y miel, pero que todas las personas que vivían allí eran fuertes. Diez de esos hombres, llenos de incredulidad, difundieron una mala noticia y dijeron:

> La tierra por donde pasamos para reconocerla, es tierra que traga a sus moradores; y todo el pueblo que vimos en medio de ella son hombres de grande estatura. También vimos allí gigantes, hijos de Anac, raza de los gigantes, y éramos nosotros, a nuestro parecer, como langostas; y así les parecíamos a ellos (Números 13:32-33).

Sus ojos estaban llenos de la realidad de la situación física. En cambio, Caleb y Josué vieron la realidad de su situación a través de los ojos de la fe y declararon con valentía:

> La tierra por donde pasamos para reconocerla, es tierra en gran manera buena. Si Jehová se agradare de nosotros, él nos llevará a esta tierra, y nos la entregará; tierra que fluye leche y miel. Por tanto, no seáis rebeldes contra Jehová, ni temáis al pueblo de esta tierra; porque nosotros los comeremos como pan; su amparo se ha apartado de ellos, y con nosotros está Jehová; no los temáis (Números 14:7-9).

Aquí vemos claramente que las mismas circunstancias exactas pueden verse de manera diferente debido a la fe. Caleb y Josué, que eligieron caminar por fe y no por vista, tuvieron una visión más clara que los otros diez espías que estaban cegados por su incredulidad.

Nuestra propia fe en la provisión del Señor
puede inspirar a otros a tener una fe similar.

Temerosos de entrar a la tierra prometida y cansados de deambular por el desierto, los israelitas volvieron a considerar su pasado en Egipto. En lugar de rechazar la esclavitud de la temporada pasada al recordar su sufrimiento y dificultades, conspiraron juntos para elegir un nuevo líder y regresar a Egipto. Sus ojos miraban con temor la próxima etapa de su vida, se desesperaban en su temporada actual y recordaban erróneamente la anterior. Su incredulidad interior los llevó a interpretar todas sus circunstancias sin confiar en el poder del Señor que podía cumplir todas sus promesas. Esa falta de confianza en el Señor hizo que sus deseos se volvieran codiciosos.

Codiciaron

En esta situación, el deseo de los israelitas de regresar a Egipto era claramente codicioso, porque iba en contra de lo que el Señor los había llamado a hacer. El Señor los sacó de la esclavitud de Egipto para llevarlos a la tierra prometida a Abraham. Querer regresar a Egipto era un rechazo al plan del Señor. Además, era una obvia tontería desear volver a una temporada llena de dolor y miseria. El hecho de que pudieran olvidar tan rápidamente las bondadosas dispensaciones de Dios hacia ellos, así como olvidar todo el mal que los egipcios les habían causado, demostraba la dureza de sus corazones. Tampoco estaban contentos con la provisión actual de maná y codornices, sino que se fijaban en las ollas de carne que tenían cuando vivían en Egipto. Cegados por la incredulidad, sus deseos se desviaron hacia caminos que solo los conducirían a más sufrimiento.

Tomaron

Cuando los diez espías regresaron con sus malos informes, llevaron a los otros israelitas a su propia incredulidad y desobediencia. Moisés relató: "Sin embargo, ustedes se rebelaron contra la orden del Señor su Dios y se negaron a entrar. Se quejaron dentro de sus carpas y dijeron: 'Seguro que el Señor nos odia. Por eso nos trajo desde Egipto, para entregarnos en manos de los amorreos para que nos maten. ¿Adónde podemos ir? Nuestros hermanos nos desmoralizaron'" (Deuteronomio 1:26-28, ntv). El primer resultado negativo de la propia incredulidad de los espías fue que hicieron que otros se desmoralizaran. Su fracaso es una buena advertencia para cada una de nosotras mientras enfrentamos temporadas y circunstancias que parecen más allá de nuestra capacidad de soportar. Nuestra propia fe en la provisión del Señor puede inspirar a otros a tener una fe similar. Por el contrario, nuestra incredulidad y desesperación por nuestras circunstancias pueden hacer que otros se desmoralicen por su propia situación.

Los israelitas también tomaron del liderazgo de Moisés. En primer lugar, decidieron que querían un nuevo líder, uno que los llevara de regreso a Egipto. Luego, a medida que aumentaban sus quejas, toda la asamblea habló de apedrear a Moisés, Aarón, Josué y Caleb. La injusticia y la incredulidad están en guerra perpetua con la fidelidad y la obediencia. En su pecado, los israelitas incluso estaban dispuestos a matar a los que vivían por fe.

La injusticia y la incredulidad están en guerra perpetua con la fidelidad y la obediencia.

Se escondieron

Los israelitas ocultaron su incredulidad de dos maneras. En primer lugar, se escondieron detrás de la dificultad de sus circunstancias conocidas. Sin duda, deambular por el desierto sin un final a la vista no era nada agradable. El pueblo dependía totalmente del

Señor para el agua y el maná. Cuando los espías regresaron y hablaron de más dificultades, fue fácil para ellos agitar los brazos al aire y decir: "¡Ya es suficiente! ¿Cómo puede esperar el Señor que sobrellevemos todo esto?". De manera similar, a veces nos sentimos tentadas a esconder nuestra incredulidad interna detrás de las dificultades de nuestras circunstancias externas. Sin embargo, en esos momentos oscuros y difíciles la verdadera fe brilla con mayor claridad, precisamente debido a la oscuridad circundante.

En segundo lugar, los israelitas ocultaron sus deseos codiciosos y alegaron buenos motivos para su desobediencia. Preguntaron: "¿Y por qué nos trae Jehová a esta tierra para caer a espada, y que nuestras mujeres y nuestros niños sean por presa? ¿No nos sería mejor volvernos a Egipto?" (Números 14:3).

Sin duda, el deseo de proteger a la propia familia es digno. Sin embargo, no se puede proteger más a la familia que con una confianza firme y una obediencia constante al Señor. Creer en cualquier provisión que no sea seguir fiel y atentamente el camino que el Señor ha elegido es un error que conlleva un gran peligro. Si bien a menudo nos sentimos tentadas a ocultar nuestra desobediencia bajo el amor de unos por los otros, nunca es verdadero amor caminar de otra manera que no sea en completa obediencia al llamado del Señor en nuestras vidas.

Pagaron las consecuencias

Una vez más, los deseos codiciosos provocaron consecuencias dolorosas. El deseo de los israelitas de regresar a Egipto enfureció tanto al Señor, que dijo a Moisés: "¿Hasta cuándo me ha de irritar este pueblo? ¿Hasta cuándo no me creerán, con todas las señales que he hecho en medio de ellos? Yo los heriré de mortandad y los destruiré, y a ti te pondré sobre gente más grande y más fuerte que ellos" (Números 14:11-12). Moisés apeló, no a la inocencia de los israelitas, sino a la gloria de Dios, y le rogó que perdonara su pecado y su rebelión. Aunque Dios perdonó a su pueblo, también lo castigó y declaró: "todos los que vieron mi gloria y mis señales que he hecho en Egipto y en el desierto, y me han tentado ya diez veces, y no han oído mi voz, no verán la tierra de la cual juré a sus padres; no, ninguno de los que me han irritado la verá" (Números

14:22-23). La temporada de los israelitas errantes por el desierto se prolongó cuarenta años debido a su deseo infiel de regresar a Egipto. De esta generación de israelitas, solo a Caleb y Josué se les permitió entrar a la tierra prometida.

El patrón en nuestras propias vidas

De manera similar, nuestros deseos codiciosos en las distintas etapas y circunstancias de la vida demuestran desprecio por el Señor. Debemos reconocer que, a veces, se producirán circunstancias más dolorosas debido a nuestras quejas y descontento en la etapa actual donde el Señor nos ha puesto. Antes de ver las consecuencias que a menudo sufrimos, es necesario que examinemos este patrón de codicia en las diversas etapas de nuestra propia vida.

Vemos

Siempre que estamos en una etapa en particular es fácil ver los beneficios en la etapa de la vida de otra mujer, sin considerar o recordar las luchas. Los israelitas recordaron el tiempo cuando estaban en Egipto y añoraron las ollas de carne; pero se olvidaron del trabajo duro, el trato amargo y el asesinato de sus niños. También vieron y anhelaron la tierra prometida, pero querían que llegara sin ningún esfuerzo ni lucha.

Nosotras también tenemos la inclinación a pensar que todo tiempo pasado fue mejor y que nuestra presente temporada es más difícil de lo que esperábamos. Podemos añorar la diversión y la amistad de los años universitarios mientras nos olvidamos del estrés de los exámenes y las tareas. La madre de niños pequeños puede mirar hacia el futuro y creer que la vida será mucho más fácil una vez que sus hijos vayan a la escuela todos los días, sin darse cuenta de la presión adicional que vendrá de tener que transportar a varios niños a diferentes actividades. La mujer soltera puede pensar que su vida estará mucho más asentada una vez que se case y creer erróneamente que el simple hecho de saber con quién pasará su futuro hará que sea más estable. La anciana recuerda los días en que su cuerpo estaba libre de dolores y molestias, y anhela despertarse por la mañana y levantarse de la cama con facilidad.

También podemos ver a mujeres que se encuentran en nuestra misma etapa de la vida y jugar al juego de la comparación. La estudiante universitaria, que tiene que trabajar para pagar sus estudios, ve a las que van a la universidad sin trabajar y desearía poder tener ese tipo de libertad. La madre de gemelos ve a las madres de hijos únicos y cree que su vida sería mucho más simple si solo un niño se despertara en medio de la noche. La mujer soltera a la que rara vez la invitan a salir puede mirar con envidia a otra mujer soltera de su iglesia a la que invitan a salir con regularidad. La madre trabajadora puede codiciar el tiempo de aquella madre que se queda en casa con sus hijos, mientras que la madre que se queda en casa desea la productividad que solía tener mientras trabajaba. Los hijos adultos de una mujer viven cerca, mientras que los de otra mujer se mudan lejos. En cada etapa de la vida, podemos ver la vida de otras mujeres y comenzar a jugar al juego de la comparación. Nuestra visión, mezclada con la incredulidad en la bondad del Señor para con nosotras, rápidamente se convertirá en codicia.

Codiciamos

En cada etapa hay bendiciones y dificultades. Nuestra incredulidad hacia Dios, por lo general, comienza cuando olvidamos que cada temporada tiene sus propios problemas. En varios sentidos, deberíamos esperar que las circunstancias de la vida se vuelvan cada vez más difíciles. Vivimos en un mundo caído. Cuanto más tiempo vivamos en este mundo, más experimentaremos el quebrantamiento en nuestra propia vida y en la vida de los demás. Esta realidad debería llevarnos a anhelar aún más nuestro hogar celestial. Sin embargo, en muchos casos solo aumenta nuestro descontento y nuestro esfuerzo por controlar nuestras circunstancias externas en un intento por protegernos de las dificultades de la vida. Nuestra codicia en esta área demuestra cuán firmemente creemos en las promesas de este mundo, en lugar de creer en la vida que solo puede venir a través de una relación cada vez mayor con Cristo.

Cuando codiciamos las comodidades y las bendiciones de otra etapa de la vida, por lo general, deseamos lo que es raro en nuestra propia situación. Cuando tenía tres niños pequeños en casa, que siempre requerían mi atención, lo que más codiciaba era un tiempo a solas. Pasaba mis días con las constantes demandas de la maternidad y, a menudo, ¡era difícil incluso ir al baño sola! Ansiaba pasar tiempo a solas: ir al supermercado, ir a comprarme ropa, leer un libro. Cuando veía que mis amigas solteras realizaban estas sencillas actividades solas, me resultaba fácil desear pecaminosamente su libertad. Amaba mucho a mis hijos, pero quería poder tenerlos sin perder la libertad que disfrutaba en otras etapas. En verdad, lo quería todo.

Cada temporada tiene sus rarezas. La mujer soltera enfrenta el anhelo de una compañía, alguien con quien compartir su vida día a día. La madre de niños pequeños desea libertad. La madre de hijos grandes desea el control que solía tener sobre los amigos y el horario de sus hijos. La mujer trabajadora desea liberarse del estrés de su trabajo, mientras que la mujer que no trabaja desea el ingreso adicional de un cheque de pago.

Estas rarezas también pueden afectar nuestros deseos codiciosos dentro de nuestra temporada en particular. Algunas mujeres solteras tienen amistades maravillosas que alivian su anhelo de compañía. Algunas mujeres casadas tienen matrimonios más fáciles. Los hijos pequeños de algunas mujeres son más obedientes y los hijos más grandes de algunas mujeres parecen pasar fácilmente por la adolescencia. En cada etapa, algunas mujeres tienen más recursos económicos que alientan a los miembros de la familia y otras circunstancias que parecen aliviar sus dificultades en una temporada en particular. Sin embargo, siempre debemos darnos cuenta de que solo tenemos una visión limitada de las circunstancias externas de la vida de otra persona. En realidad, estamos interpretando todo a través de nuestra propia visión finita del mundo. La visión de Dios de todas nuestras circunstancias, y las circunstancias de los demás, es completa e infinita en alcance. Está tejiendo una historia perfecta que algún día se contará en su totalidad. Cuando codiciamos en estos hechos circunstanciales, confiamos en nuestra propia definición de bondad, en lugar de confiar nuestras vidas a Aquel que obra todas las cosas para nuestro bien.

Nuestra codicia se manifiesta con mayor frecuencia a través de nuestras quejas y rezongos. Al igual que los israelitas, nos lamentamos por nuestra situación actual sin hacer memoria de las dificultades de otras temporadas. Nos volvemos cada vez más absortas en nosotras mismas y buscamos soluciones terrenales para aliviar las dificultades en lugar de acudir al Señor en todas nuestras circunstancias. No es codiciar ser consciente de las dificultades o luchas de nuestra etapa en particular; codiciar es estar llena de amargura y descontento por las dificultades. Una mujer contenta puede compartir con sus amigas y con el Señor su lucha sincera. Sin embargo, lo hace de una manera que demuestra su fe y confianza en el Señor. En cambio, la mujer codiciosa cree que sus circunstancias externas son prueba de que el Señor no es bueno con ella. Se queja y se lamenta, y busca que otros la acompañen en su lamento. Cultiva el descontento y pronto se convierte en una mujer que toma de quienes la rodean.

Tomamos

Las mujeres que codician etapas y circunstancias adoptan una variedad de formas. En primer lugar, tienen dificultades para ofrecer su amistad a cualquiera, excepto a aquellas que están en su misma etapa de la vida. La mujer soltera que desea casarse rápidamente deja de pasar tiempo con sus amigas casadas. Cree que no pueden entender sus luchas. O puede perder a sus amigas casadas porque su egocentrismo le hace creer que sus vidas son perfectas ahora que están casadas. No escucha las dificultades de sus amigas casadas y sus amistades se vuelven cada vez más unilaterales. Asimismo, la madre de un adolescente rebelde solo puede discutir su situación con madres de otros adolescentes difíciles. En lugar de obtener sabiduría potencial de una variedad de amistades, se aísla porque cree que nadie más puede entender su lucha. Tendemos a mantenernos abiertas solo a amistades con personas que se parecen a nosotras, y nos perdemos el crecimiento que podría venir de conocer mujeres de diferentes edades, etapas, trasfondos socioeconómicos y circunstancias.

En segundo lugar, tomamos porque somos incapaces de amar a nuestro prójimo como Cristo nos amó. Cuando solo vemos a nuestro prójimo como un instrumento con el cual compararnos, nunca lo amaremos como se debe. Nos fijaremos en lo que es más fácil en la vida de esa persona y no nos compadeceremos ni le brindaremos ayuda en lo que pueda ser difícil para ella. Nuestras oraciones se centrarán en lo que sea para nuestro bien, y no en el bien de aquellos que nos rodean.

Finalmente, tomamos de los demás mientras propagamos el descontento por nuestras circunstancias en lugar de irradiar satisfacción. Hace poco, escuché a un orador hablar sobre cómo el descontento era similar a un germen, que se propagaba de una persona a otra como un resfriado. Al concentrarnos en las luchas diarias de nuestras circunstancias terrenales, nuestro ejemplo animará a otras personas a hacer lo mismo. Colocar nuestras expectativas en anhelos temporales nos deja hambrientas y deseosas, e incapaces de dar esperanza a los demás. Somos como una persona hambrienta que abre la boca para tratar de comer viento. No encontramos contentamiento porque no recibimos un verdadero sustento. Nuestro propio vacío nos hace tomar de los demás en un intento de llenarnos a nosotras mismas. Una vez que hemos tomado de otras personas, intentamos ocultar la realidad de nuestro descontento a quienes nos rodean.

Nos escondemos

En nuestra temporada de descontento, por lo general, nos escondemos de dos maneras. Algunas mujeres intentan esconderse cuando se excusan de su descontento y explican una y otra vez lo difícil de una circunstancia en particular. Una persona así esconde su propio pecado mientras piensa: "Mi situación es tan difícil y única, que puedo permitirme el lujo de sentirme desdichada. Cualquiera que esté enfrentando mi misma situación estaría tan descontenta como yo". Pablo habla de la falacia de este tipo de pensamiento cuando escribe: "Ustedes no han sufrido ninguna tentación que no sea *común* al género humano. Pero Dios es fiel, y no permitirá que ustedes sean tentados más allá de lo que puedan aguantar. Más bien, cuando llegue la tentación, él les dará también una salida a fin de que puedan resistir" (1 Corintios 10:13, NVI). Las situaciones que enfrentamos son más comunes de lo que podemos darnos cuenta. Si bien es fácil ocultar nuestro pecado debido a la dificultad de nuestras circunstancias, debemos salir de nuestro escondite y confesarnos si queremos ser libres. De lo contrario, podríamos caer en un segundo tipo de escondite.

En contraste a las quejas externas, algunas mujeres buscan ocultar su propio descontento con una apariencia de felicidad. En su interior, todavía comparan sus circunstancias con las de los demás y rezongan ante el Señor. Sin embargo, se guardan todo eso para sí mismas, juzgan en silencio a los que las rodean y se sienten decepcionadas con el Señor. Este tipo de escondite las separa de otras personas y de Dios. En lugar de rebosar de vida hacia los demás, se aíslan y ocultan sus verdaderos sentimientos. No están menos descontentas; solo están intentando ocultar el verdadero estado de su corazón.

Cómo adoptar un nuevo patrón

Nuestro patrón de ver, codiciar, tomar y esconder en las diferentes etapas de nuestra vida nos traerá consecuencias tal como sucedió con los israelitas. Es posible que nos perdamos las bendiciones que el Señor quiere darnos en una temporada en particular, porque estamos muy concentradas en lo que nos falta. Así como los israelitas tuvieron que pasar cuarenta años más deambulando por el desierto, podemos experimentar dificultades adicionales debido a nuestras quejas y rezongos. Necesitamos luchar contra este tipo de codicia al buscar al Señor, desear de manera correcta, dar con generosidad y confesar con toda confianza para que podamos aceptar con gozo las bendiciones de la temporada que estamos viviendo en el presente.

Buscar al Señor

Cuando nos enfrentamos a circunstancias o temporadas difíciles, es tentador tratar de encontrar consuelo en otras personas que enfrentan pruebas similares o incluso en aquellas que enfrentan luchas más difíciles. Un día me di cuenta de que, a veces, trataba de obtener contentamiento del hecho de que alguien más en el mundo se enfrentara a circunstancias más espantosas que la mía. Este pensamiento puede estar enraizado en la frase que todos los padres dicen: "Tienes que comer tus vegetales, ¿no sabes que hay niños que se mueren de hambre en el mundo?". De manera similar, trataba de convencerme de que mi gozo debía estar basado en las dificultades de otra persona. Por ejemplo, supongamos que estoy teniendo un día difícil por cualquier motivo. Podría pensar: "Bueno, al menos no vivo en Haití ni mi casa se derrumbó debido a ese terrible terremoto". Por supuesto, podemos usar los sucesos mundiales para obtener una perspectiva de nuestra situación, pero es una forma bastante peligrosa de intentar encontrar contentamiento. Las Escrituras nunca nos exhortan a encontrar gozo en el hecho de que nuestra situación no es tan desdichada como la de los demás. Nos exhorta a encontrar nuestro gozo en el hecho de que todas nuestras circunstancias vienen de la mano amorosa de Dios. Un día podemos llegar a enfrentar el terremoto, la inundación u otra desgracia que alguna vez usamos para ganar perspectiva. Si nos aferramos al contentamiento porque las circunstancias podrían ser peores, ¿qué sucederá cuando nuestra situación sea más difícil que la de cualquier otra persona que conozcamos? Comparar las temporadas y las circunstancias puede darnos una perspectiva, pero el gozo permanente fluye de un afecto cada vez más profundo por el Señor. Buscar al Señor a lo largo de las etapas y las circunstancias de la vida es la clave para el contentamiento en todas las cosas.

Si queremos encontrar contentamiento y gozo, debemos creer que Dios está permitiendo y reinando de manera providencial sobre todo lo que llega a nuestras vidas.

A medida que buscamos conocer al Señor en cada etapa de nuestra vida, debemos recordar algunas verdades sobre nuestras circunstancias. En primer lugar, el Señor nos ha llamado a gozarnos en ellas. Pablo exhorta: "Estad siempre gozosos. Orad sin cesar. Dad gracias en todo, porque esta es la voluntad de Dios para con vosotros en Cristo Jesús" (1 Tesalonicenses 5:16-18).

Pablo deja claro que estamos llamados a gozarnos siempre y en toda circunstancia. Cualquiera que sea la temporada que estés atravesando, hay un llamado a gozarte. Pablo no dice que todas las circunstancias son buenas. Los cristianos enfrentan dificultades terribles y experimentan maldades e injusticias contra ellos. No nos gozamos en las maldades del hombre ni nos deleitamos en el quebrantamiento de este mundo. Nos gozamos en el Dios que puede y está dispuesto a redimir y usar esas dificultades para bien. Esta base del gozo nos lleva a la segunda verdad que debemos sostener y creer acerca de nuestras circunstancias.

Si queremos encontrar contentamiento y gozo, debemos creer que Dios está permitiendo y reinando de manera providencial sobre todo lo que llega a nuestras vidas. Dios, a través de Isaías, dice: "Oídme... los que sois traídos por mí desde el vientre, los que sois llevados desde la matriz. Y hasta la vejez yo mismo, y hasta las canas os soportaré yo; yo hice, yo llevaré, yo soportaré y guardaré" (Isaías 46:3-4). Desde la concepción hasta la muerte, el Señor sostiene de manera cercana, benévola y atenta a quienes ama. Continúa hablando de su poder supremo sobre toda su creación cuando proclama: "porque yo soy Dios, y no hay otro Dios, y nada hay semejante a mí, que anuncio lo por venir desde el principio, y desde la antigüedad lo que aún no era hecho; que digo: Mi consejo permanecerá, y haré todo lo que quiero" (Isaías 46:9b-10). Si bien puede parecer a nuestros ojos que todo lo que sucede a nuestro alrededor es totalmente aleatorio y está fuera de control, debemos recordar que todos los acontecimientos están sujetos a la cuidadosa planificación de Dios. Él está escribiendo una hermosa historia que un día se contará en su totalidad y con mucho gozo. En cada una de nosotras, Él obra constantemente para nuestro bien y nos transforma a la imagen de su Hijo (Romanos 8:28-29). Muchas veces, no veremos con nuestro poco entender de este lado de la eternidad de cuántas formas Él obra todas las cosas para bien. Cada una de nosotras debe elegir, como Caleb y Josué, ver con los ojos de la fe y creer que Dios está obrando en nuestra etapa de la vida en particular para formarnos y transformarnos de manera más amorosa de lo que hubiéramos pedido.

Eclesiastés habla de las diferentes temporadas que cada uno de nosotros enfrenta. Salomón proclama: "Todo tiene su tiempo, y todo lo que se quiere debajo del cielo tiene su hora. Tiempo de nacer, y tiempo de morir; tiempo de plantar, y tiempo de arrancar lo plantado" (Eclesiastés 3:1-2). Después de enumerar diversas circunstancias que todos atraviesan, concluye: "Todo lo hizo hermoso en su tiempo; y ha puesto eternidad en el corazón de ellos, sin que alcance el hombre a entender la obra que ha hecho Dios desde el principio hasta el fin" (v. 11). En nuestra finitud, no podemos entender las obras de un Dios infinito. David lo proclamó en los Salmos: "Tal conocimiento es demasiado maravilloso para mí; alto es, no lo puedo comprender" (Salmos 139:6). Si bien no siempre podemos entender las obras de Dios, podemos creer que Él siempre obra para que todo sea hermoso en su tiempo.

Nuestra fe en su providencia nos permite confiar en Él y disciplinarnos para dejar de comparar nuestra historia con la de los que nos rodean. En la historia de ficción de C. S. Lewis, *El caballo y el muchacho,* el joven Shasta finalmente conoce al león, Aslan, la figura divina de la serie. Aslan describe cómo ha estado siguiendo a Shasta toda su vida y cómo estuvo con él en toda circunstancia. En un momento dado, Shasta cuestiona el trato de Aslan con su amiga Aravis. Aslan responde: "Niña, te estoy contando tu historia, no la de ella. A cada uno le cuento su propia historia, y ninguna otra".[2] Necesitamos buscar al Señor, ver su obra en nuestra propia historia y dejar de comparar nuestra suerte con la de otras personas.

Por último, debemos creer que, cualesquiera que sean las circunstancias o dificultades que surjan en nuestra vida, las misericordias de Dios superan con creces las aflicciones. Puede ser fácil pasar por alto todo lo que tenemos cuando ponemos nuestros ojos en lo que nos falta. En cada temporada y circunstancia, debemos recordar la riqueza que tenemos en Cristo. *El contentamiento cristiano: una joya rara* lo expresa de esta manera:

---

2. C. S. Lewis, *The Horse and His Boy* (Nueva York: HarperCollins, 1954), p. 165. Edición en español, *El caballo y el muchacho,* publicado por Harper-Collins Español, 2005.

Aunque no puedo saber cuáles son tus aflicciones, sé cuáles son tus misericordias, y sé que son tan grandes, que estoy seguro de que no puede haber aflicciones en este mundo tan grandes como las misericordias que posees. Si fuera solo esta misericordia —que tengas este día de gracia y salvación ininterrumpido para ti— es una misericordia mayor que cualquier aflicción. Pon cualquier aflicción al lado de esta misericordia y fíjate cuál pesa más, y verás que es más grande que cualquier aflicción. Que tengas el día de gracia y salvación, que ya no estés en el infierno, es una misericordia mayor.[3]

Necesitamos permitir que la realidad de la misericordia de Cristo para nosotras invada todas las áreas de nuestra vida y nos llene de nuevo con el gozo de nuestra redención y salvación. Al concentrarnos en su misericordia, encontraremos contentamiento y gozo que darán abundancia en cada temporada.

Desear de manera correcta

A medida que pasamos tiempo con el Señor cada día, poco a poco nuestros deseos empiezan a cambiar y a convertirse en una nueva esperanza. Aunque anhelamos que las circunstancias cambien, nuestro mayor anhelo es el contentamiento en todas y cada una de las circunstancias. Mantenemos nuestra esperanza en el Señor y confiamos en que Él la cumplirá en su tiempo. Durante una temporada particular de espera en mi propia vida, me encontré con el Salmo 32:9: "No seáis como el caballo, o como el mulo, sin entendimiento, que han de ser sujetados con cabestro y con freno, porque si no, no se acercan a ti". Al leer este versículo, me di cuenta de que describía mi propia renuencia a someter mi vida a la clara dirección del Señor. Actuaba como una mula: terca, obstinada y dura de corazón. Seguía al Señor a donde Él quería que fuera, pero no lo hacía con gozo. En cambio, iba a la rastra y jalaba de los

---

3. Jeremiah Burroughs, *The Rare Jewel of Christian Contentment* (Edimburgo: Banner of Truth Trust, 1964), p. 173. Edición en español, *El contentamiento cristiano: una joya rara*, publicado por Publicaciones Faro de Gracia, 2014.

cabestros que me llevaban por buenos caminos. En ese momento, el Señor fue fiel para convencerme y darme un deseo mejor. Mis circunstancias no cambiaron, pero el Señor me dio el nuevo deseo de venir a Él con humildad y mansedumbre, y no por la fuerza del cabestro y el freno. Lo que yo creía que necesitaba, lo reemplazó con más de su misma presencia, para mostrarme nuevamente que Él es mi verdadero sustento. San Agustín lo expresa así: "¡Cuán repentinamente reconfortante fue perder los falsos consuelos del pasado! Durante mucho tiempo había temido perderlos, y ahora era un placer despojarme de ellos. En verdad fuiste tú quien los alejó de mí, mi verdadero y supremo consuelo; los alejaste de mí y has ocupado su lugar". Nuestro deseo en cada temporada debe comenzar con la búsqueda de conocer más a Dios en cualquier circunstancia que Él nos coloque.

Cuando nos concentramos en lo que disfrutaremos en el cielo, encontramos esperanza aquí en la tierra.

A los efectos de tratar de desear de manera correcta, es útil tener dos perspectivas en medio de las dificultades de nuestra temporada. En primer lugar, debemos considerar un breve pensamiento, y preguntarnos: "¿Puedo soportar esta difícil situación hoy?". Deja de pensar en la próxima semana, el próximo mes o el próximo año. Simplemente, supera *este* día. Por lo general, podemos soportar cualquier dificultad durante un día. Cuando comenzamos a pensar en los problemas y nos preguntamos cuánto tiempo tendremos que soportar una prueba en particular podemos sentirnos abrumadas por nuestras circunstancias. Nadie sabe cuánto durará una dificultad. Nuestro objetivo es simplemente confiar en Dios para que nos ayude hoy, porque cada día tiene suficientes problemas (Mateo 6:34).

En segundo lugar, debemos considerar nuestra circunstancia a largo plazo y preguntarnos: "A la luz de la eternidad, ¿puedo considerar esta prueba ligera y momentánea?". Cuando meditamos en el peso de gloria que disfrutaremos en el cielo, podemos soportar mucho tiempo de espera aquí. Nuestros hijos pueden tolerar muchas horas de viaje en el automóvil hacia la playa, porque saben que les esperan días llenos de diversión. Al atravesar diferentes temporadas, cuando el viaje se vuelve agotador, debemos mantener nuestros ojos puestos en nuestro destino celestial. Cuando nos concentramos en lo que disfrutaremos en el cielo, encontramos esperanza aquí en la tierra.

Dar con generosidad

Cuando buscamos al Señor, y Él nos da nuevos deseos, nos convertimos en mujeres que dan con generosidad en cada temporada. El Salmo 1 habla de esta verdad cuando describe al hombre que se deleita en la ley del Señor. El salmista declara: "Será como árbol plantado junto a corrientes de aguas, que da su fruto en su tiempo, y su hoja no cae; y todo lo que hace, prosperará" (Salmos 1:3). El Salmo 92 continúa con esta analogía al señalar: "Aun en la vejez fructificarán; estarán vigorosos y verdes" (v. 14). Los plantados junto a las corrientes del agua pura de las Escrituras darán fruto abundante en cada temporada.

¿Qué fruto da una mujer que permanece en el Señor en cada temporada? Pablo señala que el fruto del Espíritu es "amor, gozo, paz, paciencia, benignidad, bondad, fe, mansedumbre, templanza" (Gálatas 5:22-23). En cada temporada, si caminamos en el Espíritu, podemos abundar en esos frutos. Al hacerlo, daremos con generosidad a todos los que conozcamos. Esta descripción del fruto del Espíritu es una imagen de contentamiento. Nuestro contentamiento personal brota en manantiales de generosidad hacia los demás.

Las mujeres que dan con generosidad en una temporada en particular probablemente serán mujeres con amistades que abarcan diferentes etapas de la vida. Buscan brindar comprensión a otras mujeres que se encuentran en circunstancias diferentes y compartir sus vidas con aquellas que tal vez no comprendan totalmente sus propias luchas. Una de las relaciones más cercanas que ha crecido a lo largo de los años es la que tengo con mi amiga Angela. La conocí originalmente cuando se mudó a la ciudad y comenzó a trabajar como niñera de mis hijos. Con el tiempo, comenzó a asistir a un estudio bíblico en nuestra casa y luego comenzamos a reunirnos con regularidad para orar. A lo largo de los años, me ha visto pasar de tener un hijo pequeño a una familia de tres hijos con mucho ajetreo. Ha jugado al escondite o a perseguir a los niños y ha leído más libros infantiles que la mayoría de las mujeres solteras de veintitantos años. Ha sido generosa al darnos de su tiempo para que mi esposo y yo pudiéramos disfrutar algunas noches de citas tranquilas. Hemos pasado horas juntas en la planificación de actividades de alcance ministerial, escritura de estudios bíblicos o simplemente en la preparación de comidas en mi cocina. Nuestras temporadas diferentes han sido una bendición para cada una de nosotras de diversas formas. La generosidad de Angela la ha bendecido con tres niños pequeños que corren hacia la puerta con los brazos abiertos y les encanta llenarla de abrazos cuando entra a nuestra casa. También ha obtenido una perspectiva sobre la temporada de su propia vida al compartir la vida con nuestra familia. Puede ver más claramente las bendiciones de su propia temporada al observar algunas de las dificultades de la maternidad. De manera similar, puedo ver con más claridad las numerosas bendiciones de mi familia, al observar las dificultades de ser una mujer soltera de veintitantos años. Dar con generosidad en nuestras temporadas ayuda al cuerpo de Cristo a funcionar bien y bendice a cada miembro. Lo que falta en una temporada se puede compartir con otra mujer que se encuentre en una temporada distinta.

Confesar con toda confianza

Mientras luchamos en nuestras temporadas y circunstancias, debemos ser mujeres que confiesen con toda confianza. En mi temporada actual de trabajo a tiempo parcial y de madre a tiempo completo, a veces creo erróneamente que, si solo tuviera más horas al día, estaría contenta. Mi codicioso deseo de tener tiempo para mí puede llevarme a sentir un descontento interior cuando escucho que otra mujer fue al cine o pasó un fin de semana sola en las montañas. En lugar de sentarme y calmarme en mi frustración, necesito confesarlo, tanto a Dios como a las mujeres que oran fielmente por mí. Ocultar mi resentimiento solo hará que surja de otras maneras y me pierda la bendición de las fieles oraciones de otras mujeres. Todas luchamos en ciertas áreas con el llamado del Señor sobre nuestras vidas. Necesitamos confesar nuestra debilidad para que Él nos llene de fe y nos permita proclamar: "Jehová es la porción de mi herencia y de mi copa; tú sustentas mi suerte. Las cuerdas me cayeron en lugares deleitosos, y es hermosa la heredad que me ha tocado" (Salmos 16:5-6). Debemos orar por ojos de fe que vean claramente la riqueza que nos pertenece en Cristo a lo largo de cada temporada de la vida.

Preguntas para la reflexión personal y grupal

1. ¿Alguna vez has creído que una mujer en particular "lo tenía todo" en la vida? ¿Qué te llevó a sacar esa conclusión? ¿Cuál es la falacia de hacer tales afirmaciones sobre la vida de otra persona?

2. ¿Cómo es que puede ser difícil cultivar relaciones con mujeres en diferentes temporadas de la vida? ¿Cómo es que puede ser una bendición?

3. Lee Éxodo 1:11-14, 22 y Éxodo 16:3. ¿Cómo es que la perspectiva de los israelitas al deambular por el desierto los llevó a recordar erróneamente su sufrimiento pasado? ¿De qué manera romantizamos las experiencias pasadas (o futuras) y no vemos lo bueno de nuestra situación actual?

4. Lee Números 13:26–14:4. ¿Cómo es que la incredulidad interior de los israelitas les hizo interpretar todas sus circunstancias sin esperanza? ¿Cuál es la diferencia entre Caleb y Josué y los otros diez espías? ¿Cómo intentaron los israelitas ocultar su falta de fe?

5. Lee Números 14:22-24. ¿Qué consecuencias sufrieron los israelitas?

6. ¿Cómo es que vemos fácilmente los beneficios de la etapa de la vida de otra persona? ¿Cómo comparamos las luchas de nuestra temporada en particular con otras mujeres en

diferentes temporadas? ¿Cómo nos lleva este juego de comparación a la envidia y los celos?

7. ¿Cómo es que este tipo de codicia conduce a la desunión en el cuerpo de Cristo? ¿Tienes amistades de distintas edades, que atraviesan distintas etapas, o la mayoría de tus amigas están exactamente en la misma temporada que tú? ¿Por qué sí o por qué no?

8. ¿Cómo es que cada etapa de la vida tiene tanto bendiciones como dificultades? Considera las diferentes temporadas de la vida de una mujer: ¿qué bendiciones hay en cada temporada y qué dificultades acompañan a cada una?

9. ¿Cómo nos comparamos también con otras mujeres en nuestra temporada o etapa de vida similar? ¿Cómo nos lleva esta comparación a tomar de las demás y dejar de amar a otras personas como Cristo nos amó?

10. Lee 1 Corintios 10:13. ¿Cómo expone este versículo la falacia de creer que nuestra situación es única y eso nos permite quejarnos, rezongar o amargarnos?

11. ¿Cuál es la diferencia entre encontrar contentamiento al comparar nuestra situación con la de alguien que tiene *más* dificultades que nosotras y confiar nuestras circunstancias al Señor?

12. Lee 1 Tesalonicenses 5:16-18. ¿Por qué se nos exhorta a estar siempre gozosas? ¿Cuál es la diferencia entre gozarnos en nuestras circunstancias y gozarnos en el Dios que tiene el control de todas nuestras circunstancias?

13. ¿Por qué es verdadera la siguiente declaración, citada al principio de este capítulo? "Aunque no puedo saber cuáles son tus aflicciones, sé cuáles son tus misericordias, y sé que son tan grandes, que estoy seguro de que no puede haber aflicciones en este mundo tan grandes como las misericordias que posees".

14. Lee Salmos 32:9. ¿Puedes pensar en un momento de tu vida cuando te costó mucho confiar tus circunstancias a Dios y seguirlo sin reservas? ¿Cómo es ir a Dios sujetadas con cabestro y freno? ¿Cómo es ir a Dios con un corazón confiado?

15. ¿Cómo es que nuestras circunstancias y temporadas son la invitación de Dios para que lo conozcamos de una manera nueva? ¿Cómo puedes ver que la profundidad de tu relación con Dios se corresponde con las temporadas y circunstancias por las que has atravesado?

16. ¿De qué manera podemos tener tanto una "visión a corto plazo" como una "visión a largo plazo" de nuestras circunstancias para ayudarnos a soportar las temporadas difíciles de nuestra vida?

La codicia
de dones y
habilidades

Es peligroso hacer lo que no estamos llamados a hacer o no cumplir con nuestro deber. La tierra no pudo soportar a Coré, y se lo tragó. El mar dio testimonio contra Jonás, el profeta fugitivo. La ruina de muchas almas irrumpe sobre ellas en esta puerta. Somos juzgados por nuestra propia mayordomía, no por la de otros. Dios solo requiere fidelidad en nuestro lugar. No culpamos a un manzano por estar cargado de manzanas y no de higos. Es un espíritu errático que saca a los hombres de su lugar y su vocación. Pueden ser orgullosos y estar descontentos con el lugar que Dios les ha asignado. El mundo es un camino demasiado estrecho para un corazón hinchado de orgullo. ¿Se esconderán entre la multitud cuando puedan mostrar al mundo lo que valen? No, no pueden soportarlo. Sin embargo, el hombre siempre prospera mejor en su propio terreno.

WILIAM GURNALL

Voices From the Past, p. 352.

9

La codicia de dones y habilidades

La historia de Coré

Uno de mis libros infantiles favoritos, *El conejito que quería tener alas rojas,* comienza de la siguiente manera:

> Había una vez un conejito blanco con dos hermosas orejas rosadas, dos ojos rojos brillantes y cuatro suaves patitas; un conejito blanco muy lindo, pero no era feliz. Piensa un poco: este conejito blanco quería ser diferente al lindo conejito que era.[1]

Cada vez que pasaba uno de los animales del bosque, el conejito blanco notaba alguna característica especial y decía a su madre: "¡Oh, mamá! ¡Ojalá tuviera…!" cualquier característica que hiciera especial a ese animal. Quería la larga cola gris del Sr. Cola Tupida, el lomo del Sr. Puercoespín lleno de cerdas y las adorables patas rojas palmeadas de la Srta. Pata de Laguna. A medida que avanza la historia, el sabio Sr. Marmota dice al conejito blanco

1. Carolyn Sherwin Bailey, *The Little Rabbit Who Wanted Red Wings* (Nueva York: Platt & Munk Publishers, 1931). Edición en español, *El conejito que quería tener alas rojas,* publicado por Grosset & Dunlap, 1995.

que, si va al estanque de los deseos y se da la vuelta tres veces, obtendrá lo que desea. Se apresura hacia el estanque y, justo cuando llega allí, ve a un pajarito rojo sentado en el borde del estanque. Se da la vuelta tres veces y pide: "¡Ojalá tuviera un par de alas rojas!". Inmediatamente, siente que las alas le comienzan a crecer y, al final del día, tiene un par de hermosas y grandes alas rojas. Corre a la casa para mostrárselas a su madre, pero cuando llega se da cuenta de que, para su consternación, ella no lo reconoce y no lo deja entrar. Regresa a la casa del Sr. Marmota y duerme incómodo toda la noche sobre hayucos. Por la mañana, cuando el conejito blanco intenta usar sus alas para volar, aterriza sobre un arbusto lleno de espinas y le pide ayuda a su mamá. El viejo Sr. Marmota viene a su rescate y le pregunta cómo se siente con sus nuevas alas rojas. Para consternación del conejito blanco, las alas rojas no le han traído alegría, sino desdicha. El Sr. Marmota alienta al conejito a regresar al estanque y pedir que se le quiten esas alas. El conejito blanco hace precisamente eso, y la historia termina:

> Luego se fue a casa con su mamá, que lo reconoció de inmediato y se alegró mucho de verlo; y el conejito blanco nunca, jamás, volvió a desear ser diferente de lo que era.

Siempre me ha encantado esta historia. Mi madre me la leía y yo se la leía a mis hijos. Representa con suma precisión cómo tendemos a ver los dones y las habilidades de los demás y los queremos para nosotras. En lugar de una cola tupida, patas palmeadas o el lomo lleno de cerdas, anhelamos la creatividad, los talentos musicales, la inteligencia, la personalidad o los dones espirituales de otra persona. No podemos ver nuestras propias cualidades únicas y deseamos las bendiciones que Dios ha dado a otra persona. En este capítulo, veremos en detalle cómo nuestros deseos codiciosos de dones y habilidades nos roban el contentamiento. Comenzaremos por estudiar la historia del Antiguo Testamento sobre los celos de Coré por el sacerdocio de Aarón. Después de ver su ejemplo, haremos una introspección y examinaremos este patrón codicioso en nuestro propio corazón. Finalmente, veremos las verdades de Dios que debemos conocer para luchar contra estas tendencias codiciosas.

La envidia de Coré

Coré vivió en la época de Éxodo. Era el hijo de Izhar, perteneciente a la tribu de Leví. El hermano de Izhar fue Amram, que fue el padre de Moisés y Aarón (Éxodo 6:16-21). Por lo tanto, Coré era primo de Moisés y Aarón y era un compañero levita de ellos. Los levitas no se incluyeron en el censo de los israelitas, ni en la distribución de la tierra de Canaán. En cambio, se les encargó el cuidado del tabernáculo mientras los israelitas deambulaban por el desierto. Solo los levitas podían llevar el arca, el mobiliario, las tiendas y cualquier otro utensilio perteneciente al tabernáculo (Números 1:47-53). A cambio de su fiel servicio, el Señor les dio todos los diezmos de Israel como herencia (Números 18:21).

Cada uno de los descendientes de Leví tenía funciones específicas dentro del cuidado del tabernáculo. Leví tenía tres hijos: Gersón, Coat y Merari. Las familias de Gersón se ocuparían de las cubiertas exteriores del tabernáculo y la tienda. A las familias de Coat se les encargó el cuidado del arca, la mesa, el candelero, los altares y todos los utensilios del interior del santuario. Las familias de Merari eran responsables de cuidar las tablas del tabernáculo, sus barras, columnas, bases y todos los enseres relacionados con su uso (Números 3:21-37). A cada familia levítica se le asignaron deberes específicos para mantener el tabernáculo sagrado y apartado para la gloria de Dios.

Si bien cada una de las familias levíticas tenía funciones especiales, a Aarón y sus hijos se les otorgó la función específica de sacerdotes para el pueblo de Israel. Solo se consagraron a Aarón y sus hijos para actuar como mediadores entre Dios y su pueblo.

Específicamente, eran los únicos autorizados a encender el fuego en el altar y presentar los diferentes tipos de ofrendas al Señor (Levítico 1:7). Esta responsabilidad conllevaba tanto privilegios como deberes. Las ofrendas debían realizarse de acuerdo con las Escrituras, o de lo contrario el sacerdote moriría. El día después que se ofreció la primera ofrenda en el desierto, dos de los hijos de Aarón, Nadab y Abiú, tomaron sus incensarios y pusieron en ellos fuego, sobre el cual pusieron incienso. Mientras ofrecían delante del Señor fuego extraño, que Él nunca les mandó, de la presencia del Señor salió fuego y los consumió. Aarón experimentó la dolorosa pérdida de dos de sus hijos porque no obedecieron el mandato del Señor con exactitud (Levítico 10).

Sin embargo, el sacerdocio también conllevaba privilegios especiales. El Señor autorizó que los sacerdotes recibieran porciones especiales de carne, grano, aceite y pan mientras ministraban delante del pueblo. Solo Aarón y sus hijos tenían autorización de comer estos alimentos, porque eran santos. Aarón también recibió vestiduras sagradas para usar mientras ministraba en el templo. Llevaba un efod de lino, un pectoral con incrustaciones de piedras preciosas, una túnica bordada, un manto, la mitra y un cinturón (Éxodo 28). Tanto su comida como sus vestiduras estaban apartadas del resto de la comunidad de Israel.

Lo más probable es que fueran los privilegios y la vocación especial de Aarón los que provocaron la fuerte envidia de Coré. En Números 16, él y otros tres hombres se rebelan contra Moisés y Aarón. Su insolencia animó a otros doscientos cincuenta líderes israelitas a rebelarse y proclamar: "¡Basta ya de vosotros! Porque toda la congregación, todos ellos son santos, y en medio de ellos está Jehová; ¿por qué, pues, os levantáis vosotros sobre la congregación de Jehová?" (Números 16:3). Moisés se postró sobre su rostro ante Coré y sus seguidores y les dijo que vinieran al tabernáculo por la mañana. Entonces podrían poner incensarios con fuego e incienso delante del señor y ver por sí mismos a quién elegiría el Señor, y le advirtió específicamente a Coré:

> Dijo más Moisés a Coré: Oíd ahora, hijos de Leví: ¿Os es poco que el Dios de Israel os haya apartado de la congregación de Israel, acercándoos a él para que ministréis en el servicio del tabernáculo de Jehová, y estéis delante de la congregación para ministrarles, y que te hizo acercar a ti, y a todos tus hermanos los hijos de Leví contigo? *¿Procuráis también el sacerdocio?* Por tanto, tú y todo tu séquito sois los que os juntáis contra

Jehová; pues Aarón, ¿qué es, para que contra él murmuréis? (Números 16:8-11).

A la mañana siguiente, Coré y sus seguidores se presentaron ante el Señor y ofrecieron doscientos cincuenta incensarios de fuego e incienso. A través de Moisés, el Señor dijo a todos que se apartaran de Coré y de los otros dos líderes rebeldes. De repente, la tierra se abrió debajo de ellos y se tragó sus casas con todas sus posesiones y los enterró vivos (Números 16:31-33). Después, salió fuego del Señor y consumió a los doscientos cincuenta hombres que habían ofrecido fuego e incienso injustamente ante el Señor. El Señor ordenó a Eleazar, hijo de Aarón, que tomara los incensarios y los martillara sobre el altar como recordatorio de que solo los descendientes de Aarón debían quemar incienso ante el Señor.

Coré vio

Al considerar la historia de Coré, podemos observar una vez más el mismo patrón codicioso que se apoderó de su corazón y produjo consecuencias nefastas. Coré era parte de la tribu de Leví, apartado para un servicio especial en la comunidad de Israel. Era parte de la familia Coat y estaba a cargo específicamente de los objetos más sagrados del templo. Sin embargo, no era sacerdote. En lugar de ver el llamamiento especial que el Señor le había hecho, decidió fijarse en el llamamiento único del sacerdocio. Vio que Aarón tenía un rol distintivo en el servicio de Israel y lo quería para sí mismo. Quizás vio que Aarón tenía permitido comer de los sacrificios o el efod con piedras preciosas que usaba y quería eso para él. Sabemos por las palabras de Coré que él creía que era tan santo como Aarón. El término "santo" se refiere a estar apartado. En este sentido, Aarón estaba apartado específicamente para el sacerdocio. No significaba que Aarón no tuviera pecados personales, sino que Dios lo había consagrado para esta tarea en particular. Coré vio la distinción dada a Aarón y se rebeló contra el Señor.

Coré codició

El Salmo 106 describe el amor inquebrantable del Señor por los israelitas a pesar de sus continuas faltas. Al trazar la historia de los casos específicos de desobediencia del pueblo de Israel, llega a la historia de Coré y señala: "Tuvieron *envidia* de Moisés en el campamento, y contra Aarón, el santo de Jehová. Entonces se abrió la tierra y tragó a Datán, y cubrió la compañía de Abiram. Y se encendió fuego en su junta; la llama quemó a los impíos" (Salmos 106:16-18). Este salmo muestra que el pecado específico de Coré y sus seguidores fue la envidia. La función de Coré de cuidar de los preciosos objetos del templo no fue suficiente. Su incapacidad para comprender el significado y la importancia de su función particular en la comunidad lo llevó por el camino de la codicia. Envidió el hecho de que Aarón estuviera consagrado al Señor como sacerdote y él no. En lugar de glorificar y adorar a Dios, Coré estaba preocupado por su propia gloria. Moisés entendió acertadamente que la verdadera rebelión de Coré era con Dios. Aarón era sacerdote porque Dios, el experto Alfarero, lo había formado para dicha función. En sí mismo, Aarón era solo un trozo de arcilla en las manos del Alfarero. Dios eligió el sacerdocio para Aarón por su beneplácito, no por la bondad o grandeza de Aarón. La rebelión y la ira de Coré, aunque se volvió hacia Moisés y Aarón, en realidad estaba dirigida a la decisión de Dios de usar a Coré en la comunidad de Israel.

Coré tomó

En este pasaje, es fácil observar de cuántas formas tomó de otros la codicia de Coré. A su propia familia se la tragó la tierra y descendieron vivos a la tumba a causa de su pecado. Su falta de fe animó a otros a rebelarse y los llevó a la muerte bajo el fuego consumidor del Señor. Sobre todo, tomó de la gloria de Dios al no alegrarse por ser parte de la comunidad de Israel. Compara las acciones de Coré con la adoración de David cuando declara: "Porque mejor es un día en tus atrios que mil fuera de ellos. Escogería antes estar a la puerta de la casa de mi Dios, que habitar en las moradas de maldad" (Salmos 84:10). David se alegró de que la gracia de Dios le permitiera acercarse a Él. Cumpliría cualquier función, ya que podría morar en los atrios de Dios. La voluntad de Coré de desobedecer el mandato de Dios demostró que su deseo de grandeza no tenía nada que ver con la gloria de Dios, sino que estaba centrado en la autopromoción.

Coré se escondió

Coré ocultó su propio orgullo y envidia al afirmar que, en realidad, Moisés y Aarón eran los orgullosos. Los acusó y les preguntó: "¿por qué, pues, os levantáis vosotros sobre la congregación de Jehová?" (Números 16:3). Como suele suceder, vemos nuestro propio pecado fácilmente en los demás, pero no lo vemos en nosotros mismos. El orgullo y la ambición se agitaban ansiosamente en el corazón de Coré, por lo que creía que debía ser cierto en Aarón y Moisés. Coré sabía perfectamente que toda la comunidad había sido apartada para ser el pueblo del Señor. Sin embargo, dentro del pueblo de Dios, Él otorga distintos llamamientos, dones y habilidades para servir al cuerpo. Algunos del pueblo de Israel iban a liderar, mientras que otros habían sido llamados a seguir. Dios había llamado a Aarón para la función del sacerdocio. Mientras Aarón lideraba en humilde obediencia, Coré se rebeló con un orgulloso desprecio de los mandamientos de Dios. Su intento de acusar erradamente a Moisés y Aarón para ocultar su propio pecado se encontró con la justicia esclarecedora y absoluta de Dios, quien reveló el pecado de Coré y sus seguidores mientras mostraba a todo el pueblo que tanto Moisés como Aarón eran los líderes por mandato divino.

El patrón en nuestras propias vidas

Si bien la iglesia no tiene las mismas regulaciones del templo que los levitas, tenemos la promesa de que cada creyente tiene dones y habilidades para servir al reino de Dios. Al igual que Coré, a menudo podemos creer que nuestros propios dones y habilidades no son importantes y comenzamos a codiciar las habilidades de quienes nos rodean. Si incurrimos en este patrón de ver, codiciar, tomar y esconder, no estaremos mostrando amor por el Señor ni amor por nuestro prójimo. En esta sección, examinaremos este patrón en nuestra propia vida y luego concluiremos el capítulo con las verdades que debemos adoptar para tener una comprensión correcta de nuestros dones y habilidades.

Vemos

Muchas de nosotras somos como el conejito que quería alas rojas. Pasamos el día observando a los demás y deseando llegar a ser como ellos. Una amiga es una maravillosa anfitriona. Otra amiga organiza de manera excelente. Una amiga tiene una habilidad asombrosa para servir a los demás. Otra amiga siempre parece estar predicando el evangelio a quienes la rodean. Escuchamos a una mujer elogiar a otra y comenzamos a preguntarnos: "¿Soy importante para alguien? ¿Sirvo para algo?". Empezamos a creer que, si fuéramos dotadas de una manera en particular, entonces tendríamos el amor, la admiración, el respeto y el honor que deseamos. Vemos claramente cómo Dios está usando a las demás, pero nos preguntamos si realmente tenemos algo para dar a quienes nos rodean.

Al considerar nuestra forma de ver, permítanme comenzar por decir que es bueno observar las muchas formas en que Dios usa a otros para edificar su reino. Cuando considero a mis diferentes amigas, siempre me sorprende ver cómo Dios une a tantas personas diferentes, de la manera apropiada, para mantener a su Iglesia. Nuestro problema al ver lo que Dios está haciendo con los demás surge cuando no creemos que Él también nos ha otorgado un don único para cumplir una función en su Iglesia. Si lo que vemos se mezcla con incredulidad, nos convertimos en personas llenas de desesperación y desánimo.

Se nos conceden diferentes habilidades... para que la Iglesia sea un cuerpo vivo, amoroso y trabajador.

Otro problema que puede ocurrir al considerar las habilidades dentro de la iglesia es el resultado de asignar demasiado valor a ciertas funciones y personas. Si solo estimamos las funciones de liderazgo o enseñanza, entonces está claro que tenemos una visión inexacta de los dones dentro de la Iglesia. Pablo usa la analogía del cuerpo físico en 1 Corintios 12 para describir la forma en que nuestras diferentes habilidades se unen para formar la iglesia. Cada una de nosotras necesita una variedad de partes para que nuestro cuerpo funcione. Si contara con veinte dedos en las manos y sin dedos de los pies, podría escribir más rápido, pero no podría caminar muy bien. Se nos conceden diferentes habilidades, algunas más obvias que otras, para que la Iglesia sea un cuerpo vivo, amoroso y trabajador. Cuando nuestros ojos se centran en ciertos dones y habilidades, con una visión errada de su significado, lo más probable es que estemos yendo por el camino de la codicia.

Codiciamos

Es bueno querer que Dios nos use para edificar a su Iglesia. Debemos desear ávidamente que su reino avance y crezca. Nuestro problema en esta área comienza cuando nuestro deseo pasa de la gloria de Dios a la nuestra. Pablo advirtió a los filipenses: "Algunos, a la verdad, predican a Cristo por envidia y contienda; pero otros de buena voluntad" (Filipenses 1:15). Sin embargo, un corazón que anhela la gloria de Dios puede contentarse al servir a Dios de diversas maneras. Conozco a muchas madres que se pasan el día limpiando baños, secando bocas y doblando ropa. En estos sencillos actos de servicio para su familia, están siendo fieles en la edificación del reino de Dios. Mis amigas que trabajan como maestras, banqueras, ingenieras y médicas también están glorificando a Dios con su fiel labor que produce una sociedad en operación y funcionamiento. Todo lo que hagamos debe hacerse para la gloria de Dios. Si nuestra meta es su gloria, entonces cada una de nuestras vidas adquiere un gran significado. Sin embargo, cuando empezamos a anhelar nuestra propia gloria, empezamos a codiciar los dones y las habilidades que aportan beneficios personales. Algunos quieren ganarse el respeto o la admiración, mientras que otros quieren amor o seguridad económica. Sea lo que sea que esperemos obtener, el enaltecimiento personal está en el fondo de nuestra codicia.

Nuestra codicia en esta área puede manifestarse de dos maneras. En primer lugar, podemos codiciar la forma en que Dios ha dotado a otra persona. No es que admiramos sus habilidades, sino que tenemos un anhelo desmedido de poseer los mismos dones que esa persona. Cuestionamos a Dios y nos preguntamos por qué no nos hizo de esa manera. Como Coré, nuestro descontento con Dios crece cada vez más e incluso podemos distanciarnos de la persona cuyos dones codiciamos. En segundo lugar, nuestra codicia en esta área también puede surgir del descontento por la forma en que Dios está ordenando nuestras circunstancias. En determinadas etapas de la vida, es posible que nos resulte difícil utilizar nuestros dones y habilidades. Quizás una mujer se sienta especialmente dotada para la hospitalidad. Sin embargo, debido a problemas económicos, no tiene los recursos para invitar a otras personas a su casa. Quizás una mujer se sienta llamada al campo misionero, pero su esposo trabaja como abogado en una ciudad pequeña. Quizás a una mujer le encanta organizar actividades para ayudar a los necesitados, pero ahora, con cuatro hijos pequeños, no tiene tiempo para ofrecerse como voluntaria en tal capacidad. En este sentido, no codiciamos las habilidades de otra persona, sino que deseamos que Dios use las fortalezas que nos ha dado de una manera particular de nuestra propia elección. Codiciamos que nuestros dones se usen para nuestros propios motivos y significado en la vida, en lugar de someterlos al tiempo y los propósitos de Dios.

Cuando originalmente nos mudamos a Escocia, luché con estos sentimientos de falta de significado en mi vida mientras luchaba por encontrar un lugar para servir en la iglesia. En los Estados Unidos, era profesora de una escuela secundaria pública y voluntaria en el ministerio Comunidad de Atletas Cristianos (FCA, por sus siglas en inglés), que trabajaba con los estudiantes de mi escuela. Teníamos una comunidad de estudiantes cada vez mayor y creía que el Señor me estaba usando en la escuela para ser una influencia de Cristo en la vida de los estudiantes. Era exactamente lo que siempre me había sentido llamada a hacer en mi vida.

Cuando nos mudamos al extranjero para que mi esposo prosiguiera su doctorado, al parecer mis dones y habilidades quedaron en suspenso. Muchos días, no tenía nada que hacer que considerara significativo. Trataba de participar en una variedad de actividades, pero seguía extrañando los ministerios que había dejado en los Estados Unidos. Un día, cuando me quejaba de todo lo que había renunciado para seguir a mi esposo, el Señor atravesó mi corazón con una simple pregunta. La tranquila y calmada Voz de la verdad preguntó: "Melissa, ¿me amas o amas el ministerio? Porque, si me amas, te encantará cualquier obra que te pida que hagas". En ese momento, me di cuenta de que mi ministerio no estaba en suspenso, sino que Dios me había llamado a una temporada de servicio distinta. En lugar de servir a los estudiantes de secundaria, me había llamado a servir con amor a mi esposo y apoyarlo en la tarea de obtener su doctorado. Si bien parecía insignificante (y completamente en contra de la sabiduría de nuestra época, que nunca impulsaría a una mujer a renunciar a sus aspiraciones para apoyar a su esposo), se convirtió en un lugar para servir fielmente al Señor. Él me hizo crecer y me enseñó más en esos años al mostrarme que el camino de la cruz no es la realización y la ganancia personal, sino el sacrificio personal. Me di cuenta de que cocinar, limpiar un baño o pasar las noches sola para que mi esposo pudiera escribir, todo adquiere significado cuando se hace para el Señor.

En su carta a los Colosenses, Pablo escribe estas palabras de aliento: "Y todo lo que hagáis, hacedlo de corazón, como para el Señor y no para los hombres; sabiendo que del Señor recibiréis la recompensa de la herencia, porque a Cristo el Señor servís" (Colosenses 3:23-24). Si estoy sirviendo al Rey de todo el universo, entonces todo lo que estoy haciendo adquiere significado. Nuestras tendencias codiciosas nos roban el gozo del servicio fiel y humilde. Y con el tiempo, también harán que tomemos de aquellos que nos rodean.

Tomamos

Una vez que esta raíz codiciosa haya crecido en nuestro corazón, se extenderá a nuestras acciones hacia los demás. Tomaremos de ellos de diversas formas. En primer lugar, tomaremos de los demás al no reconocer o estimular sus dones. En lugar de estimularlos hacia el amor y las buenas obras, nos quedamos en silencio. A medida que usan los dones y las habilidades que nos gustaría tener, todo lo que podemos ver son nuestros propios deseos. Debemos mostrar de manera activa y decidida nuestro agradecimiento hacia aquellos que trabajan diligentemente entre nosotros. Pablo dice a los tesalonicenses: "Os rogamos, hermanos, que reconozcáis a los

que trabajan entre vosotros, y os presiden en el Señor, y os amo-
nestan; y que los tengáis en mucha estima y amor por causa de
su obra" (1 Tesalonicenses 5:12-13). Nuestros deseos codiciosos
sofocan el reconocimiento, el estímulo y el respeto que debemos
dar a quienes trabajan diligentemente entre nosotros. No pensamos
en todos los sacrificios que hacen por la iglesia, y solo pensamos
en la admiración que reciben y que desearíamos recibir. De hecho,
a menudo nuestro propio descontento brota y se desborda en dis-
cusiones y desacuerdos dentro de la iglesia. Así como la codicia
de Coré lo llevó a estar en contra de Moisés, muchas discordias y
disensiones en las iglesias tienen sus raíces en la envidia personal
y las rivalidades entre sus miembros.

En segundo lugar, nuestros deseos codiciosos nos hacen tomar
de los demás al no usar nuestros dones y habilidades para animar
a la Iglesia. En cambio, buscamos áreas de servicio para las que
no somos particularmente aptas porque hemos considerado que
ese servicio es más importante. Cuando no damos con sacrificio
a otros a través de un servicio humilde, finalmente estaremos tomando unos a otros porque dejaremos sin hacer inconcluso lo que
debería hacerse. No se cocinan las comidas que se deberían cocinar
para ayudar a una familia necesitada. El pastor o algún otro líder,
ya desgastados por años de servicio, son los que deben acomodar
las sillas para una reunión ministerial porque no hay nadie que lo
haga. Las salas de guardería infantil deben cerrar debido a la falta
de voluntarios. Muchas veces, las mismas personas de la iglesia hacen la mayor parte del servicio porque son las que están dispuestas
a servir con humildad en cualquier área. Cuando las personas no
están dispuestas a servir en la guardería infantil, prestar ayuda a un
equipo de limpieza u orar fielmente porque no se ajusta a sus ansias
de significado, entonces toda la iglesia sufre como resultado. Los
pastores y los líderes de las iglesias se agotan porque no hay nadie
que quiera servir. Los dones y habilidades naturales no se desarrollan
cuando los esfuerzos se ponen en las áreas equivocadas. Si nuestros
pies comenzaran a tratar de actuar como nuestras manos, desper-
diciaríamos una tonelada de energía y esfuerzo. De manera similar,
cuando codiciamos los dones de los demás, perdemos el tiempo y la
energía que podríamos invertir en servir al cuerpo.

Por último, y lo más importante, tomamos la gloria de Dios al tratar de usar nuestras propias habilidades para traer gloria a nosotras mismas. Nuestros deseos codiciosos muestran que queremos recibir el reconocimiento de los demás. En Gálatas, Pablo pregunta: "¿busco ahora el favor de los hombres, o el de Dios? ¿O trato de agradar a los hombres? Pues si todavía agradara a los hombres, no sería siervo de Cristo" (Gálatas 1:10). Cuando buscamos la aprobación de los demás, esperamos que su reconocimiento y honra se dirijan hacia nosotras. Cuando buscamos la aprobación de Dios, esperamos que toda nuestra obra y labor diligentes traigan gloria a su nombre. Nuestros deseos codiciosos fluyen de tener nuestra mirada puesta en nosotras mismas, y el fin es la ganancia personal. En lugar de glorificar la obra de Cristo por nosotras, animamos a otros a prestar atención a todos nuestros atributos y labores especiales. De esta manera, no glorificamos a Dios como deberíamos y tomamos la honra para nosotras mismas. De hecho, precisamente este tipo de codicia llevó a los principales sacerdotes a crucificar a Cristo. Llevaron a Jesús ante Pilato, no porque creyeran que era un hereje, sino porque tenían envidia de su grandeza. En su Evangelio, Mateo relata: "Porque sabía [Pilato] que por envidia le habían entregado [los principales sacerdotes]" (Mateo 27:18). Así como la envidia llevó a Eva al fruto prohibido, el deseo desmedido de los principales sacerdotes llevó a nuestro Salvador a la cruz. Estos deseos no gobernados toman y toman, nunca se sacian y siempre piden más.

Nos escondemos

A medida que este patrón de ver, codiciar y tomar progresa en nuestras vidas, finalmente nos esconderemos tanto de los demás como de nosotras mismas. Ocultamos nuestra renuencia a servir en cierta área en particular con la excusa de estar ocupadas. Ocultamos nuestra falta de reconocimiento por el servicio fiel de otra persona al afirmar: "Estoy segura de que ella ya sabe lo talentosa que es en esa área". Ocultamos nuestra falta de servicio al culpar a Dios, en lugar de admitir que hemos permitido que nuestras habilidades se atrofien por falta de uso constante. También podemos escondernos de nuestras propias habilidades porque pensamos que, si estamos dotadas para algo, debería ser fácil hacerlo. Sin embargo, se requerirá tiempo y esfuerzo usar bien cualquier habilidad natural o don espiritual. Así como cualquier artista, atleta o académico debe pintar, ejercitarse o estudiar para desarrollar su talento natural, debemos esperar que nuestros dones espirituales requieran esfuerzo de nuestra parte para servir a otros. De todas estas formas, nos escondemos de nuestra responsabilidad dentro de la Iglesia y estamos cada vez más descontentas con los demás miembros.

Cómo adoptar un nuevo patrón

Debemos luchar de manera activa contra este patrón negativo de codiciar los dones y habilidades de los demás y adoptar un nuevo patrón de creencias. Una vez más, debemos comenzar por buscar al Señor para rescatarnos de nuestra tendencia rebelde.

Buscar al Señor

A los efectos de luchar contra nuestra propia ambición y orgullo, primero debemos mirar el ejemplo de Jesús. Pablo ordena a los creyentes de Filipos: "Nada hagáis por contienda o por vanagloria; antes bien con humildad, estimando cada uno a los demás como superiores a él mismo; no mirando cada uno por lo suyo propio, sino cada cual también por lo de los otros" (Filipenses 2:3-4). Luego les muestra el ejemplo de Jesús y les dice:

> Haya, pues, en vosotros este sentir que hubo también en Cristo Jesús, el cual, siendo en forma de Dios, no estimó el ser igual a Dios como cosa a que aferrarse, sino que se despojó a sí mismo, tomando forma de siervo, hecho semejante a los hombres; y estando en la condición de hombre, se humilló a sí mismo, haciéndose obediente hasta la muerte, y muerte de cruz (Filipenses 2:5-8).

Desde el momento de su concepción, Jesús se despojó de la gloria que le pertenecía y eligió nacer como un hombre. Desde su nacimiento en un establo, durante su ministerio de servicio y hasta su muerte en la cruz, vivió una vida de amor y humildad, y siempre veló por las necesidades de los demás antes que las suyas. A medida que buscamos conocer a Cristo y permanecer en su amor, su actitud comenzará a manifestarse en nuestra vida. Cada día necesitamos tiempo con Él en oración y en la Palabra, no sea que olvidemos que Él es la fuente de todo nuestro servicio y ministerio.

Muchos días, mientras fregaba el piso o limpiaba un inodoro, el ejemplo de Cristo al lavar los pies de sus discípulos cambió mi actitud hacia estas tareas triviales. Mientras trabajaba, pensaba que el Señor de toda la creación eligió doblar la rodilla y limpiar pies sucios y malolientes. Sabía muy bien mientras les servía que cada uno de esos amigos lo negaría y que uno de ellos lo traicionaría. Y, aun así, les lavó los pies. Su ejemplo de humildad y disposición a servir debería estimular en cada una de nosotras el deseo correcto de servir a los demás.

En segundo lugar, debemos recordar que el Señor conoce nuestra situación personal más de lo que podemos imaginar. Él nos formó a cada una de nosotras en el vientre de nuestra madre y lo hizo de manera tal que sirviera a sus propósitos. Debes usar las fortalezas y habilidades que te dio para glorificar a Dios y fortalecer a la Iglesia. A. W. Tozer nos anima:

> También debemos entregarle nuestros dones y talentos. Debemos reconocerlos por lo que son, un préstamo que Dios nos ha hecho, y no debemos suponer bajo ningún sentido que son propiedad nuestra. No debemos reclamar mérito por talentos o habilidades especiales como tampoco debemos alabarnos por tener ojos azules o músculos fuertes. "Porque ¿quién te distingue? ¿o qué tienes que no hayas recibido? Y si lo recibiste, ¿por qué te glorías como si no lo hubieras recibido?[2]

Somos tan solo arcilla en las manos del Alfarero, que nos moldea para cumplir nuestro rol en la gran historia de la redención. Pablo

---

2. Tozer, *The Pursuit of God*, p. 28.

escribe: "Porque por gracia sois salvos por medio de la fe; y esto no de vosotros, pues es don de Dios; no por obras, para que nadie se gloríe. Porque somos hechura suya, creados en Cristo Jesús para buenas obras, las cuales Dios preparó de antemano para que anduviésemos en ellas" (Efesios 2:8-10). Nuestra fe es un don, y Dios preparó nuestras buenas obras para nosotros de antemano. ¿Cómo podemos reclamar algún mérito como propio? Mientras usamos activamente nuestros talentos y habilidades, debemos recordar siempre que los hemos recibido para reflejar fielmente la gloria de Cristo.

El amor de Cristo nos impulsa a compartir con los demás, al mismo tiempo que nos alegramos por ser parte del pueblo de Dios.

Por último, mientras usamos nuestros dones debemos buscar al Señor, porque nuestro servicio será en vano si no permanecemos en Cristo. Al hablar con sus discípulos en la víspera de su muerte, Cristo les dijo: "Yo soy la vid, vosotros los pámpanos; el que permanece en mí, y yo en él, este lleva mucho fruto; porque separados de mí nada podéis hacer" (Juan 15:5). El que da mucho fruto lo hace solo por la fuerza de la vid. Si no nos mantenemos firmemente arraigados en Cristo, nuestros dones y habilidades nunca se convertirán en frutos maduros. Al permanecer cada día en Cristo, nuestra meta pasa a ser glorificarlo a través de simples actos de obediencia, hechos con amor y acción de gracias. Anhelamos que nuestro servicio sea una imagen del servicio de Cristo. Anhelamos ser sus manos y sus pies en servicio a otros para que puedan experimentar y conocer el amor de Cristo. El amor de Cristo nos impulsa a compartir con los demás, al mismo tiempo que nos alegramos por ser parte del pueblo de Dios. Los pormenores de *cómo* servimos se ven opacados por Aquel *a quién* servimos. El deseo diario de conocer a Cristo y caminar con Él nos protege de nuestros deseos destructivos de autopromoción y enaltecimiento personal.

Desear de manera correcta

Si queremos aprender a desarrollar deseos legítimos con respecto a nuestros dones y habilidades, necesitamos una idea de cómo es usar bien nuestras fortalezas. Felizmente, Pablo nos presenta una excelente descripción en su primera carta a la iglesia de Corinto. Les dice que cada cristiano tiene alguna manifestación del Espíritu, dada para el bien común. Utiliza la imagen del cuerpo cuando señala: "Porque así como el cuerpo es uno, y tiene muchos miembros, pero todos los miembros del cuerpo, siendo muchos, son un solo cuerpo, así también Cristo" (1 Corintios 12:12). Luego continúa explicando dos trampas en las que a menudo podemos caer cuando consideramos nuestro propósito. La primera proviene de no ver la importancia de nuestras habilidades en el cuerpo cuando las comparamos con las de los demás. Pablo utiliza las siguientes metáforas:

Y si dijere la oreja: Porque no soy ojo, no soy del cuerpo, ¿por eso no será del cuerpo? Si todo el cuerpo fuese ojo, ¿dónde estaría el oído? Si todo fuese oído, ¿dónde estaría el olfato? Mas ahora Dios ha colocado los miembros cada uno de ellos en el cuerpo, como él quiso. Porque si todos fueran un solo miembro, ¿dónde estaría el cuerpo? Pero ahora son muchos los miembros, pero el cuerpo es uno solo (vv. 16-20).

A los efectos de desear de manera correcta, debemos dejar de comparar nuestras habilidades con las de quienes nos rodean. Debemos desear ser todo aquello para lo que Dios nos ha creado, con la certeza de que somos importantes porque somos parte del cuerpo.

La segunda trampa contra la que Pablo nos advierte cuando usa esta metáfora de un cuerpo es nuestra creencia errada de que podemos vivir independientemente unos de otros. Continúa diciendo:

Ni el ojo puede decir a la mano: No te necesito, ni tampoco la cabeza a los pies: No tengo necesidad de vosotros. Antes bien los miembros del cuerpo que parecen más débiles, son los más necesarios; y a aquellos del cuerpo que nos parecen menos dignos, a estos vestimos más dignamente; y los que en nosotros son menos decorosos, se tratan con más decoro. Porque los que en nosotros son más decorosos, no tienen necesidad; pero Dios ordenó el cuerpo, dando más abundante honor al que le faltaba, para que no haya desavenencia en el cuerpo, sino que los miembros todos se preocupen los unos por los otros. De manera que si un miembro padece, todos los miembros se duelen con él, y si un miembro recibe honra, todos los miembros con él se gozan (vv. 21-26).

Cada miembro del cuerpo necesita todos los demás. Debemos desear que cada miembro de nuestro cuerpo sea edificado y animado. Debemos considerar cómo estimularnos unos a otros hacia el amor y las buenas obras (Hebreos 10:24). Cuando todos nos fortalecemos, todos nos beneficiamos.

Luego Pablo reflexiona sobre una variedad de dones dentro de la Iglesia: apóstoles, profetas, maestros, dones de sanidades, los que ayudan, los que administran y los que tienen don de lenguas. Concluye: "Procurad, pues, los dones mejores. Mas yo os muestro un camino aun más excelente" (1 Corintios 12:31). ¿Cuál es este don del Espíritu más excelente que debemos desear fervientemente? Es la capacidad de *amar*. Pablo se da cuenta de que todos nuestros dones, desprovistos de amor, solo son un desperdicio y no sirven de nada. Deberíamos poner nuestros deseos en vivir una vida de amor tal como Pablo continúa describiendo:

El amor es sufrido, es benigno; el amor no tiene envidia, el amor no es jactancioso, no se envanece; no hace nada indebido, no busca lo suyo, no se irrita, no guarda rencor; no se goza de la injusticia, mas se goza de la verdad. Todo lo sufre, todo lo cree, todo lo espera, todo lo soporta. El amor nunca deja de ser; pero las profecías se acabarán, y cesarán las lenguas, y la ciencia acabará"(1 Corintios 13:4-8).

Si posees este tipo de amor por los demás, has encontrado la forma más excelente de servir al cuerpo. El deseo ferviente de crecer en la capacidad de amar... es el mayor de los dones (v. 13).

Dar con generosidad

Nuestras habilidades no son solo para nuestro beneficio. Debemos dar de ellas con generosidad en servicio a otros. En vista de la gran misericordia de Dios, Pablo insta a los creyentes romanos a ofrecer sus cuerpos como sacrificios vivos mientras usan sus dones (Romanos 12:1). Cuando entregamos nuestra vida en sacrificio a otros, es de esperar sentirnos agotadas, cansadas y exhaustas. El llamado del evangelio no es de autoprotección, sino de abnegación. Somos libres de una vida centrada en nosotras mismas para poder vivir siguiendo el ejemplo de Cristo. Al entregar nuestras vidas, descubrimos la verdad de las palabras de Cristo: "Porque todo el que quiera salvar su vida, la perderá; y todo el que pierda su vida por causa de mí, la hallará" (Mateo 16:25).

Las vidas bien vividas para el evangelio a menudo son complicadas, desordenadas e incómodas.

Cuando veo la forma en que muchas personas viven hoy, parece que nos preocupamos más por disfrutar y experimentar la vida que por servirnos unos a otros en amor. A menudo, no estamos dispuestas a ser voluntarias, pero perdemos tiempo en programas de televisión, Facebook y navegando por Internet. Otras intentan hallar la vida viajando, haciendo senderismo, saliendo de compras o haciendo ejercicio. El tiempo que podría dedicarse a la edificación del reino se sacrifica en busca de placer. Nuestras comodidades modernas no parecen darnos libertad para el servicio; más bien, parecen habernos atrapado en un mayor deseo de comodidad. Las vidas bien vividas para el evangelio a menudo son complicadas, desordenadas e incómodas. Jesús caminó en esta tierra y enfrentó oposición, ira y pobreza. Se despojó de sí mismo para llevar a la humanidad al Padre. En vista de su gran misericordia, debemos estar dispuestas a sacrificar una vida de comodidad y tranquilidad para seguir el camino de la cruz.

Cuando damos con generosidad, también es de esperar que nuestros esfuerzos y habilidades se multipliquen. En la parábola de los talentos, encontramos tanto palabras de aliento como de advertencia. Jesús habla de un hombre que confió a tres de sus siervos un número específico de talentos, cada uno según su capacidad. Dos de los siervos redoblaron sus esfuerzos, para placer del Amo. Cada siervo fue recompensado por su fidelidad en lo poco al ser puesto a cargo de muchas cosas. Sin embargo, un siervo no multiplicó el talento que se le había dado, sino que simplemente lo enterró en un campo. El amo respondió con una dura reprimenda: "Siervo malo y negligente" (Mateo 25:26). Luego le quitó el talento y se lo dio al otro siervo, y le dijo: "Porque al que tiene, le será dado, y tendrá más; y al que no tiene, aun lo que tiene le será quitado" (Mateo 25:14-30). Los dones y habilidades que Dios nos da no deben enterrarse o usarse para nuestra conveniencia. Deben desarrollarse y madurarse mediante un sabio servicio. Un día, cada una de nosotras dará cuenta de cómo administramos las habilidades que se nos han confiado. Que puedan encontrarnos trabajando en todas las cosas con un espíritu de generosidad y sacrificio.

Finalmente, a los efectos de dar con generosidad a los demás, debemos animarnos de saber que tendremos todo lo que necesitamos para abundar en toda buena obra. Pablo escribe:

> Pero esto digo: El que siembra escasamente, también segará escasamente; y el que siembra generosamente, generosamente también segará. Cada uno dé como propuso en su corazón: no con tristeza, ni por necesidad, porque Dios ama al dador alegre. Y poderoso es Dios para hacer que abunde en vosotros toda gracia, a fin de que, teniendo siempre en todas las cosas todo lo suficiente, abundéis para toda buena obra; como está escrito: Repartió, dio a los pobres; su justicia permanece para siempre. Y el que da semilla al que siembra, y pan al que come, proveerá y multiplicará vuestra sementera, y aumentará los frutos de vuestra justicia, para que estéis enriquecidos en todo

para toda liberalidad, la cual produce por medio de nosotros acción de gracias a Dios (2 Corintios 9:6-11).

Cuando sembramos con generosidad, Dios es fiel para multiplicarnos y ensancharnos para la tarea que nos encomienda hacer. Nuestra generosidad con nuestro tiempo, talentos y servicio redundará en una cosecha de justicia y acción de gracias a Dios. ¡Nuestra obra lo vale! Nada sacrificado a Dios se pierde. Espero que te sientas más animada a abandonar la búsqueda de los placeres terrenales y a dar con generosidad para hallar vida en abundancia.

Cuando confesamos con toda confianza, dejamos
ir la amarga envidia y la ambición egoísta
que amenaza nuestro humilde servicio.

Confesar con toda confianza

Cuando descubrimos que nuestros deseos de tener dones y habilidades son para nuestra propia gloria y enaltecimiento, debemos arrepentirnos. Cada una de nosotras luchará con estos deseos en el servicio. Es tentador desear ciertos dones sin considerar el costo del sacrificio que implica. Debemos ir al Padre, confesar nuestro pecado y arrepentirnos de nuestro orgullo. Santiago nos exhorta: "¿Quién es sabio y entendido entre vosotros? Muestre por la buena conducta sus obras en sabia mansedumbre. Pero si tenéis celos amargos y contención en vuestro corazón, no os jactéis, ni mintáis contra la verdad" (Santiago 3:13-14). Cuando confesamos con toda confianza, dejamos ir la amarga envidia y la ambición egoísta que amenaza nuestro humilde servicio. Adoptar este nuevo patrón de buscar al Señor, desear de manera correcta, dar con generosidad y confesar con toda confianza nos conducirá a corrientes de contentamiento que fluyen con la plenitud de la vida.

Preguntas para la reflexión personal y grupal

1. ¿Por qué codiciar los dones o las habilidades de otra persona en la iglesia es una señal de orgullo en nuestro corazón?

2. Lee Éxodo 28:2-4 y Números 16:1-35. ¿Cómo observas el patrón de "ver, codiciar, tomar y esconderse" en la historia de Coré?

3. ¿Por qué crees que Coré tenía envidia de Aarón y Moisés?

4. ¿Qué consecuencias sufrieron Coré y sus seguidores?

5. ¿Por qué la gente piensa que ciertos dones espirituales en la iglesia son más importantes? ¿Cómo es que esta visión errada causa discordia en el cuerpo?

6. ¿Cómo es que la codicia de los dones dentro de la Iglesia nos hace tomar de los que nos rodean?

7. Lee 1 Corintios 12:14-20. ¿Qué advertencia encontramos en este pasaje contra una visión demasiado pobre de nuestra función en el cuerpo al compararla con la de otra persona?

8. Lee 1 Corintios 12:21-26. ¿Qué advertencia encontramos en este pasaje en contra de tener una visión orgullosa de nuestra función al compararla con la de otra persona?

9. Si todos somos un solo cuerpo, ¿por qué tiene sentido animar a los demás en sus dones? ¿Cómo es de beneficio para ellos y de bendición para nosotros?

10. Lee 1 Corintios 12:31–13:8. ¿Cuál describe Pablo como el mayor de los dones? ¿Cómo puede cualquier cristiano sobresalir en esta área? ¿De qué manera puedes crecer en la gracia de amar a los demás como se describe en este pasaje?

11. ¿Cómo daña al cuerpo el hecho de no usar nuestros dones en la Iglesia? ¿De qué manera sufre la Iglesia por la falta de generosidad en tu tiempo y esfuerzo?

12. Lee Romanos 12:1-5. ¿De qué fuente debe fluir nuestro
servicio a los demás? ¿Por qué nuestro servicio debe estar
lleno de humildad?

Conclusión

La semana pasada, una amiga me envió un correo electrónico para contarme una noticia positiva en su vida. Dios había respondido muchas oraciones y cumplido sus anhelos en un área en particular. Su buena noticia llegó en el momento en que yo estaba luchando profundamente con anhelos en esa misma área que aún no se han cumplido. Me encantaría poder decirte que alabé a Dios inmediatamente por su situación y seguí contenta con mi día. La verdad es que me subí a mi coche, apoyé la cabeza en el volante y lloré. Si bien estaba sinceramente agradecida por la providencia de Dios en su vida, sacó a la luz la dificultad de mi situación personal. No deseaba en absoluto que sus circunstancias empeoraran; solo deseaba un cambio positivo en mi situación personal. Una vez más estaba luchando con mis anhelos y me preguntaba cómo esperar pacientemente en el Señor cuando mis circunstancias no estaban a la altura de mis esperanzas personales.

Poco a poco, me fui secando las lágrimas y comencé a redirigir mis pensamientos. A principios de esa semana había estado leyendo un devocional que exhortaba fielmente:

¡Oh! ¡Si los cristianos aprendieran a vivir con un ojo puesto en Cristo crucificado y el otro en su gloriosa venida! Si los gozos eternos estuvieran más en sus pensamientos, los gozos espirituales abundarían más en sus corazones. No es de extrañar que no sientan consuelo cuando se olvidan del cielo. Cuando las expectativas celestiales de los cristianos decaen, pero sus deseos terrenales se intensifican, les esperan temor y problemas. ¿Quién no se ha encontrado con un alma afligida y quejosa que tenga pocas expectativas de las bendiciones celestiales o demasiada esperanza de gozo en la tierra? Lo que nos mantiene afligidos es que o bien no esperamos lo que Dios ha prometido, o bien esperamos lo que no prometió.[1]

Mi respuesta inicial a mis circunstancias se centró en lo que me faltaba en mi situación terrenal. Había olvidado las riquezas de mi situación celestial. Tampoco había recordado las palabras de Cristo a sus discípulos en la víspera de su muerte: "Estas cosas os he hablado para que en *mí* tengáis paz. En el mundo tendréis aflicción; pero confiad, yo he vencido al mundo" (Juan 16:33). Nuestra inclinación a olvidar sus promesas reales y nuestra capacidad de esperar en lo que Dios nunca prometió nos deja expuestas a una marea de emociones. Nuestro objetivo no es vivir una vida sin emociones. Sin embargo, debemos gobernar nuestras emociones de tal manera que nos lleven a Cristo y a buscarlo en nuestros anhelos.

Mis lágrimas esa mañana expresaban lo que desbordaba de mi corazón. En mi lamento, me uní a los salmistas de épocas pasadas mientras clamaban al Señor. Lo buscaban y le pedían alivio de sus dolorosas pruebas. El contentamiento no es la ausencia de luchas ante el Señor; el contentamiento implica lucha. De hecho, justo antes que Pablo dijera a los filipenses que había aprendido el secreto de estar contento en cualquiera que fuera su situación (Filipenses 4:11-12), les dice: "pero una cosa hago: olvidando ciertamente lo que queda atrás, y extendiéndome a lo que está delante, prosigo a la meta, al premio del supremo llamamiento de Dios en Cristo Jesús" (Filipenses 3:13-14). Aunque Pablo estaba absolutamente contento, *se extendía a lo que estaba adelante* y se esforzaba en llegar a la meta de su fe. Sus palabras denotan una lucha activa, no una inactividad pasiva. El contentamiento no vendrá de repente sobre nosotras. Debemos luchar activamente contra las mentiras del mundo, la carne y el diablo para encontrar paz solo en Cristo. Para poder tener contentamiento en el presente, debemos tener nuestros ojos puestos en la cruz y el cielo. La cruz nos recuerda que Jesús nos amó tanto que derramó su propia sangre. Puesto

---

1. Richard Baxter en *Voices From the Past*, p. 138.

que Él nos ha dado lo más costoso que tenía para dar, todo lo que no nos da seguramente es parte de su bondad para con nosotros. El cielo nos recuerda que un día todos nuestros anhelos actuales se cumplirán y nuestras luchas se acabarán. Todo lo que nos falte aquí se cristalizará por completo allí.

La mañana del correo electrónico de mi amiga me llevó a una nueva comprensión. Al principio, sentí el fracaso en mis lágrimas. Sin embargo, al contemplar y considerar las promesas de Dios, me di cuenta de que vendrán muchas más lágrimas. Mis lágrimas fueron el punto de partida ese día para volverme al Señor y buscar la vida solo en Él. No necesariamente hablaban de mi propia falta de contentamiento; simplemente expresaban la realidad de la aflicción en el mundo, que cada una de nosotras experimenta. Al término de ese día, había cambiado mi lucha en una serena aceptación. Mis circunstancias no habían cambiado, pero una vez más, Cristo intervino y se apoderó de mi corazón. Me llevó al contentamiento en Él y me recordó que no hay otro lugar firme donde pueda descansar mi fe; todo el resto de la tierra es arena movediza. Si te encuentras continuamente luchando por encontrar vida solo en Cristo, no lo tomes como una mala señal, sino como una buena señal. Sigues en la lucha. Debemos recordar que la vida cristiana se describe como una carrera (Hebreos 12:1), una batalla (Efesios 6:11-13) y un parto (Romanos 8:22-24). Cada una de estas imágenes muestra la realidad de las luchas que acompañan nuestra vida cristiana. También muestran el gozo que nos espera. Una carrera tiene una línea de meta, una batalla tiene una victoria, y el parto trae al mundo una nueva vida. Podemos soportar la lucha porque sabemos que se avecina algo glorioso.

A lo largo de estos meses de escritura e investigación, una imagen en particular volvió a mis pensamientos. Mi hija mayor, Emma, comenzó a leer la serie de *Harry Potter* mientras vivíamos en Cambridge, Inglaterra. Leí el primer libro de la serie hace años y me había olvidado de "El espejo de Oesed". Harry, vestido con una capa de invisibilidad, se tropieza con el espejo una noche mientras hurgaba en su escuela, Hogwarts. Mientras se mira en el espejo, se sorprende al ver a sus padres que le sonríen. Nunca había conocido a sus padres, así que verlos le produjo tanto alegría como tristeza, además de un deseo insaciable de volver al espejo. Estaba tan emocionado que corrió a contárselo a su mejor amigo Ron, para que él también pudiera ir a ver a sus padres. Sin embargo, cuando Ron se miró al espejo, no vio a los padres de Harry. En cambio, se vio a sí mismo, de pie sosteniendo la copa de Quidditch como capitán del equipo. Dumbledore, el sabio director de Hogwarts, se encuentra con Harry una noche y le explica cómo funciona el espejo:

> Nos muestra ni más ni menos el más profundo y desesperado deseo de nuestro corazón. Para ti, que nunca conociste a tu familia, es verlos a tu alrededor. Ronald Weasley, que siempre ha sido eclipsado por sus hermanos, se ve solo y el mejor de todos ellos. Sin embargo, este espejo no nos dará conocimiento o verdad. Hay hombres que se han obsesionado con esto, fascinados por lo que han visto. O han enloquecido, al no saber si lo que muestra es real o siquiera posible. El espejo será trasladado a una nueva casa mañana, Harry, y te pido que no vuelvas a buscarlo. Si alguna vez lo encuentras, ahora estarás preparado. No conviene insistir en los sueños y olvidarse de vivir, recuérdalo.[2]

Muchas de nosotras tenemos un "espejo de Oesed" en nuestra mente donde imaginamos todo lo que pensamos que sería mejor para nuestra vida. Puede ser tentador visualizar nuestros deseos hacerse realidad y pasar la vida pensando en los sueños y olvidarnos de vivir. El profeta Jonás dijo un refrán similar: "Los que siguen vanidades ilusorias, su misericordia abandonan" (Jonás 2:8). Cuando nos aferramos a nuestras propias imágenes de cómo debería desarrollarse nuestra vida, no vemos todo lo que Dios está haciendo en la historia que Él está escribiendo.

Sin embargo, algunas imágenes y esperanzas pueden ser vivificantes. Cristo nos dio tal visión en su revelación al apóstol Juan. En el libro de Apocalipsis, a Juan se le da un relato de los últimos días

---

2. J. K. Rowling, *Harry Potter and the Philosopher's Stone* (Londres: Bloomsbury Publishing, 1997), p. 157. Edición en español: *Harry Potter y la piedra filosofal,* publicado por Pottermore Publishing, 2015.

de pruebas y tribulaciones sobre la tierra. Sin embargo, también se le da una imagen de lo que viene después que cesa la batalla. Oye una voz fuerte que dice:

> Y oí una gran voz del cielo que decía: He aquí el tabernáculo de Dios con los hombres, y él morará con ellos; y ellos serán su pueblo, y Dios mismo estará con ellos como su Dios. Enjugará Dios toda lágrima de los ojos de ellos; y ya no habrá muerte, ni habrá más llanto, ni clamor, ni dolor; porque las primeras cosas pasaron. Y el que estaba sentado en el trono dijo: He aquí, yo hago nuevas todas las cosas. Y me dijo: Escribe; porque estas palabras son fieles y verdaderas (Apocalipsis 21:3-5).

Juan también ve el río de agua de vida que fluye del trono de Dios. Lo describe de la siguiente manera:

> Después me mostró un río limpio de agua de vida, resplandeciente como cristal, que salía del trono de Dios y del Cordero. En medio de la calle de la ciudad, y a uno y otro lado del río, estaba el árbol de la vida, que produce doce frutos, dando cada mes su fruto; y las hojas del árbol eran para la sanidad de las naciones. *Y no habrá más maldición;* y el trono de Dios y del Cordero estará en ella, y sus siervos le servirán, y verán su rostro, y su nombre estará en sus frentes. No habrá allí más noche; y no tienen necesidad de luz de lámpara, ni de luz del sol, porque Dios el Señor los iluminará; y reinarán por los siglos de los siglos (22:1-5).

La visión del río de agua viva termina con la siguiente invitación: "Y el Espíritu y la Esposa dicen: Ven. Y el que oye, diga: Ven. Y el que tiene sed, venga; y el que quiera, tome del agua de la vida gratuitamente" (v. 17).

Aquí encontramos una esperanza sobre la cual poner todos nuestros deseos. Algún día, esta imagen será nuestra realidad. Que podamos poner nuestros deseos en este fin y clamar con Juan: "Amén; sí, ven, Señor Jesús" (v. 20).

Reconocimientos

En su primera carta a los Corintios, Pablo pregunta: "¿qué tienes que no hayas recibido?" (1 Corintios 4:7). Al escribir este libro, he tenido la bendición de recibir. Parece que, en todo momento, Dios traía fielmente a la persona adecuada, el pasaje bíblico correcto o la cita textual perfecta para estimularme a pensar, escribir y perseverar. Ver su mano guiadora y sus tiernas misericordias fueron mi mayor bendición personal mientras escribía.

Mis padres me han apoyado a lo largo de todos estos años y han invertido gran parte de sus vidas en mí. Nunca podré agradecerles lo suficiente por todo su aliento, esfuerzo y amor. Mi hermano Rob me desafía con su ejemplo y motivación. Además, me dio una maravillosa amiga y cuñada, Dottie, con quien conversar sobre estos temas al son de las voces de muchos niños. La familia de Mike nos apoya de distintas maneras. No podríamos hacer estos proyectos de escritura sin viajes de fin de semana que permiten a los niños visitar al abuelo y la abuela.

Dos amigas, Catriona Anderson y Angela Queen, leyeron cada página y me dieron su opinión a lo largo del proyecto. Estoy agradecida por el regalo de su tiempo y sabiduría editorial. Heather Jones y Scott Suddreth también leyeron partes de este manuscrito e hicieron sugerencias útiles. Doy gracias por su don de hacerme reír en el proceso de edición que, por momentos, es tedioso.

Escribí gran parte de este libro mientras vivíamos en Cambridge, Inglaterra. Agradezco a Tyndale House por permitirme acceder a su biblioteca y ofrecerme un lugar tranquilo para escribir y reflexionar. También agradezco a Jessica Dean por vivir con nuestra familia en Hawthorne House y cuidar de nuestros hijos mientras yo escribía.

Kate MacKenzie de Christian Focus ha sido una gran promotora de este proyecto desde el principio. Rebecca Rine tuvo la constancia de editar el texto y hacer excelentes mejoras. Agradezco a ambas por su aporte en la publicación de este libro.

Tengo la bendición de tener amigos que oraron fielmente por este proyecto. Gracias a Macon Collins, Peggy Chapman, Anne Rogers, Beth Herring, Kate Stewart, Tracy Thornton, Erica Crumpler, Teresa Davis, Kimberly Curlin y Lisa Marie Ferguson por orar por mí y compartir la vida conmigo. Gracias a Shanna Davis por su fiel apoyo desde Praga. Creo que Connice Dyar pudo haberme escuchado hablar sobre este tema más que nadie, y siempre tuvo palabras de aliento para mí. Sus palabras me impulsaron a seguir escribiendo. Gracias a las mujeres del estudio bíblico de los miércoles por la mañana y al personal de Uptown Church por sus oraciones y apoyo en este libro. Algunas mujeres también se tomaron el tiempo (y tuvieron el valor) de contar sus propias historias de codicia. Gracias por estar dispuestas a abrirse y dejar que otras personas tengan una visión de primera mano de las dolorosas consecuencias de la codicia.

Lo más importante es que Dios me dio una familia que me anima y me apoya fielmente. Mis hijos, Emma, John y Kate me permitieron tomarme los descansos necesarios para el proceso de escritura. Sus vidas me bendicen enormemente y me permiten tener la oportunidad de observar y reflexionar sobre el inconmensurable amor de Dios. Mi esposo Mike me dio ideas, claridad, aliento y tiempo para escribir. Leyó atentamente cada página y me retó a profundizar en mi pensamiento, a la vez que me animó a lo largo de todo el proyecto. ¡Cuánto he recibido! ¡Estoy agradecida por la gran cantidad de oraciones y palabras de aliento que he recibido!

CRECIENDO
juntas

UNA GUÍA PARA PROFUNDIZAR
LAS CONVERSACIONES ENTRE
MENTORAS Y DISCÍPULAS

Melissa B.
Kruger

Nos necesitamos unas a otras. Sin embargo, no siempre sabemos cómo desarrollar relaciones que nos ayuden a crecer en la vida cristiana. Con la mentoría espiritual, las creyentes más jóvenes y las cristianas más maduras pueden crecer juntas por medio del discipulado intencional y la rendición de cuentas. Para saber cómo comenzar, Melissa Kruger presenta una guía para conversaciones de discipulado que abarcan una variedad de temas para el crecimiento espiritual.

EDITORIAL PORTAVOZ

NUESTRA VISIÓN

Maximizar el efecto de recursos cristianos de calidad que transforman vidas.

NUESTRA MISIÓN

Desarrollar y distribuir productos de calidad —con integridad y excelencia—, desde una perspectiva bíblica y confiable, que animen a las personas a conocer y servir a Jesucristo.

NUESTROS VALORES

Nuestros valores se encuentran fundamentados en la Biblia, fuente de toda verdad para hoy y para siempre. Nosotros ponemos en práctica estas verdades bíblicas como fundamento para las decisiones, normas y productos de nuestra compañía.

Valoramos la excelencia y la calidad.
Valoramos la integridad y la confianza.
Valoramos el mérito y la dignidad de los individuos y las relaciones.
Valoramos el servicio.
Valoramos la administración de los recursos.

Para más información acerca de nuestra editorial y los productos que publicamos visite nuestra página en la red: www.portavoz.com.